KB122338

일본 근세의 서민지배와 검약의 정치

일본 근세의 서민지배와 검약의 정치

박 진 한 지음

혜안

간행사

기억이 과거의 객관적인 사실이 아니라 시간이 지나 나중에 재구성된 것임을 깨닫게 되면서 옛 기억을 의심하는 버릇이 생겼다. 이 책을 출간하기에 앞서 일본사, 그 중에서도 에도江戶 시대에 관심을 갖게 된 계기가 무엇인지를 곰곰이 생각해 보았다. 하지만 막상 뚜렷한 장면이 떠오르지 않았다. 그러다 문득 뇌리를 스쳐간 것이 〈노부나가의 야망信長の野望〉이라는 컴퓨터 게임이었다.

막연히 역사에 흥미를 느끼고 무작정 역사학을 전공하겠노라 사학과에 진학해서는 방대한 자료와 수많은 연구서를 앞에 두고 무엇을 공부해야 할지 몰라 고민하던 신입생 때였다. 그 즈음 처음 접하게 된 XT 컴퓨터와 컴퓨터 게임이야말로 필자가 일본사에 관심을 갖게 된 첫 번째 계기였던 것 같다. 일본의 전국戰國시대를 무대로 오다 노부나가織田信長가 주인공으로 등장하는 〈노부나가의 야망〉은 흑백 모니터에 플로피디스크를 몇 장이나 갈아넣는 번거로움에도 불구하고 우리나라에서 만든 컴퓨터 게임이 전무했던 당시 〈삼국지〉와 함께 오늘날 〈스타 크래프트〉에 버금가는 인기를 누렸다.

물론 컴퓨터 게임의 주인공과 시대 배경에 관한 호기심만으로 일본사를 공부하고자 마음먹은 것은 아니다. 돌이켜 생각해 보면 그 이후로 필자에겐 적지 않은 행운이 따랐던 것 같다. 무엇보다 필자가 재학

했던 대학은 당시 흔치않게 일본사 전공 수업이 개설되어 있었다. 일국사가 아닌 '동아시아'적 관점에서 일본사를 강의하신 박영재 선생님은 일본사에 대한 흥미와 함께 역사에 대한 균형 잡힌 시각의 중요성을 일깨워 주셨다. 그리고 그 즈음 인하대학교에 부임하신 이계황 선생님의 수업을 듣게 된 것 역시 돌이켜 생각해 보면 커다란 행운이었다. 이계황 선생님은 철없는 후배이자 제자인 필자에게 대학원 수업의 청강을 흔쾌히 허락해 주시며 오다 노부나가에 관한 사료 해독과 연구사 정리를 지도해 주셨다. 만약 이 두 분과의 만남이 없었더라면 일본사에 대한 관심은 단지 호기심에 머물고 말았을 것이다. 오다 노부나가 정권의 상인정책에 대한 필자의 석사학위논문은 이 두 분의 지도와 배려 속에서 완성될 수 있었다.

좀더 체계적인 학문연구를 위해 일본 유학을 선택한 필자에게 교토대학京都大學 일본사연구실은 '동경'과 '극복'의 대상이었다. 일본사연구실의 방대한 역사 자료와 자유로운 연구 풍토는 연구자들에겐 이상적인 환경임에 분명했지만 일본 생활과 문화에 익숙지 않은 유학생에겐 오히려 낯설고 힘들게까지 느껴졌기 때문이다. 유학 생활의 자유로움과 단조로움이 자칫 권태와 나태로 이어질 수 있는 상황에서 후지이 조지藤井讓治 선생님을 지도교수로 만난 것은 또 하나의 행운이었다.

근세 정치사의 저명한 연구자이신 후지이 선생님은 석사학위논문의
문제 의식을 발전시켜 에도 막부의 상인 지배정책을 연구하고 싶어하
는 필자의 생각을 이끌어 주셨고, 박사과정 동안 세심한 지도와 배려
를 아끼지 않으셨다.

 이 책에 실린 주된 내용은 후지이 선생님의 지도를 받아 지난 2004
년 교토 대학에 제출한 박사학위논문(『日本近世儉約令の硏究-江戶
幕府儉約政策の展開と民衆の對應-』)을 토대로 한국에 귀국해서 발
표한 몇 편의 논문을 추가한 것이다. 돌이켜 생각해 보면 박사학위논문
을 구상하면서 가진 문제 의식은 비교적 단순했다. 에도 막부의 상인
지배정책 가운데 상당한 양을 차지하는 '검약령儉約令'을 단순히 사치
금지나 상품경제를 통제하려는 봉건적인 지배 이념으로서가 아니라,
서민경제 내지 민중생활의 안정을 꾀한 막부의 지배정책으로 재검토
하고 싶었다. 요컨대, 사치금지나 절검節儉에 관한 내용의 검약령을
경제사나 법제사가 아닌, 사회사나 정치사의 시각에서 살펴봄으로써
근세 막번 권력의 서민 지배정책이 가진 또 다른 이면을 드러내고
싶었던 것이다.

 하지만 문제 의식을 단순화시키고자 마음먹은 동기는 그리 간단하
지 않았다. 학위논문을 준비하는 과정에서 현재의 일본사 연구가 지극

8

히 세분화된 실증에 치우쳐 그 분야의 소수 전공자가 아니면 쉽게 이해할 수 없는 암호 같은 난문들만 양산하고 있지는 않은가 하는 회의가 들었기 때문이다. 그래서 가급적 박사학위논문의 문제의식은 비교적 간결하고 명확하게 설정하고자 마음먹었다.

사실 1980년대 중반까지 일본사 연구자들은 사회구성체론에 바탕을 두고 '막번제구조론幕藩制構造論'이나 '막번체제론幕藩體制論'과 같은 거대 담론을 제시하며 국가와 권력, 지배 등에 관한 문제를 역동적으로 제기해 왔다. 하지만 사회구성체론에 대한 논의가 더 이상 진전되지 않고 이에 대한 관심마저 줄어듦에 따라 돌파구로서 사회사의 연구방법론에 많은 관심을 기울였다. 그 결과 근세사에서는 민속학의 연구 성과를 활용하거나 혹은 도시나 신분집단, 공공영역 등으로 연구 영역을 확대시켜 이에 관한 다양한 연구 성과가 생산되었다. 하지만 연구 영역이 확대되고 연구 분야가 미시화될수록 '권력'과 '지배'에 대한 연구자들의 진지한 관심과 논의는 찾아보기 힘들어졌다. 역사학이 시간과 공간에 대한 끊임없는 탐구를 통해 더 나은 사회를 지향하는 학문이라고 한다면 여전히 현실의 극복 과제로 남아 있는 '권력'과 '지배'에 대한 논의와 분석은 앞으로도 계속되어야 할 과제일 것이다.

이러한 문제의식을 가지고 연구를 시작했지만 막상 막부의 검약령

을 서민 지배정책으로 살펴보려면 무엇보다 법령의 대상인 햐쿠쇼百姓
와 조닌町人, 즉 농민과 도시민의 대응을 고찰하는 작업이 선행되어야
한다는 사실을 깨닫게 되었다. 에도 시대 농민들은 병농 분리 이후
촌락의 실질적인 지도자이자 행정대리인이라 할 수 있는 촌락행정인
(무라야쿠닌 村役人)의 책임 하에 연공상납을 게을리하지 않는 이상, 일정
한 자치를 보장받았다. 촌락 자치 하에서 막부를 비롯한 영주의 법령
은 촌민들이 제정하는 촌락규약의 형태로 이행되었고, 이 과정에서
막부나 영주의 법령은 촌락의 이해관계에 따라 종종 선택적으로 수용,
집행되는 경우가 적지 않았기 때문이다. 이에 따라 막부 검약령에
대한 관심과 연구는 이를 전달받은 촌락村과 조町에서 각기 제정한
자치규약, 즉 '촌락규약[村掟]'과 '조시키모쿠町式目'에 대한 검토로 이어
졌다. 막부 검약령을 서민 지배정책의 차원에서 재검토하고 햐쿠쇼와
조닌들이 작성한 규약을 통해 그것의 실태와 의의를 파악하고자 한
것은 종래 연구에서 간과된 부분을 보충한다는 점에서 의미 있는 시도
가 아니었나 싶다.

　하지만 주로 법제사 자료로 이용되어 온 각종 법령과 규약들을
사회사나 정치사의 시각에서 재검토하는 일은 그리 간단한 작업이
아니었다. 일상 생활의 의식주는 물론이고 축의 행사, 노能・스모相撲

같은 오락, 여가에까지 절검을 지시하는 검약령의 의의를 제대로 검토
하려면 무엇보다 에도 시대의 서민 생활과 문화에 대한 이해는 물론이
고 해당 시기의 정치, 경제 상황에 대한 기초적인 지식이 필수적이었
기 때문이다. 뿐만 아니라 검약에 관한 막부의 법령과 개별 촌락 및
조에서 제정한 여러 규약들을 수집하는 작업에도 막대한 노력과 시간
이 요구되었다. 이처럼 난제에 부딪힐 때마다 다양한 주제와 문제
의식을 가지고 각자의 연구에 매진하는 일본사연구실의 근세사연구
반 동료들은 필자에게 직·간접적으로 많은 도움을 주었다. 이들과의
정기적인 연구 모임에서 일본사의 최신 연구 성과들과 방법론을 전해
들을 수 있었을 뿐만 아니라 각종 사료의 소재와 출처 역시 손쉽게
파악할 수 있었다. 돌이켜 생각해 보면 오시타 나리도시尾下成敏를 비롯
해 근세사연구반 동료들의 친절한 도움과 배려가 없었더라면 필자
혼자 이러한 난제들을 극복하기란 매우 힘들었을 것이다.

　박사학위논문을 제출한 지 여러 해가 지났음에도 불구하고 진작
그 연구 성과를 출간하지 못한 것은 한국에 돌아와 인천대학교 일어일
문학과에 교직을 잡게 되고 새로운 연구 주제와 강의에 바쁜 탓도
있었지만 학위논문의 문제점과 부족한 부분을 제대로 보완하지 못했
기 때문이다. 그래서 학위논문을 작성하면서 미진하게 생각했던 점들

을 조금씩 보완하고 새롭게 제기되는 문제들을 학술지에 개별 논문 형태로 발표하다 보니 어느덧 박사학위논문을 제출하고 나서 6년이란 시간이 흘렀다.

　이 책은 학위논문을 준비하는 동안에 일본에서 발표한 2편의 논문과 한국에 돌아와 전문 학술지에 발표한 5편의 개별 논문을 토대로 저술하였다. 구체적으로 제2장은 「近世前期における倹約令の全國的展開とその特質」의 제목으로 『史林』 86권 3호(日本: 史學研究會, 2003)에 실었던 논문을 풀어 쓴 것이다. 제3장은 「享保・寬政改革期 江戸幕府의 倹約政策」(『東方學志』 131, 연세대학교 국학연구원, 2005)에 실은 것을 고쳐 쓴 내용이다. 제4장은 「일본 근세의 도시사회와 도시지배」(『東洋史學研究』 102, 東洋史學會, 2008)와 「近世京都における町入用節減令と町」(『史林』 87권 3호, 日本: 史學研究會, 2004)에 실린 내용을 재구성해서 서술했다. 제5장은 「近世中後期 上方지역의 倹約村掟에 관한 연구」(『東洋史學研究』 89, 2004)와 「에도시대 촌락규약의 제정과 촌락운영－'기나이(畿內)'지역을 중심으로－」(『日本歷史研究』 25, 日本史學會, 2007)에 실은 2편의 논문 내용을 간추려 재구성한 것이다. 제6장은 「享保・寬政改革期 江戸幕府의 倹約政策」(『東方學志』 131, 연세대학교 국학연구원, 2005)의 일부 내용이 포함되지만 기본적으로 새롭게 서술한 것이다. 제7장은 「메이지전기(明治前期) 검약규약의 제정과 내용 변화에 대한 고찰」(『東洋史學研究』 110, 東洋史學會, 2010)에 실은 글을 고쳐 쓴 것이다.

이 책을 처음 구상할 당시에는 일반인도 쉽게 이해할 수 있도록 평이한 문체로 내용을 풀어 쓸 계획이었다. 하지만 얼마 지나지 않아 그러한 작업이 얼마나 많은 시간과 능력을 요하는 것인지 깨닫게 되면서 가급적 딱딱한 내용의 사료와 각주를 본문에 집어넣는 정도로 수정하는 데 만족하기로 했다. 나름대로 자위하자면 박사학위논문을 제출할 당시에 제기된 문제점들 가운데 몇 가지, 예컨대 에도 막부의 검약 정책을 시계열적으로 근세 초기부터 막말에 이르기까지 정리해 보았을 뿐만 아니라 에도 막부의 검약령이 메이지 유신 이후 어떻게 신정부에 계승·변용되었는지를 검토해 보았다.

마지막 원고를 넘기는 지금까지도 학위논문의 미흡한 점을 제대로 고치거나 보충하지 못했다는 지적을 받지 않을까 두려운 마음이 드는 것이 사실이다. 다이묘를 비롯한 무사 계급에 대한 검약령이 적지 않았음에도 불구하고 이에 대해 아무런 언급이 없는 이유를 묻는다면 다른 기회에 논문 형식으로 답하고자 한다.

미진하지만 이러한 연구 성과물을 내놓기까지 적지 않은 분들로부터 많은 가르침과 보살핌을 받았다는 사실을 밝히고 싶다. 해박한 지식과 달변으로 동양사의 깊이와 재미를 알려 주신 故 황원구 선생님, 철부지 제자를 일본사 연구자의 길로 이끌어 주신 박영재 선생님, 사료 강독의 즐거움을 알려 주신 김유철 선생님, 동아시아적 관점과 인접 학문의 중요성을 일깨워 주신 백영서 선생님을 비롯해 전공 분야에 상관없이 많은 관심과 애정을 베풀어 주신 연세대학교 사학과 은사님들께 이 자리를 빌려 감사의 말씀을 드리고 싶다. 앞서 연구자의 길을 갔고 지금은 어느덧 함께 이 길을 걷고 있는 이계황, 임성모, 박양신, 방광석, 송완범, 김성현 선생님을 비롯한 일본사 선배님들과 여러 동양사 선후배들에게도 진심으로 고마움을 전하고 싶다. 일본 유학 시절 은사이신 후지이 조지 선생님과 일본사연구실 동료들과 함께했던 것은 커다란 행운임과 동시에 평생 잊지 못할 추억으로 남아 있다. 동기, 후배라는 이유로 언제나 강압에 가까운 부탁을 거절하지 못하고 흔쾌히 맡아 처리해 준 박진빈, 정현주에게도 감사의 뜻을 표하고 싶다. 박경수, 윤병남 선생님을 비롯해, 언제나 열띤 토론과 끈끈한 뒤풀이로 연구에 대한 아이디어와 동력을 불어넣어 주시는 일본사학회 선생님들에게도 학문적 동지로서 감사의 말씀을 전하고 싶다. 또한 철없고 부족한 필자를 언제나 넉넉한 품으로 보듬어주신

14

고故 유용규 선생님을 비롯한 인천대 일문과 선배 교수님에게도 이 자리를 빌어 고마움의 말씀을 전하고 싶다.

10여 년 전 IMF 당시 집안의 좋지 않은 경제 사정과 불투명한 장래를 뒤로 하고 유학을 떠난 이후로 박사학위논문을 제출하고 이 책을 간행하기까지 오랫동안 뒤에서 묵묵히 성원해 주신 양가 부모님 께는 당신들의 사랑과 격려가 있었기에 지금의 자리에 있을 수 있었다 는 고마움의 말씀을 올리고 싶다. 그리고 마지막으로 결혼과 함께 '검약'을 생활화하면서 유학 동안 건강을 해친 필자를 보듬어 주고 세준, 세연 두 아이를 낳아 훌륭히 키우고 있는 평생의 반려자, 손자영 에게 온전히 내 이름을 걸고 출간하는 첫 번째 연구서를 바치고자 한다.

2010년 11월
박진한 삼가 씀

글 싣는 차례

18

일러두기

1 일본어를 비롯한 외래어의 원음 표기는 '교육부지정 외래어표기용례'에 따랐으며, 필요할 경우 한자나 원어를 ( ) 안에 병기하였다.

2 인명, 지명, 연호, 관직 등의 용어는 일본어 발음대로 표기하는 것을 원칙으로 삼되, 일본어 한자 가운데 우리 한자음으로 읽어도 그 뜻이 이해 가능하거나 예전부터 우리 한자음으로 사용해 온 경우는 우리 발음대로 적었다. 예) 바쿠후幕府 → 막부, 한藩 → 번

3 한자 가운데 우리 발음으로 읽어 오해의 소지가 있거나 대체 가능한 단어, 용어가 있을 경우에는 가급적 우리말로 바꾸어 표기하되, 처음 나올 때 [ ] 안에 한자를 병기하였다. 예) 촌락행정인[村役人], 촌락 운용경비[村入用]

4 서적, 잡지명은 『 』, 논문·법령·규약 명은 「 」로 표기했다.

제 1 장

서민 지배와 검약

사치와 검약, 그리고 검약령

사치와 허영이 있는 곳에선 언제나 검약과 절제가 강조되어 왔다. 하지만 어디서도 검약을 통해 사치가 근절되었다는 이야기는 들어보지 못했다. 이 책 역시 사치의 폐해나 검약의 가치에 대해 말하려는 것이 아니다. 오히려 이 책의 주된 관심은 사치를 억제하고자 '검약'이란 이름을 달고 발령된 각종 법령과 규약에 있다는 점을 미리 언급해 두고자 한다. 주로 위정자들에 의해 제정된, 이른바 '검약령'과 '사치금지법'은 상품 생산과 소비는 물론이고 서민의 일상 생활에까지 많은 영향을 끼쳤다. 하지만 그럼에도 불구하고 경세론이나 도덕론에서 벗어나 정치적인 시각에서 검약의 문제를 살펴본 경우는 그리 많이 찾아볼 수 없다. 그 이유에 대해서는 나중에 언급하기로 하고 먼저 사치에 대해 살펴보도록 하자.

사치란 무엇인가? 이를 한마디로 정의하기는 무척 어렵다. 심리적인 측면에서 사치는 자신의 우월성을 드러내기 위한 욕구에서 비롯된다고 볼 수 있다. 경쟁에서 우월한 위치를 선점하기 위해 자신의 능력과 존재를 과시하려는 경향은 비단 인간 사회뿐만 아니라 자연에서도 쉽게 찾아볼 수 있다. 이성에 대한 구애를 목적으로 발달한 공작새의 화려한 꼬리, 포식자나 경쟁자를 위협하기 위한 숫사슴의 커다란 뿔 등은 동물의 신체에서 찾아볼 수 있는 일종의 사치스러움이라 말할 수 있을 것이다. 이에 반해 경제적인 측면에서 사치란 질적 또는 양적으로 보통 수준을 초과한 재화의 소비 형태를 말한다. 하지만 이 경우에도 사치의 기준을 정하기가 쉽지 않다. 무엇이 필수품이고 사치품인지는 개인적인 기호뿐만 아니라 사회적인 맥락 속에서 결정되기 때문이다. 불과 20, 30여 년 전만 하더라도 일부 부유층만이 소유할 수 있었던 컬러 텔레비전과 자가용은 생산 기술과 소득 수준의 향상으로 이제 더 이상 사치품이 아닌 필수품이 되었다.

사치가 인간의 욕망과 심리, 취향 등에 따라 결정된다고 한다면, 검약은 자기 절제를 필요로 한다는 점에서 오히려 윤리적이며 의식적인 행위라 할 수 있다. 인간 사회는 생산물의 과도한 소비를 막고 한정된 재화를 효율적으로 사용하기 위해, 사치와 허영을 죄악시하면서 그 대신 검약과 절제를 미덕으로 여기는 가치관을 공유해 왔다. 이에 따라 장구한 세월 동안 사치는 자만심과 타락, 심지어 도덕적인 방종과 동의어로 사용되어 온 것이 사실이다.

하지만 서비스 산업의 발전으로 소비와 생산의 경계가 흐려지고 심지어 소비가 생산을 촉진하는 경우까지 생겨나면서 사치와 검약의 관계에 대해서도 새로운 인식의 전환이 이루어졌다. 특히나 19세기 후반 이후 근대학문으로 새롭게 출발한 사회학과 경제학에서는 사치에 대한 도덕적인 비난을 그만두고, 이를 학문적인 입장에서 탐구하기 시작하였다. 특히나 독일의 경제학자인 베르너 좀바르트Werner Sombart는 이 같은 입장에서 사치에 주목한 선구적인 연구자라 할 수 있을 것이다. 그는 자본주의 생성과 발전의 원동력을 원시적인 자본 축적에서 구하려 했던 마르크스Marx와 달리 궁정 생활의 사치에서 찾고자 했다. 요컨대 좀바르트는 중세에서 근대로의 이행 과정에 나타난 사치 행위의 경제적인 의의와 역할에 주목하였던 것이다.[1]

그에 반해 베블렌Veblen과 짐멜Simmel, 부르디외Bourdieu 등은 산업화 이후에 나타난 일반 대중의 소비 문화와 사치 행위의 기저에 놓여 있는 사적 동기와 사회적 기제를 밝히는 데 더 많은 관심을 가졌다. 먼저 산업사회 초창기 유한 계급의 사치에 주목한 베블렌에 따르면 이들의 사치 행위는 자신에 대해 아무것도 모르는 이들에게 과시적인 소비로 금전적인 힘을 보여주기 위한 것으로, 자신의 계급적인 성향을 드러내기 위한 일종의 무기라 할 수 있다.[2] 베블렌이 유한 계급의 사치에 주목한 반면 짐멜은 부유층의 사치를 추종하고 모방하려는 중하층의 소비 동기에 주목하였다. 그에 따르면 인간은 다른 사람들과 동일하게 행동하기를 바라면서도 다른 사람들과 결코 똑같이 행동하기를 싫어하는 이중적인 성향을 가진다. 그렇기 때문에 하류층은 가능한 상류층을 모방하고자 하는 반면 상류층은 하류층과 차별화하기 위해 그들만의 새로운 유행을 끊임없이 만들어 내는 것이다.[3]

한편 프랑스의 사회학자인 부르디외는 계급과 소비의 문제에 대해 고민하였다. 그는 계급에 따라 다른 물건을 사용함으로써, 개인이 어떻게 소비를 통해 사회구조 내에서 자신의 위치를 나타내며 서로 다른 계급 사이에 재화의 소비를 통한 지위 경쟁이 발현되는지에 대해 많은 관심을 표명하였다.[4]

이와 같이 지난 세기 동안 사치나 과소비의 문제는 사회학, 경제학, 심리학 등의 영역에서 사회집단 내 개인의 지위경쟁 혹은 의사소통의 수단 등으로 진지하게 탐구되어 온 것이 사실이다. 하지만 이에 비해 검약은 기껏해야 구두쇠나 수도승의 생활윤리, 아니면 부자가 되기 위한 처세술 정도로 언급되어 왔을 따름이다. 그렇다면 사치와 달리 검약이 학문적인 영역에서 관심의 대상이 되지 못한 것은 무슨 이유 때문일까?

이는 무엇보다 검약의 가치관이 시대와 지역을 초월해 보편적으로 장려되어 온 사실과 무관하지 않은 것으로 보인다. 요컨대 특정 시대와 사회의 특수성을 밝히는 데 많은 관심을 갖는 역사가의 입장에서 검약은 그리 적합한 연구주제가 되지 못했던 것이다. 물론 금욕적인 프로테스탄티즘이 근대적인 경제생활의 합리성으로 이어지는 과정에 주목하고자 했던 막스 베버Max Weber의 연구를 간과해서는 안 될 것이다.[5] 번 돈을 사치하지 않고 다시 재투자하는 프로테스탄트의 금욕적인 직업 윤리로부터 근대 자본주의 정신이 잉태되었다는 그의 견해는 지난 세기 동안 많은 연구자에게 영감을 가져다준 것이 사실이다. 하지만 이 경우에도 검약은 단지 신의 소명에 따라 맡은 바 일에 최선을 다하며 검소하게 생활하는 노동 윤리 이상의 의미를 갖지 못했다. 이러한 이유에서 검약은 사치와 달리 소비 행태나 경제생활 등을 규명하기 위한 분석 대상이기보다 주로 가치와 윤리의 문제로 인식되어 왔다고 할 수 있다. 그리고 설령 검약에 주목한다 하더라도 한정된 생산물의 과도한 소비를 막기 위해 위정자로부터 강요된 봉건적인 지배이데올로기 정도로밖에 평가받지 못한 것이 사실이다.

그러나 사치나 과소비가 사회의 전체적인 안정을 해치는 수준에 이르면 국가나 공동체는 법과 제도를 통해 이를 금지하고 검약을 강제하려는 노력을 경주하였다. 사치가 인간의 욕망과 기호에서 비롯되는 이상, 종교적인 교리나 윤리가 아닌 바에 일상 생활에서 검약을 실천하려면 각별한 인내와 노력이 필요했기 때문이다. 따라서 위정자나 정치가들은 검약이나 사치금지를 단지 개인의 내면적인 각성과 양심에 맡겨 두기보다 법이나 제도와 같은 실제적인 수단을 동원해 이를 강제하였다.

유럽에서는 이미 프랑크Frank 왕국 시절부터 사치금지에 관한 법령이 발령되었다고 한다. 하지만 실제 생활에서 사치가 문제시되어 법령을 제정한 것은 십자군 전쟁 이후의 일이었다. 십자군 전쟁 이후 원거리 상업의 발전과 도시 생활의 향상으로 향락적인 생활이 생겨났고 교회나 국가가 이에 경계심을 갖게 되면서 사치금지령을 발령하기 시작하였다. 마리아Maria와 파트리치아Patrizia 두 여성 역사가의 공동 연구에 따르면 13세기 후반부터 15세기 초반까지 이탈리아의 도시국가인 시에나Siena 시정부에서는 상당한 양의 '풍속에 관한 입법안'을 발령해 사치를 금지하고 검약을 강제하였다고 한다.6) 이 법안들은 표면상 모든 계층을 대상으로 삼았지만 실제로는 사치금지법의 규정을 어길 만큼의 재력을 가진 소수의 상인과 자산가를 대상으로 한 것이었다. 바로 이러한 점에서 시에나의 풍속 법안은 새로이 신분 상승을 꾀하던 일부 부유한 상인을 억누르려는 귀족과 교회의 정치적 목적에서 비롯된 조치였다고 말할 수 있다.

자급자족적인 농업경제를 이상으로 삼은 조선에서도 사치와 낭비는 사회질서의 근간을 뒤흔드는 악폐로 여겨져 비난의 대상이 되었다. 특히나 국왕과 사대부에게 검약과 절제는 위정자가 지켜야 할 중요한 생활윤리로 강조되었다. 이와 함께 시정의 사치스런 풍속은 군신, 존비의 기성 질서를 무너뜨리는 중대한 도전행위로 인식되어 이를 금지하는 법령이 적지 않게 제정되었다. 예를 들어 조선 영조 때에는 여염집 여인네들 사이에 많은 돈을 들여 가체를 사서 머리에 쓰고 장식하는 것이 유행하자, 이를 법으로 금지시키는 한편 족두리를 권장

하기도 했다.[7]

앞서 살펴본 바와 같이 사치금지령과 검약령은 그 역사가 상당히 오래되었음에도 불구하고 지금까지 역사학의 입장에서 이를 체계적으로 분석한 연구는 그리 많이 찾아볼 수 없다. 이는 사치금지란 측면에서 검약령이 별다른 효과를 얻지 못한 채 실패로 끝나는 경우가 대부분이었으며, 발령 동기 역시 기껏해야 불필요한 소비나 사치를 억제하기 위한 것으로 인식되었기 때문이라 할 수 있다. 그 결과 검약령은 사치 풍속에 대한 규제 이상의 의미로 해석되지 못한 것이 사실이다.

그러나 검약령은 다음과 같은 이유에서 좀더 세밀하게 살펴볼 필요가 있다. 무엇보다 검약령에 포함된 다양한 사치 품목들은 우리들로 하여금 당시 사람들의 의식주에 관한 소비 형태를 이해하는 데 구체적인 정보를 제공한다. 따라서 이를 잘 분석한다면 당시의 소비 문화를 보다 실체적으로 이해할 수 있을 것이다.

다음으로 주목해야 할 사실은 사치금지나 검약에 관한 법령들이 경제적인 이유에서뿐만 아니라 정치적인 동기에서 발령되는 경우가 적지 않았다는 점이다. 요컨대 검약령은 특정한 시기에 집중적으로 발령되는 경향을 확인할 수 있는데, 이는 아마도 새로운 사회 변화에 대한 기성 질서, 혹은 권위의 압박 내지 양자 사이의 긴장 관계를 보여주는 대목으로 해석할 수 있다. 다시 말해 사회 변화에 대한 간섭과 통제라는 관점에서 이를 살펴본다면 법령을 제정한 이들의 정치적인 의도 역시 더욱 심층적으로 이해될 수 있을 것이다.

그 다음으로 검약령과 같이 기만적인 통치 법령이 서민들 사이에서

28

어떻게 받아들여졌고 운용되었는지에 대해 주목할 필요가 있다. 왜냐하면 단지 위로부터 검약의 지시가 내려졌다고 해서 자기 절제와 희생을 요구하는 기만적인 내용을 사회구성원 모두가 수용했을 것으로 생각되지 않기 때문이다. 법령으로 강제된 검약이 한 사회의 구성원 사이에 가치관으로 널리 공유되려면 무엇보다 다수의 동의를 얻을 수 있는 합리적인 기제가 제공되어야 한다. 뿐만 아니라 이를 지지하는 최소한의 사회세력이나 기반 역시 존재해야만 한다. 이러한 점을 염두에 두고 검약령이 실제 서민들 사이에 어떻게 수용되고 운용되는지를 꼼꼼히 살펴본다면 사치금지와 검약을 명분으로 삼은 서민 지배의 구체적인 양태 역시 좀더 심층적으로 이해될 수 있을 것으로 생각된다.

검약의 나라, 일본

우리가 흔히 일본을 연상할 때 떠올리는 이미지의 하나가 바로 '검소함'이다. 외부에서 바라볼 때 경제력에 걸맞지 않는 작은 주택과 검소한 생활 태도, 소형차는 패전 이후 일본이 단기간에 경제대국으로 거듭날 수 있던 비결로 간주되어 왔다. 비단 외부의 시선뿐만 아니라 내부적으로도 검약과 절제는 일본 사회를 타자와 구분 짓는 중요한 요소의 하나로 이야기되어 왔다. 일본사상사 연구자인 야스마루 요시오安丸良夫는 일본 사회에서 검약이 '미덕' 혹은 '전통'으로 자리잡게 된 역사적 배경에 대해 매우 의미 있는 연구 성과를 발표한 바 있다. 그는 근면과 검약 같은 덕목을 단순히 통속적·전근대적인 것으로 간주하던 종래의 연구 방식에 의문을 제기하면서, 이를 '전통적인

생활 습관의 변혁' 내지 '새로운 금욕적인 생활 규율이자 자기 절제를
수반한 민중의 의식적이고 자발적 행위'로 파악할 것을 주장하였다.
그에 따르면 "근세 중기 이후 상품경제의 진전으로 농촌사회가 점차
곤궁해지고 계층분화 등의 문제가 발생하자 기존 유불선儒佛仙의 교설
을 종합해 이를 경제적 위기에 처한 서민들에게 마음의 안정을 도모하
는 일종의 처세술로 강연하는 이들이 나타났고, 이들에 의해 검약,
근면과 같은 통속 도덕이 서민들에게 소개·장려되어 결국 생활 습관
으로까지 자리잡게 되었다."고 말할 수 있다.8) 검약과 근면, 복종,
희생, 정직 등과 같이 민중의 일상 생활에서 아주 평범한 생활 규범으
로 기능해 왔던 가치관을 '통속도덕'이란 이름 하에 근대 일본 사회의
형성을 가능케 했던 사상 기제로 파악하려 한 야스마루의 시각은 근대
로의 이행 과정에서 민중적 사유 양식, 사고 방식을 찾고자 했다는
점에서 높은 연구사적 의의를 가진다.

　하지만 그의 주장은 검약, 근면과 같은 통속 도덕의 수립을 단순히
그러한 행위를 실천하는 개개인의 내면적인 사상 차원에서 검토함으
로써 행위자 개인을 둘러싼 지연집단(이를테면 가족이나 촌락), 나아
가 국가나 권력 주체와의 관련성, 아울러 개인과 공동체의 영역을
넘어선 통속 도덕의 확산 및 전파 과정에 대해 구체적인 분석이 결여되
어 있다는 느낌을 지울 수 없다. 검약과 근면의 가치관이 이른바 통속
도덕의 형태로 확산되었다는 점에 대해서는 필자 역시 동의하는 바다.
하지만 그렇다고 검약의 가치관이 종교나 사상의 영향력만으로 일반
대중 사이에 보편적인 생활 양식으로 정착될 수 있었다고 생각지 않는
다. 오히려 통속 도덕의 형태로 자리잡을 수 있었던 중요한 요인은

행위자 개인의 '자기 형성·자기 수련'에 앞서, 국가의 법이나 공동체의 내규에 따른 '사회적 제도화'의 결과가 아닌지 제고해 볼 필요가 있다. 왜냐하면 검약과 같은 가치관이 그 사회의 지배적인 생활윤리로 자리잡기 위해서는 종교나 사상 영역에서 검출되는 의식의 자율성뿐만 아니라 이를 제도화하기 위한 사회적 노력 역시 중요하다고 생각하기 때문이다.

이러한 문제 의식에서 필자는 에도 막부江戸幕府가 발령한 '검약령儉約令'에 주목하고자 한다. 에도 막부는 사농공상의 모든 계층을 대상으로 사치품은 물론이고 일상 생활용품에까지 제각기 신분에 걸맞은 소비품목을 세밀하게 규정한 법령, 즉 '검약령'을 통해 일반 대중의 소비 생활을 규제하고자 했다. 이처럼 농촌과 도시에 거주하는 햐쿠쇼百姓와 조닌町人을 대상으로 한 검약령은 17세기 이전까지 일본에서는 그 유례를 찾아볼 수 없다. 이 책에서는 바로 이 같은 사실에 주목해 검약을 한 개인의 의식이나 가치의 문제가 아닌, 사회적 제도화의 산물로 파악하고자 한다. 다시 말해 국가나 정치권력이 발령한 법과 제도, 이에 대한 개인과 공동체의 동의와 수용에 의한 사회화 과정을 거쳐 사치를 규제하고 검약을 강조하는 가치관이 사회구성원에게 전파되고 공유되는 역사적 과정을 검토할 것이다.

에도 시대의 생활규제령

에도 시대는 일반적으로 사농공상, 즉 무사를 정점으로 농민과 상공인이 기능적으로 분화되어 계서제적인 지배관계를 형성했던 것으로

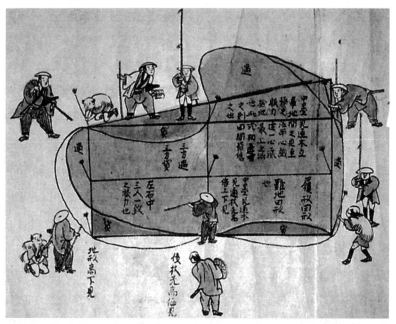

그림 1_ 18세기 후반 아키타 번秋田藩에서 실시한 토지조사사업의 정경을 담은 그림

이해되고 있다. 하지만 이 같은 신분질서는 사실상 도요토미 히데요시
豊臣秀吉 이후의 병농분리兵農分離 정책을 통해 창출된 것이라 말할 수
있다. 여기서 '창출'이란 용어를 사용한 것은 현실에 기능하는 신분집
단을 제도적으로 용인한 것이 아니라, 말 그대로 일련의 시책을 통해
만들어 냈다고 보기 때문이다. 먼저 농민들은 전국적인 토지조사사업
[太閤檢地](**그림 1**)과 무기몰수령[刀狩令] 등의 강제적인 조치를 통해 농촌
에서 토지를 경작하며 공조를 납부하는 신분, 즉 '햐쿠쇼百姓'로 규정되
었다. 이와 동시에 영주와 주종관계를 맺은 무장 전투 집단은 농촌으로
부터 분리되어 '조카마치城下町', 즉 성 밑에 건설한 도시로 이주해
'사무라이侍' 신분에 편제되었다. 한편 나루나 항구, 사원 등과 같은

교통 결절지와 상공업 중심지에서 활동하던 상인과 직인들은 강제로
조카마치에 이주한 다음 조카마치의 행정단위인 '조町'의 구성원, 즉
'조닌町人'으로 편성되었다.

　에도 막부는 이렇게 새로이 창출한 신분제 사회의 안정과 질서를
위해 도쿠가와德川 장군 이하 모든 계층을 대상으로 의식주를 포함한
일상 생활에까지 통제와 간섭을 가하는 일련의 생활규제령을 제정하
였다. 대표적인 생활규제령으로는 제5대 장군인 쓰나요시綱吉의 통치
기 동안 불교의 살생금지와 장군 개인의 성향에 의해 만들어진 '살생금
지령[生類憐みの令]', 사치품은 물론 일상 생활과 여행, 오락 등에 관한
규제를 담은 '검약령', 장군과 천황 등의 주요 위정자를 장사지낸 후
자숙 기간을 정한 '복기령服忌令', 위정자의 죽음 이후 일정 기간 동안
소음을 내지 않는 등 자율적인 자숙을 명한 '가무금지령[鳴物停止令]',
장군과 천황 등의 주요 위정자 및 그 가족의 이름에 쓰인 문자의
사용을 금지한 '금자규제禁字規制' 등을 들 수 있다. 하지만 이 중에서도
생활 규제령의 대다수를 차지하는 것은 사실상 검약령이었다고 말할
수 있다.

　　하나, 새벽같이 일어나 아침에는 잡초를 베고 낮에는 논밭을 경작하
　　　고 저녁에는 새끼줄을 꼬아 가마니를 만들며 무엇보다 각자
　　　의 일에 충실해야만 한다.
　　하나, 술과 차를 사서 먹지 말라. 처자들 역시 이를 지켜야 한다(중
　　　략).
　　하나, 농민 의복은 마포, 무명으로 제한하되 그 이외의 것은 띠帶나
　　　속감으로 사용해서도 안 된다.
　　하나, (상략) 천하태평의 세상이 열려 주위에서 힘으로 눌러 빼앗는

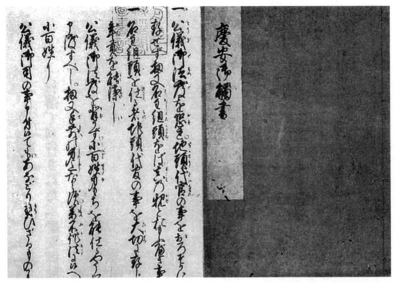

그림 2_ 1830년 이와무라 번村藩에서 간행한 「게이안 오후레가키」의 표지와 본문 중 일부

자도 없으니 자손대대로 풍족하게 살 수 있는 것은 물론, 설령 기근이 들더라도 처자와 하인들까지 마음 편히 먹여 살릴 수 있을 것이다. 연공만 제때 상납하면 농민[百姓]만큼 마음 편한 이들 또한 없을 것이다. 이러한 사항을 마음 깊이 명심하고 자자손손 대대로 이를 전하고 몸가짐을 바르게 가져야 할 것이다.

위 사료는 「게이안 오후레가키慶安御触書」(그림 2)에 실린 조문의 일부다. '게이안'은 에도 시대의 연호(1648~1651)고 '오후레가키'는 막부나 영주가 내린 법령을 높여 부르는 용어다. 따라서 「게이안 오후레가키」(이하 게이안령)는 '게이안 연간에 내려진 막부 법령' 정도로 번역할 수 있다. 하지만 일본사에서 게이안령은 일반적으로 1649년

(慶安 2) 농민에게 지시한 32개조의 법령을 지칭하는 것으로 알려져 있다. 이처럼 게이안령이 일종의 고유명사처럼 일반인에게까지 널리 알려진 것은 일본의 중·고등 역사교과서에서 농민에 대한 에도 막부의 지배 방침을 보여주는 자료로 이용되어 왔기 때문이다.

하지만 이 법령에 대해서는 메이지 시대부터 '게이안 연간에 발표된 것이 아닐지 모른다'는 의혹이 꾸준히 제기되어 왔다. 최근 들어 이와 유사한 내용의 법령이 17세기 후반 일본 중부에 위치한 시나노 國信濃 일부 지역의 막부 영지에 발령된 사실이 확인되었지만 아직까지 당시의 사료 자체가 발견된 것은 아니다. 따라서 현재까지도 법령의 진위 여부에 대한 논의는 계속되고 있다.

그러나 법령의 진위에 대한 논의가 진행중이라 해서 게이안령이 가진 역사적 의의와 가치를 부정할 수는 없을 것이다. 왜냐하면 덴포 대기근天保大饑饉(1833~1836) 이후 일본 각지의 다이묘 영내에서 게이안령이 실제로 발령된 사실을 확인할 수 있기 때문이다. 요컨대 재정 상태가 어려운 중소 규모의 번에서는 영민領民 지배를 안정시키기 위한 목적에서 출처가 불분명한 게이안령을 수정·변경하여 다이묘의 이름으로 영내에 공포하는 경우가 적지 않았다.9) 따라서 게이안 연간에 법령이 실제로 제정되었는지의 사실 여부와 상관없이 게이안령은 에도 시대 후기 이후 농민통치를 위한 영주의 기본법으로 기능해 왔다고 할 수 있다. 이처럼 19세기 이후 농민통치에 대한 막번 영주의 기본 방향을 가늠케 해준다는 점에서 게이안령의 사료적 의의는 여전히 유효하다고 할 수 있다.

전체 32개 조로 이루어진 법령의 세부 조항은 그 내용에 따라 다음과 같이 크게 세 가지로 나누어 볼 수 있다. 첫째는 나누시名主, 구미가 시라組頭 등의 직책을 맡은 무라야쿠닌村役人, 즉 촌락행정인과 일반 농민 사이의 관계에 관한 조항이다. 둘째는 의식주를 비롯한 생활 전반에서 사치를 멀리하고 검약을 강조하는 내용이다. 셋째는 권농에 관한 내용을 들 수 있다. 이 중에서 가장 많은 양을 차지하는 덕목은 역시나 검약에 관한 조항이었다.

앞에서 살펴보았듯이, 에도 시대 농민의 의복은 마포와 무명으로 제한되었고 비단 등을 사용해 속감이나 띠를 만드는 것 역시 엄격히 금지되었다. 물론 술이나 차 같은 기호 식품의 소비 역시 금지되었으며 농민의 본분은 어디까지나 경작과 연공 상납에 있었다. 게이안령과 마찬가지로 에도 시대 막부와 번에서 농민에게 발령한 법령의 상당수는 이처럼 의식주의 사치금지와 축의, 의례 등의 절검을 지시하는 내용으로 구성되었다. 그런데 정작 막부나 번에서 제정한 법령 중에 검약령이란 이름을 달고 발령된 경우는 거의 찾아볼 수 없다. 왜냐하면 에도 시대에 작성된 법령의 대부분은 구체적인 제목을 달지 않은 '무명의 법'으로 발령되었기 때문이다. 이에 따라 막부나 번에서 제정한 검약령의 대부분은 '조조條々', '오보에覺', '사다메定' 등의 이름으로 발령되었다. 뿐만 아니라 법령 문미에는 작성자는 물론이고 전달자 또한 명기하기 않은 채 단지 작성일만 기록한 경우가 대부분이었다. 이 같은 법령 형식은 법을 만들어 지시하는 자와 전달받는 자 사이의 위계질서를 보여주기 위해 의도적으로 고안된 것이었다.

하지만 1615년(元和 1년) 장군과 다이묘 사이의 관계를 규정한 「무가제법도武家諸法度」에서 "제국諸國의 사무라이는 검약해야 한다."고 규정한 것에서 알 수 있듯이, 검약은 무사 계층이 지켜야 할 중요한 생활 윤리로 강조되어 왔다. 뿐만 아니라 1744년(延享 1) 제8대 장군인 요시무네吉宗의 지시에 따라 에도 막부의 공식 법령집으로 편찬된 『오후레가키칸보슈세이御觸書寬保集成』 중에 일군의 법령들이 '검약'이란 항목으로 분류·정리된 사실을 확인할 수 있다.10) 이를 통해 18세기 중엽에 이르면 검약이 무사뿐만 아니라 서민을 포함한 전 인민을 대상으로 한 구체적인 통치 수단으로 인식되었음을 알 수 있다. 이처럼 에도 시대는 농민은 물론이고 지배층인 사무라이에게까지 법령 형태로 검약을 강조했다는 점에서 가히 '검약령의 시대'였다고 말할 수 있다.

에도 시대 동안 검약령은 주기적으로 발령되었다. 이처럼 대동소이한 내용의 검약령이 계속해서 발령된 것은 무엇보다 법의 효력이 오늘날과 달랐기 때문이다. 에도 시대는 법령을 공포한 이후 위반자가 발생해 이를 적용하거나 아니면 관련자가 이에 지속적인 관심을 갖지 않는 이상, 일정한 시간이 지나 사람들의 기억에서 법령의 존재가 잊혀지면 법령의 효력조차 상실되는 경우가 허다했다. 따라서 같은 내용의 법령이라 할지라도 수십 년이 지나 재차 발령되는 경우 역시 심심치 않게 발생하였다. 예를 들어 18세기 말 간세이寬政 개혁 중에는 "일체 사치스런 물건을 만들어선 안 된다는 것은 (이미) 겐로쿠元祿·교호享保 연간에 내려진 법령의 내용인바, 또다시 이번에 이상과 같이 지시"를 내려11) 겐로쿠·교호 기에 내려진 법령을 재차 발령하였다. 또한 덴포 개혁 중에도 "교호·간세이와 함께 그 후에 지시했던 내용도 있으니"라고 하여12) 교호 개혁 당시의 검약령을 재차 발령한 사실을 확인할 수 있다. 그러나 사치금지를 명하는 검약령이라 할지라도 발령 당시의 정치·경제적 상황이 다른 바에야 그것이 가진 사회적 역할과 의의는 각기 다를 수밖에 없었다.

지금까지의 연구

검약령이 막부 법령 중에 적지 않은 양을 차지한다는 사실에 주목한 일부 경제학자와 법학자들은 이미 1920년대 중반 무렵 이에 대한 관심을 피력한 바 있다. 하지만 메이지 유신 이후 일본이 거둔 눈부신 근대화의 성과에 경도되어 있던 이들에게 검약령은 "단지 검약의 효과를 거두는 데 그치지 않고 과도하게 소비를 제한함에 따라 생산을 고갈시키고 경제계의 침체를 부르는"13) 폐해를 가져온 봉건적인 법령에 지나지 않았다. 따라서 검약령은 에도 시대의 자생적인 상품경제의 발전을 억압하고 농민경제를 유지하기 위해 시행된 봉건적인 지배 수단으로 평가될 뿐이었다.

그런데 한 가지 주의해야 할 사항은 전전戰前의 연구가 당시의 사회·경제적 상황과 매우 밀접한 연관을 맺으면서 이루어졌다는 사실이다. 다시 말해 아시아·태평양전쟁 이전의 주요 연구 성과는 1923년 9월의 간토關東 대지진, 이듬해 국회에 상정된 '사치품 과세안'의 입법 등과 같이 다이쇼大正 말기부터 쇼와昭和 초기에 걸친 국민 경제생활의 변동기에 주로 발표되었다. 이 기간에는 제1차 세계대전 이후 계속되는 불경기 속에서 어떻게든 국민 생활의 안정을 유지하려는 움직임이 나타나기 시작해, 생활 속에서 실천 가능한 구체적인 절약법 또는 가계에 도움이 되는 일거리나 부업, 생활지침 등을 소개하는 내용의 서적 출판 붐이 일어날 만큼, 다른 무엇보다 국민 생활의 안정이 장려되었다. 따라서 당시의 검약령 연구는 "검약이란 생활에 대한 반성으로 당장 이렇다 할 효과가 없는 것처럼 보일지라도 이는 생활의 양심"이라는 구절에서 알 수 있듯이,[14] 국민 생활의 안정을 꾀하려는 시대적 분위기를 반영하는 가운데 이루어진 것이라 할 수 있다. 요컨대 다이쇼 말기의 검약령 연구는 메이지 이후 일본의 근대사회가 잠시 망각해 버린 '검약'의 가치관을 생활의 지침으로 부활시키려는 실천적인 목적 의식 하에 이루어진 것이었다고 말할 수 있다.

경제학자와 법학자가 중심이 된 전전의 연구와 달리 전후에는 주로 역사학자들이 이에 관심을 갖고 연구를 진행하였다. 역사학의 관점에서 검약령 연구는 크게 세 방향에서 이루어졌다고 정리해 볼 수 있다. 먼저 햐쿠쇼와 조닌의 의식주에 관한 실태를 살펴보기 위해 이에 주목하는 입장이다. 이는 검약령 연구에서 상당수를 차지하며 햐쿠쇼와 조닌의 의식주에 관한 검약 규정을 구체적으로 수집·분석한 다음, 생활 규범에 관한 신분제적 질서의 확립이란 시각에서 근세사회의 특질을 파악하고자 했다.[15]

다음으로는 에도 막부가 실시한 3대 개혁, 즉 교호享保·간세이寬政·덴포天保 개혁의 일환에서 사회·경제적 변화, 구체적으로 상품경제의 진전에 따른 정치권력의 대응책이란 관점에서 검약령을 파악하려는 입장을 들 수 있다. 예를 들어 쓰지 다쓰야辻達也는 교호 개혁을 기점으로 전후 시기를 단절적으로 바라보던 종전의 연구 시각에 반대하며 교호 개혁 전후의 덴와天和-호레키寶曆 시기(1681~1763)를 장군

독재체제기로 일관되게 파악할 것을 주장하였다. 특히나 교호 개혁을 사회·경제 발전에 순응하기 위한 막부의 자기 수정이라고 평가하면서 "도시 소비생활의 억제란 면에서 이 시기는 쇼도쿠正德의 정치를 한층 더 발전시킨 것"이라 하여 검약 정책에서 일관성을 강조하였다. 이와 함께 1721년(享保 6)의 조합 결성령은 사치품 억제를 위해 실시한 것이며, 교호 기의 상업정책은 검약령에 의한 상업 조직의 통제에 그 특징이 있다고 결론지었다.16) 한편 다케우치 마고토竹內誠는 마쓰다이라 사다노부松平定信의 의견서를 분석하여 간세이寬政 개혁기 (1787~1793)에 발령된 검약령에는 사치품을 포함한 '무용한 상매'를 감소시켜 여기에 종사하는 이들을 봉공인으로 전직시켜 당시 사회 문제였던 봉공인의 높은 임금 수준을 내리려는 정책의도가 내재되어 있다고 주장하였다.17)

마지막으로 장군 권력에 대한 검토 작업에서 각 정권이 시행한 검약정책을 분석한 연구 성과를 들 수 있다. 예컨대, 간에이寬永 기근 (1642~1643) 당시 전국에 발령된 검약령을 제3대 장군 이에미쓰家光의 지방통치력 강화를 보여주는 실례로 파악한 후지이 조지藤井讓治의 연구,18) 1668년(寬文 8)에 발령된 막부 검약령에 다이묘 측이 민감하게 반응해 독자적으로 영내에 검약령을 내린 사실에 주목한 쓰지 다쓰야의 논문,19) 제5대 장군 쓰나요시綱吉가 발령한 검약령이 장군 개인의 취향에 많은 영향을 받은 사실을 지적한 쓰카모토 마나부塚本學의 논고20) 등은 이에 관한 대표적인 연구 성과라 할 수 있다. 이상의 연구 성과를 정리하자면 에도 막부의 검약령은 상품경제의 발전에 대한 대응책인 동시에 근세 신분사회의 생활 규범으로 위치 지을 수 있으며, 따라서 근세사회의 신분제 질서를 유지하는 데 빠뜨릴 수 없는 법령으로 민중의 일상 생활에 심대한 영향을 끼쳤다고 할 수 있다.

그런데 1990년대 이후 도시법령의 상당량을 차지하는 검약령과 사치금령을 단순히 상품유통 통제책, 내지는 근세사회의 신분 통제책이 아닌, 하층민을 포함한 도시 주민의 일상 생활을 안정화사키고자 하는 도시 지배정책으로 재검토해야 한다는 주장이 제기되고 있어 흥미롭다. 쓰카모토 아키라塚本光는 덴포 개혁기에 이루어진 도시 정책의 입안 과정에 관한 후지타 사토루藤田覺의 연구를 참고하여 근세의 도시 정책은 지나친 사치를 제한하고자 하는 '검약 정책'과 이와는 반대로 도시의 번성과 발전을 우선시하는 '도시 번영책'의 양대 정책을 동시에 필요로 한 점에 특징이 있다고 지적하면서, 일견 모순된 것처럼 보이는 양 정책이 실은 모두 도시 주민의 생활 안정이라는 목적을 공유한 채 시행되었다고 주장하였다.21) 그의 견해는 좀더 세밀한 논증 과정이 필요하지만 검약령을 단순히 사치금지령으로서가 아니라 지나친 사치로부터 도시 주민의 생활을 안정시키기 위한, 에도 막부의 도시 지배책으로 파악하자는 제언만큼은 민중의 소비 생활까지 통제하고자 했던 근세 권력의 특질을 이해하는 데 매우 중요한 지적이 될 것이다.

1980년대 중반 이후 일본사 연구자들은 사회사의 연구방법론을 수용하는 데 적지 않은 관심을 보여 왔다. 근세사에서는 민속학의 연구 성과를 활용하거나 혹은 도시, 신분, 중간층 등으로 연구 주제를 확대시키면서 나름대로 사회적 연구 경향을 수용하고자 노력해 왔

다. 그 결과 종전에 간과되었던 도시문제, 신분집단, 공공영역 등에까
지 관심 영역이 확대되면서 다양한 주제의 연구 성과가 생산되었다.
하지만 그로 인해 종래 '막번제구조론幕藩制構造論'이나 '막번체제론幕藩
體制論'과 같이 국가나 권력, 지배 등의 문제에 관한 사회구성체론 논의
가 더 이상 진전되고 않고, 이에 대한 관심 역시 감소한 것이 사실이다.
역사학이 시간과 공간에 대한 끊임없는 탐구를 통해 보다 나은 사회를
지향하는 학문인 이상, 여전히 현실의 극복 과제라 할 수 있는 '권력'과
'지배'에 대한 관심과 탐구를 등한시해서는 안 될 것이다.

　이 책에서는 이러한 문제 의식을 가지고 지금까지와는 조금 다른
시각에서 근세 권력의 특질을 살펴볼 것이다. 즉, 영주 측에서 발령한
검약령을 단순히 사치금령 혹은 신분유지책으로서가 아니라, 서민
지배라는 관점에서 살펴보고자 한다. 에도 막부의 서민 지배는 병농분
리 이후 촌락의 실질적인 지도자이자 행정대리인인 촌락행정인[村役
人]의 책임 하에 연공 상납의 책임을 촌락 전체가 지는 대신 자치를
보장받는 '무라우케제村請制'의 틀 속에서 이해되어 왔다. 이에 따라
검약령 역시 서민통치의 방향을 제시하거나 혹은 신분제 사회의 봉건
성을 보여주는 징표 정도일 뿐 무라우케제 하에서 별다른 법적 효력을
갖지 못한, 사실상 사문화된 법령으로 인식되었다. 하지만 서민 지배
라는 측면에서 검약령이 과연 무용했는지를 판단하려면 무엇보다 법
령을 받아들인 주민들의 반응을 살펴보는 작업이 선행되어야 할 것이
다.

　이 책에서는 막부가 전달한 법령을 촌락 측에서 필사해 보관한
'촌락문서' 그리고 막부 법령을 바탕으로 촌민의 동의 하에 작성한

'촌락규약' 등과 같은 기록들을 주된 소재로 삼았다. 막번 권력이 발령한 검약령과 이를 전달받은 촌락에서 작성한 검약규약, 양자 사이의 차이와 간극을 확인할 수 있다면 막부법에 대한 촌민 측의 구체적인 반응은 물론이고 에도 시대와 같은 신분제 사회에서 영주법이 실제로 시행되는 과정 역시 보다 생생히 살펴볼 수 있을 것으로 기대된다.

내용 구성

이 책은 크게 세 가지 문제에 관심을 두고 구성되었다. 첫 번째는 검약령의 발령 주체인 막번 권력에 대한 분석이다. 근세 무가 권력은 막부와 번, 즉 도쿠가와 장군과 다이묘로 구성되었다. 에도 막부는 군사나 외교와 같은 국가적인 문제를 제외하곤 다이묘의 영국 지배에 대해 별다른 간섭을 하지 않는 것이 불문율이었다. 그런데 막부가 작성한 검약령은 막부 직할지뿐만 아니라 여타 다이묘 영지를 포함한 일본 전역을 대상으로 삼았다. 이처럼 일본 전역에 발령된 '전국법'은 막부의 입장에선 다이묘의 상위 권력으로서 이들을 통솔하는 명실공히 전국 지배자의 통치 의지를 보여주기 위한 구체적인 조치였다고 말할 수 있다. 하지만 다이묘의 입장에서 막부의 전국법은 자신의 영국 지배에 대한 막부 측의 간섭 내지 통제로 받아들여질 수 있는 개연성을 내포하였다. 바로 이러한 점에서 다이묘 측에 전달된 막부의 전국법이 다이묘 영지 내에서 어떻게 시행되었는지를 검토하는 작업은 막부와 번이라는 이중적인 권력 기구에 의한 이원적 지배를 특징으로 삼는 근세 막번제 국가의 정치 과정을 이해하는 데 중요한 의의를 가질 것으로 생각된다. 이에 따라 제2장에서는 막부 검약령이 언제부터 전국령으로 발령되었는지, 그리고 그것의 정책 의도는 무엇이었는지, 아울러 전국법으로 공포된 막부 검약령에 대한 다이묘 측의 반응이 어떠한지를 살펴볼 것이다.

한편 제3장과 제6장에서는 서민 지배의 관점에서 막부 검약령을 재조명해 볼 것이다. 막부 검약령은 기근이나 재정개혁, 정치변동과 같은 위기 시에 주로 발령되었다. 이는 강력한 검약정책을 통해 전 사회의 동원 가능한 자원을 효율적으로 배분·이용함으로써 국가적인 위기 상황에 효과적으로 대처하려는 목적에서 비롯된 결과로 볼 수 있다. 여기서는 교호·간세이·덴포의 이른바 3대 개혁기 동안 시행된 검약정책이 단지 사치금지나 재정확보를 위해서뿐만 아니라 민생안정을 도모하려는 서민 지배책의 일환에서 시행된 사실에 주목할 것이다.

두 번째는 검약령의 대상이었던 서민들의 대응에 관한 고찰이다. 근세 중기 이후 농촌과 도시에 사는 주민들이 자율적으로 작성한 각종 규약 중에는 소비생활의 간소화와 사치금지를 내용으로 하는 검약 조항이 대거 포함되었다. 이처럼 주민들이 작성한 자치규약 중에 검약 조항이 다수 포함된 사실을 놓고 일부 연구자들은 막번 영주에 의한 검약정책의 강화로 말미암은 '영주법의 촌법화' 현상으로 평가내린 바 있다. 하지만 이 같은 평가에 앞서 실제 주민들이 어떠한 목적에서 일상 생활의 통제와 규제를 수반하는 검약 조항에 동의했는지에 대해서는 별다른 검토가 이루어지지 못한 실정이다. 이 책에서는 검약에 관한 조항을 다수 포함하고 있는 각종 규약집을 수집해 그 내용을 살펴볼 것이다. 좀더 구체적으로 제4장에서는 도시에 사는 조닌町人들이 작성한 '조시키모쿠町式目' 등을 소재로 근세 중기 이후 행정 비용의 증가라는 새로운 도시 문제에 대응하기 위해 막부가 검약정책의 일환에서 발령한 「조 운용경비 절감령[町入用節減令]」에 대한 조닌 측의 대응 양상을 검토할 것이다. 그리고 제5장에서는 근세 중기 이후 교토·오사카·나라 일대에서 작성된 촌락규약을 소재로 촌민들이 자발적으로 검약을 생활 규율로 삼은 이유가 무엇인지에 대해 살펴볼 것이다.

세 번째는 메이지 유신明治維新 이후 근대국가의 수립 과정에서 '검약' 대신 '근검저축'이 적극적으로 장려되는 이유에 대해 주목하고자 한다. 메이지 유신 이후 촌민들이 작성한 촌락규약에서 확인되는 '근검저축'의 권장은 다름 아닌 신정부의 적극적인 저축진흥책을 반영한 결과일 뿐만 아니라 '저축의 장려'를 통해 국가권력이 촌락과 개인의 경제생활에 개입하는 과정을 예시한다는 점에서 주의 깊게 살펴볼 필요가 있다고 생각하기 때문이다. 제7장에서는 에도 막부의 붕괴, 메이지 신정부의 출범 이후에도 농촌지역에서 일상 생활의 검약을 주된 내용으로 삼는 '검약규약'이 광범위하게 제정되는 이유와 함께 1885년 「제급취의서濟急趣意書」 발령 이후 '검약' 대신 '근검저축'이 강조되는 과정 등에 대해 살펴볼 것이다.

1) 베르너 좀바르트 지음, 이필우 옮김, 『사랑과 사치와 자본주의』, 까치, 1997.

2) 톨스타인 베블렌 지음, 정수용 옮김, 『유한계급론』(동녘신서 8), 동녘, 1985.

3) 게오르그 짐멜 지음, 안준섭 옮김, 『돈의 철학』(오늘의 사상신서 53), 한길사, 1990.

4) 피에르 부르디외 지음, 최종철 옮김, 『구별짓기(하)』, 새물결, 2005.

5) 막스 베버 지음, 김현욱 옮김, 『프로테스탄티즘 윤리와 자본주의 정신』, 동서문화동판주식회사, 2009.

6) 마리아 아쑨타 체파리 리돌피·파트리치아 투리니 공저, 김정하 옮김, 『중세 허영의 역사』, 혜안, 1999.

7) 한국고문서학회 지음, 『조선시대 생활사(3)-의식주, 살아있는 조선의 풍경』, 역사비평사, 2006, 101쪽.

8) 安丸良夫, 『日本の近代化と民衆思想』, 靑木書店, 1974. 이 책은 후에 같은 제목으로 '平凡社ライブラリー' 시리즈로 平凡社에서 1999년 재간되었다.

9) 山本英二, 『慶安御触書成立試論』, 日本エディタースクール出版部, 1999.

10) 에도 막부의 주요 법령을 시대 순으로 정리한 『오후레가키칸보슈세이(御触書寬保集成)』에서는 막부가 내린 약 3500여 통의 법령을 81개 항목으로 구분하였다. 이 가운데 검약에 관한 법령은 '검약' 항목에 담긴 30여 통을 비롯하여 예복, 의복, 제상매(諸商賣) 등의 항목에 걸쳐 약 100여 통 이상이 포함된 사실을 확인할 수 있다.

11) 高柳眞三·石井良助 編, 『御触書天保集成(下)』, 岩波書店, 1941, 문서번호 6102호. 이하 여타 문서의 경우 초출 후에는 별도로 출전을 밝히지 않고 『御触書天保集成(下)』, 6102호와 같이 약기하도록 한다.

12) 石井良助·服藤弘司 編, 『幕末御触書集成(第4卷)』, 岩波書店, 1993, 4026호.

13) 中村孝也, 『元禄及び享保時代における經濟思想の硏究』, 國民文化硏究會, 1927, 941쪽.

14) 肥後和男, 「近世の儉約令とその思想」(1926 초출, 『近世思想史硏究 肥後和男著作集 第二期』, 敎育出版センター, 冬至書房, 1993에 재록), 400쪽.

15) 그간 서민의 의식주에 관한 실태를 파악하기 위해 검약령을 이용한 연구는 많이 이루어졌다. 그 대표적인 연구 성과는 藏並省自,「町人儉約令, 性格の一考察」,『日本大學三島敎養部硏究年報』3, 1955(후에『江戶時代の支配と生活』, 三和書房, 1971에 수록) ; 西村綏子,「江戶時代幕府法における衣服規制の変遷」,『岡大敎育硏究收錄』48, 1978(이외 여타 주요 번의 의복통제에 관한 西村의 연구 성과에 대해서는 동 논문의 주 1 참조) ; 煎本增夫,「近世初期の衣服統制」,『日本歷史』421, 1983 ; 原田信男,「衣・食・住」, 日本村落史講座編集委員會 編,『日本村落史講座(7) 生活(Ⅱ) 近世』, 雄山閣, 1990 ; 土肥鑑高,「奢侈禁止と儉約令」,『日本歷史』526, 1992 ; 黑潮十二郎,「農民の生活」,「町人の生活」,『弘前藩政の諸問題』, 北方新社, 1997 등을 들 수 있다.

16) 辻達也,『享保改革の硏究』, 創文社, 1981.

17) 竹內誠,「旧里歸農奬勵令と都市の雇傭勞働」,『德川林政史硏究所硏究紀要』昭和51年度, 1977.

18) 藤井讓治,『德川家光』, 吉川弘文館, 1997.

19) 辻達也,「下馬將軍政治の性格」,『横浜市立大學論叢』 30卷 2・3合併号, 1979.

20) 塚本學,『德川綱吉』, 吉川弘文館, 1998.

21) 塚本明,「日本近世都市史硏究のあらたな展開のために」,『歷史評論』 500, 1991.

제 2 장

17세기 막부 검약령의
전국적인 전개

에도 시대 전기 농민의 의생활과 의복 통제

일본에서는 율령국가 성립 당시부터 지나치게 화려하게 꾸미거나 사치하는 것을 '과차過差'라 하여 이를 금지하였다. 일찍이 8세기 중엽에 제정된 요로율養老律에서는 정치를 바르게 하기 위해 사치를 금해야 한다고 하여 위계에 따라 가축과 말의 이용을 제한하였다. 헤이안平安 시대에도 "아름답게 꾸민 옷과 사치를 일체 금지美服過差一切禁斷"하는 태정관부太政官符를 발령하는 등, 수차례에 걸쳐 관인들의 사치금지를 지시한 바 있다. 1261년(弘長 1) 2월 가마쿠라鎌倉 막부는 장군과 주종 관계를 맺은 고케닌御家人을 대상으로 가옥과 출사시 행장 등에 대해 '과차'를 범하지 않도록 지시하기도 했다.

하지만 에도 시대 이전까지 사치금지에 관한 법령은 권력자들이 자신의 하급자나 식솔을 대상으로 내린 경우가 대부분이었다. 즉, 지배계급 내부의 위계질서를 명확히 하고 분수에 넘치는 사치로 재정 파탄에 이르지 않도록 이를 지시했던 것이다. 센고쿠다이묘戰國大名와 오다織田・도요토미豊臣 정권에서도 서민들을 대상으로 사치금지와 검약을 지시한 경우는 아직까지 확인된 바 없다. 이러한 점에서 검약을 명목 삼아 서민의 의식주는 물론이고 생활 전반에까지 권력이 개입하는 통치방식은 에도 막부 이후에 새로이 나타난 현상이라 말할 수 있다.

막번 영주가 서민들을 대상으로 사치금지를 지시한 최초의 사례는 오늘날 야마가타 현山形縣에 위치한 요네자와 번米澤藩에서 찾아볼 수 있다. 1608년 요네자와 번에서는 농민 복장에 대해 가죽신과 값비싼 견직물, 명주, 굵은 명주로 만든 의복의 착용을 금지하였다.[1] 하지만 요네자와 번은 극히 이례적인 경우로 17세기 초반까지 다이묘가 농민을 대상으로 사치금지를 지시한 여타 사례는 아직까지 확인된 바 없다.

한편 에도 막부가 수립되고 나서 십수 년이 지난 1625년 2월 9일 다음과 같은 2개조 법령이 발령되었다.[2]

> 하나, 가치步行, 와카토若黨, 유미뎃포弓鐵炮의 의복에 관해 명주, 굵은 명주의 착용은 허가하되 그 이상의 의복 착용은 허가하지 않는다. 다만 주군으로부터 수여받은 의복은 상관하지 않는다.
> 하나, 햐쿠쇼의 의복에 관한 사항은 햐쿠쇼 신분인 자百姓分之輩일 경우 삼베와 목면으로 제한한다. 다만, 나누시名主와 햐쿠쇼의 처에 한해서는 굵은 명주로 만든 의복까지를 허용하되, 그 이상의 의복을 착용하는 자는 처벌한다.

위 법령은 도자마다이묘外樣大名인 우에스기上杉 가문의 가록인『우에스기가연보上杉家御年譜』와 막부직할지 사도佐渡 섬의 풍토기인『사도연대기佐渡年代記』등에 동문의 자료가 실려 있는 점으로 미루어 도자마다이묘 영지를 포함한 일본 전역에 내려진 전국 법령으로 보아도 무방할 듯싶다. 먼저 '가치步行'를 포함한 하급무사의 의복에 관한 규정을 담고 있는 제1조를 살펴보도록 하자. 무사 신분은 전투 시 말을 타는지의 여부에 따라 기병무사인 '사무라이侍'와 '가치徒士' 등의 하급무사로 나누어 볼 수 있다. 가치와 같은 하급무사는 평시에는 가볍게 무장한 채 도보로 이동하며 군수품을 나르지만, 전시가 되면 집단적으로 전투에 참가하였다.(그림 1) 여기서 말하는 '가치, 와카토, 유미뎃포'는 본래 사무라이의 전투 보조원이지만 총포의 전래와 함께 전투의

그림 1_ 막강 기병을 자랑하는 다케다武田 군과의 전투에서 총포로 무장한 가치 중심의 오다織田 군이 승리함으로써 하급무사의 중요성을 일깨운 나가시노長篠 전투.『나가시노합전도병풍長篠合戰圖屛風』에서.

주된 형태가 기병무사에 의한 기마전에서 총포로 무장한 가치의 집단전으로 이행함에 따라 그 중요성을 인정받아 하급무사 신분에 새로이 편입된 자들이다.

이에 반해 제2조에서는 농민 의복에 대한 규정을 담고 있다. 여기서 농민의 의복은 삼베와 목면으로 제한되었다. 하지만 예외적으로 촌락 지도자인 나누시名主와 기혼여성에 한해서는 굵은 명주로 만든 의복의 착용이 인정되었다. 앞서 하급무사의 의복을 생명주와 굵은 명주로 제한한 점에 비추어본다면 이 같은 조항은 아마도 하급무사와 상층농민 사이의 신분 차이를 분명히 하는 동시에 촌락 내에서 나누시와 일반 농민 사이의 서열관계를 더욱 명확히 드러내려는 의도에서 비롯된 것이라 할 수 있다. 다시 말해 위 법령은 하급무사와 농민, 그리고 나누시와 일반농민 사이의 신분관계를 복장으로 구분지어 병농兵農 간의 차이를 뚜렷이 하는 동시에 촌락행정을 담당하는 나누시의 권위를 가시화시키려는 목적을 담고 있었던 것으로 보인다. 즉, 위 법령은

농민 생활의 실제적인 사치를 억제하기 위해서라기보다는 의복 규제
를 통해 신분적 차이를 보다 명확히 설정하려는 의도에서 비롯된 조치
였다고 할 수 있다.

그런데 위 법령은 전국시대 동안 향상된 농민의 의생활을 반영하고
있다는 점에서 좀 더 주의 깊게 살펴볼 필요가 있다. 사실 전국시대까
지 일반 서민들은 주로 삼베로 옷을 만들어 입었다. 조직이 성겨 통풍
성이 뛰어난 삼베는 더운 여름에는 최적의 의류지만, 겨울이 되면
몇 겹을 껴입어도 추운 바람을 막을 수 없어 기근이라도 들라치면
배고픔과 추위를 견디지 못한 이들이 돌림병에 걸려 사망하는 경우가
허다했다. 사토 노부히로左藤信淵의『경제요록經濟要錄』(1827)에 따르
면 "덴쇼·분로쿠天正·文祿(1573~1595) 무렵까지 부귀한 사람들은
비단 옷을 입어 가볍고 따뜻했으나, 빈천한 사람들은 모두 삼베로
만든 누비옷을 입고 엄동설한의 추위를 견디었으니 매우 힘든 일이었
을 것으로 생각된다. (중략) 오늘날에도 무쓰陸奧·데와出羽처럼 추운
북부지역에서 삼베옷을 입고 엄동설한을 지내는 빈민들이 많아 해마
다 역병에 걸려 쓰러지는 자가 적지 않다."[3]고 하여 목면이 일본에
보급되기 이전인 16세기 말 서민들의 어렵고 힘든 삶에 대해 언급하였
다.

사실 일본은 16세기 중엽까지 조선으로부터 매년 상당한 양의 면포
를 수입하였다. 15세기 초엽 이래 조선에서 수입한 면포는 고가로
거래되었기 때문에 일본 내 주요 수요자는 공가나 무사, 부유한 상인층
으로 제한되었다. 그런데 오닌의 난応仁の亂(1467~1477) 이후 전국
시대가 시작되면서 군복軍服, 군기軍紀, 막사 등의 군수품에 사용할

목면 수요가 증가함에 따라 조선을 통한 면포 수입이 폭발적으로 확대되었다. 예컨대 오닌의 난 당시인 1475년 서울의 왜관倭館과 경상도의 포소浦所에서 거래된 면포는 모두 27,800필이었는데, 그 이듬해인 1476년에는 37,421필로 급격히 거래량이 증가하였다. 조선 정부는 일본과의 무역으로 막대한 양의 면포가 국외로 유출되어 국내 면포가격이 상승할 것을 우려한 나머지, 황금 1량당 면포의 교환 비율을 30필에서 25필로 개정해 면포의 수출가격을 높이는 한편 조공무역의 회사품回謝品에 면포와 함께 삼베, 비단의 세 가지를 나누어 지급하는 방식을 취하는 등, 목면의 국외 유출을 억제하기 위해 노력하였다. 이 같은 조선정부의 노력으로 일본에 대한 목면 수출이 정체 상태에 빠지게 되자, 목면의 주요 구매자였던 센고쿠다이묘는 이를 중국에서 수입하는 대안을 모색하지만 막대한 군수품 수요를 충당하기에는 턱없이 부족하였다.

　부족한 목면 공급을 늘리기 위해 일본에서는 16세기 중엽부터 규슈九州, 미카와三河 지역을 중심으로 면화 재배와 목면 생산을 시도하게 된다. 군수품에 대한 수요의 증가를 충당하기 위해 촉발된 일본 내 면화 재배는 에도 막부 성립 이후 정치적 안정이 지속됨에 따라 일본 각지로 급속히 확대되었다.[4] 그 결과 에도 시대 중기 이후 목면은 광범위하게 생산과 소비의 확대가 이루어지면서 이제 더 이상 값비싼 군수품이나 사치품이 아닌, 농민의 의류자원으로 보급될 수 있었다.(그림 2) 위 법령에서 에도 막부가 농민의 의복으로 삼베와 함께 목면을 인정한 것은 바로 16세기 중엽 이후 일본 내 면화 재배의 성공과 보급을 반영한 결과에 다름아니었다.

그림 2_ 목면에서 실을 잣는 여성의 모습. 에도 시대에 방적은 여성들의 중요한 부업이었다. 『와코쿠햐쿠죠 和國百女』에서.

막부 검약령에 대한 다이묘의 인식

에도 막부의 법령은 시행 범위에 따라 막부직할지만을 대상으로 삼는 경우와 다이묘 영지를 포함해 일본 전역에 발령되는 경우로 나누어 볼 수 있다. 여기서 후자, 다시 말해 일본 전역으로 발령되는 전국법령은 막부 입장에선 전체 다이묘를 통솔하는 명실 공히 전국 지배자의 통치의지를 과시하기 위한 수단이었다. 하지만 다이묘의 입장에서 이는 자신의 영국 지배권에 대한 막부의 간섭 내지 통제를 의미하였다. 이러한 점에서 다이묘에게 전달된 막부의 전국법령이 어떻게 시행되었는지를 검토하는 작업은 막부와 번이라는 이중적인 권력 기구로 구성된 근세 막번제 국가의 특질을 살펴보는 데 매우 중요한 문제라 할 수 있다. 이 같은 점을 염두에 두고 전국법령으로 내려진 검약령에 대한 다이묘 측의 반응을 살펴보도록 하자.

고쿠라 번小倉藩의 호소카와 다다오키細川忠興는 아들 호소카와 다다

토시細川忠利에게 가독을 물려주고 야시로八代에 은거하던 1640년(寬永
17) 8월 19일 다음과 같은 내용의 서장을 다다토시 앞으로 보냈다.[5]

> 그곳에서 사무라이를 포함한 조닌과 햐쿠쇼 이하에게 의류·향응
> 등에 관한 법령을 내렸다고 전해들었다. 그런데 이에 대해서는 막부
> [公儀]로부터 아무런 언급이 없어 이곳에서도 아직 지시한 바가 없
> 다. 이러한 까닭에 장군으로부터 지시가 있었는지 황급히 물어보는
> 바다.

서장에서 다다오키가 말하는 '의류·향응 등에 관한 법령'이란 그해
7월 21일 다다토시가 고쿠라 번의 무사와 햐쿠쇼·조닌을 대상으로
의류와 제례의 절검을 지시한 검약령을 지칭하는 것이다.[6] 그런데
다다오키는 다다토시가 내린 검약령이 막부의 지시에 의한 것인지
아니면 다다토시의 독자적인 판단에 따른 정치적인 결정인지를 확인
하고 싶었던 것 같다. 이에 대해 다다토시는 이튿날의 답신에서 다음과
같이 답하였다.[7]

> 19일 편지를 받아보았습니다. 에도로부터 사치금지에 관한 장군
> 이에미쓰의 지시[上意]가 수차례에 걸쳐 전달되었습니다. 언제인지
> 사치에 대해 막부가 법령을 발령한 적도 있습니다. 이번 일에 관해
> 서는 막부로부터 이미 (관련) 법령을 받았다고 판단해 제가 직접
> 법령을 내렸기 때문에 아버님께는 말씀드리지 않았습니다.

여기서 눈길이 가는 대목은 다다토시가 자신이 발령한 검약령이
어디까지나 막부, 즉 '장군 이에미쓰의 지시[上意]'에 따라 제정한 것임

을 누누이 강조했다는 점이다. 실제로 다다토시는 전년 12월 17일
'세간의 사치'에 대해 장군 이에미쓰와 담화를 나누고 나서 이에 대한
대책을 상신토록 명령받은 적이 있었다.[8] 그리고 같은 해 1월 11,
13일 막부로부터 반토番頭와 하타모토의 검약을 지시하는 법령을 전달
받기도 했다.[9] 이러한 점 등을 미루어 보건데, 다다토시의 검약령은
그의 말대로 어디까지나 막부 법령과 장군 이에미쓰의 지시를 근거로
발령되었음을 알 수 있다.

　당시 상당수의 다이묘는 다다토시처럼 검약에 대한 막부의 지시와
법령에 지대한 관심을 가지고 있었을 뿐만 아니라 이를 근거로 영민領
民의 의복에 관한 세부 법령을 마련해 시행했던 것으로 보인다. 실제
다다토시가 발령한 의복 통제령을 살펴보면 상층농민인 오쇼야大庄屋
에게는 예외적으로 생명주·굵은 명주로 만든 의복의 착용을 인정하
였지만 일반 농민은 삼베와 목면으로 제한하는 등, 1625년 2월 9일에
막부가 내린 법령을 그대로 준수하고 있음을 확인할 수 있다. 고쿠라
번에 조금 앞서 1627년(寛永 4) 가가 번加賀藩에서 내린 법령에서도
"햐쿠쇼의 옷에 관해서는 면포와 목면으로 제한한다. 단 햐쿠쇼의
여성은 굵은 명주로 만든 의복까지는 괘념치 말고 착용하되 이 이상의
의상은 절대 입어선 안 된다."고 하여 막부의 의복 통제령과 거의
동일한 내용을 담고 있는 사실을 확인할 수 있다.[10] 이처럼 당시
다이묘들이 의복에 관한 막부의 지시를 별다른 수정 없이 그대로 수용
한 것은 무엇보다 법령의 내용이 무사와 농민 사이의 신분 차이를
명확히 하고자 하는 막번 영주의 공동 이해관계에 부합했기 때문일
것이다.

그림 3_ 막부나 번에서는 사람들의 통행이 많은 곳에 고사쓰를 세워 중요 행정지침이나 법령을 전달하였다.

간에이寬永 기근 당시 막부의 기근 대책

에도 막부 성립 초기 농민 생활에 대한 막부의 규제는 의복에 한정되었을 뿐, 생활 전반에 걸쳐 세분화되지 않았다. 막부가 서민생활 전반에 규제와 통제의 손길을 뻗치기 시작한 것은 1640년대에 들어서부터였다. 1640년 홋카이도에서 발생한 화산 폭발로 말미암아 화산재가 도호쿠東北 지역에까지 날아가 쌓이면서 쓰가루 번津輕藩을 비롯한 주변지역은 기록적인 대흉작을 경험하게 된다. 그 이듬해인 1641년 6월에는 기나이畿內·주고쿠中國·시코쿠四國 지역에 가뭄이 발생하고 아이즈會津 지역에선 홍수와 우박이 내리는 가운데 8월 한여름에 아키타 번秋田藩에서 서리가 내리고 가가 번에 장마가 계속되는 등, 이상기후로 인한 농작물 피해가 전국 각지로 확산되었다. 하지만 1642년에 접어들어서도 이상기후가 계속되고 기근 피해가 더욱 심각해져 감에 따라 막부 역시 본격적인 기근 대책 마련에 나서지 않으면 안 되는 상황에 놓이게 되었다.

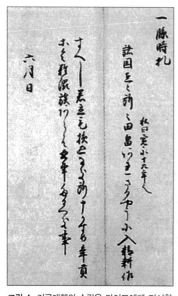

그림 4_ 기근대책의 수립을 다이묘에게 지시한 로주 봉서老中封書. 이를 전달받은 각 다이묘들은 자신의 영지에 고사쓰를 세워 막부의 지침을 영민에게 알렸다.

기근 피해가 전국 각지로 번져 가던 1642년(寬永 19) 5월 14일 막부는 행인의 왕래가 많은 곳에 나무로 만든 판목에 행정지침을 적어 알리는 고사쓰高札(그림 3)를 전국 각지에 세우도록 지시하면서, "일본 전역의 논, 밭이 황폐해지지 않도록 온 정성을 쏟아 경작해야 한다. 만약 농작물의 피해가 없음에도 불구하고 거짓을 일삼아 연공 상납을 꺼리는 자가 있다면 마땅히 처벌받아야 한다."는 지침(그림 4)을 하달하였다.11) 이 고사쓰는 1639년(寬永 16)에 발령된 「크리스트교 금지령キリシタン禁止令」을 제외하고 막부가 다이묘 영지에까지 하달한 최초의 전국법이란 점에서 주목할 필요가 있다. 이상기후로 인한 기근 피해가 전국적으로 확대됨에 따라 막부 입장에서는 일본 전역을 시야에 놓고 대책을 마련할 필요성을 감지했던 것이다. 하지만 아직까지 이상기후로 인한 기근

피해의 심각성을 제대로 깨닫지 못한 채, 오로지 연공 수입이 감소될까 두려워 이를 확보하기 위한 대책 마련에 급급한 실정이었다.

그러나 각지로부터 기근 피해의 심각성이 보고됨에 따라 막부 태도에도 변화의 움직임이 나타나기 시작하였다. 전국에 고사쓰를 세우도록 지시하고 나서 얼마 지나지 않은 6월 29일과 윤閏 9월 14일 두 차례에 걸쳐 전국적인 기근 대책을 마련해 하달하였다. 먼저 6월 29일에 발령한 법령을 살펴보면 제1조에서는

> 올해 전국의 인민이 (기근에) 지쳐 쓰러져 있으니 햐쿠쇼에 대해 조금은 관대하게 봐주도록 해야 할 것이다. 게다가 만약 올 작황에 손실이 생기면 내년에 반드시 기근이 찾아올 것이므로 예전에 검약에 관해 지시한 바가 있으니 모든 사무라이들 역시 이 점을 명심해 만사에 조심하고 아껴 쓰도록 해야 한다. 조닌·햐쿠쇼 이하의 식량에 관해서도 이러한 각오로 임하도록 하여 기근에 이르지 않도록 강구해야 한다. 두말할 나위 없이 햐쿠쇼 등에 대해서는 항시 쌀을 함부로 소비하지 않도록 지시해야 한다.

고 하여12) 구체적인 기근 대책으로 쌀을 비롯한 양식의 '절검'을 강조하는 동시에 조닌과 햐쿠쇼가 기근에 이르지 않도록 지도해야 할 책임이 '사무라이'에 있다는 점을 역설하였다. 그리고 연공체납의 금지, 오곡의 절약, 담배의 재배 금지, 연공체납의 금지 등에 관한 사항을 지시하였다. 막부는 기근으로 "지쳐 쓰러져 있"는 인민을 위한 대책 마련을 지시하고 지배층인 '사무라이' 계급의 노력을 당부하면서도, 미곡재배지를 확보하기 위해 담배 재배를 금지한 것 이외에 사실상 주로 '검약'에 초점을 맞추어 기근 대책을 실시한 사실을 확인할 수

있다.

그런데 한 가지 주목할 사항은 이 시기 막부의 기근 대책이 간토關東와 가미카타上方 양 지역으로 나뉘어 전개되었다는 점이다. 에도 막부는 야마시로山城, 이즈미和泉, 셋쓰攝津, 야마토大和, 가와치河內의 기나이畿內 지역에 속한 5개 국國에 인근의 오미近江, 단바丹波, 하리마播磨의 3개 국을 더하여 이를 '가미카타 8개 국上方八ヵ國'으로 칭하고 막부가 관장하는 특수 행정범위로 삼았다. 당시 가미카타 지역의 민정은 교토쇼시다이京都所司代인 이타쿠라 시게무네板倉重宗와 요도 번淀藩의 다이묘인 나가이 나오마사永井尙政와 쇼류지 번勝龍寺藩의 다이묘인 나가이 나오하루永井直淸, 오사카마치부교大坂町奉行인 구가이 마사토시久貝正俊·소가 유스케曾我古祐, 가미카타군다이上方郡代인 고보리 마사카즈小堀政一·고미 도요나오五味豊直의 7인에 사카이부교堺奉行인 이시카와 가쓰마사石河勝正를 더한 8인의 합의제로 이루어졌다.

막부는 같은 해 5월 8일 "올 가을 곡물이 제대로 여물지 못하면 내년에 아사하는 자가 엄청나게 많아질 것"에 대비해 기나이畿內와 시코쿠西國 일대의 행정·군사의 책임을 맡고 있던 교토쇼시다이京都所司代 이타쿠라 이하 가미카타 8인에게 조속히 기근 대책을 마련토록 지시하였다. 이들은 막부의 지시에 따라 7월 25일[13]과 8월 20일, 11월 26일[14] 세 차례에 걸쳐 구체적인 기근 대책을 담은 법령을 발령하였다. 이들은 면화나 채종과 같이 상품작물의 재배가 활발했던 가미카타의 지역 특성을 참작해 식량 확보 차원에서 이들 작물의 재배를 금지시켰다. 뿐만 아니라 가미카타에 위치한 교토나 오사카와 같은 대도시 주민들을 대상으로 검약령을 하달하였다. 특히나 8월 20일

교토와 오사카에 내린 전체 9개조의 법령은 양식과 의류를 포함해 향응, 축제, 불사 등의 종교제례에 관한 절검을 담았다.[15] 이를 통해 당시 막부의 기근 대책이 연공을 상납하는 농민뿐만 아니라 도시 주민을 포함한 전 지배계층을 대상으로 하달된 사실을 확인할 수 있다.

이상에서 살펴본 바와 같이 간에이 기근 동안 막부의 기근 대책은 검약을 통해 최대한의 식량과 연공미를 확보하기 위한 방향으로 추진되었다. 하지만 기근으로 고통 받는 서민에게 정작 도움이 될 수 있는 구휼미나 연공감면 등의 조치는 재정에 부담이 된다는 이유로 시행되지 않았다. 이처럼 서민들의 입장에서 기대 이하의 조치였음에도 불구하고 간에이 기근 당시 검약을 기조로 한 막부의 기근 대책은 몇 가지 점에서 중요한 의의를 갖는다. 그것은 앞서 언급했듯이 다이묘 영지 내에 거주하는 영민을 포함해 일본 전역의 인민을 대상으로 막부 법령을 발령했다는 점이다.

사실 간에이 기근이 일어나기 얼마 전인 1635년(寬永 12) 막부는 다이묘 통제를 주된 내용으로 삼는 「무가제법도武家諸法度」를 대대적으로 정비해 19개조로 늘려 공포하였다.[16] 법령은 다이묘의 에도 참근參勤을 의무화하는 한편 다이묘 사이의 사적인 쟁론을 금지하고, 500석 이상을 선적할 수 있는 대규모 선박의 건조를 금지하는 등 다이묘의 군사·재정·행정에 대한 책임과 통제를 명문화한 것이었다. 더욱이 마지막 19조에서는 "모든 것을 에도의 법도에 따라 모든 영지에서 시행해야 한다."고 명시하여 막부의 법령을 다이묘 영지에까지 적용할 뜻을 분명히 밝혔다. 간에이 기근 당시 막부는 이와 같은 무가제법도의 원칙에 따라 다이묘의 영국 통치권에까지 개입해갈 수 있었던 것이다.

하지만 각 번의 사료를 검토해 보면 막부로부터 기근 대책에 관한 법령을 전달받은 사실은 확인되지만, 이를 토대로 검약령을 제정해 번 내에 지시한 사례는 찾아볼 수 없다. 이는 아마도 막부 영지에 비해 다소 생산력이 떨어지는 곳에 다이묘 영지가 위치한 관계로 영민들의 소비생활이 검약을 강제할 정도로 높지 않았으며, 무엇보다 전국법의 형태로 막부의 지시가 다이묘 측에 전달되었기 때문에 굳이 독자적인 검약정책을 전개할 필요성을 느끼지 못했기 때문으로 보인다.

17세기 중반 이후의 사회·경제적 변화

장군의 슬하인 에도에서는 겨울부터 봄까지 건조기가 계속되는 동안 심심치 않게 화재가 발생하였다. 그런데 화재가 일단 발생하면 부족한 용수시설과 협소한 시가지, 과잉 인구 등으로 말미암아 삽시간에 도시 전체로 확산되어 엄청난 인적·물적 피해를 가져오는 경우가 적지 않았다. 화재를 진압하는 소방수의 화려한 복장에서 "화재는 에도의 꽃"이라는 속담이 생겨날 정도로 에도의 대화재는 주기적으로 반복되었다. 그 중에서도 1657년(明曆 3)에 발생한 이른바 「메이레키의 대화재明曆の大火」(그림 5)는 에도 성 천수각을 비롯한 주요 건축물을 잿더미로 전소시키며 10만 명 이상의 인명피해를 가져온 에도 시대 최대의 화재로 기록되고 있다. 이후 막부는 화재의 피해를 줄이기 위해 대규모 사찰과 다이묘의 거택을 도시 외곽으로 이전하고 넓찍하게 소방로를 확장하는 등, 전면적인 도시 개조운동을 벌이게 된다.[17]

그림 5_ 메이레키의 대화재 당시 간다神田 지역 주민들이 불길을 피해 아사쿠사 교센草橋로 뛰어드는
모습. 『무사시아부미むさしあぶみ』에서

하지만 메이레키의 대화재가 발생한 지 얼마 지나지 않은 1668년
(寬文 8) 2월, 또다시 대화재가 일어났다. 메이레키의 대화재에 비해
피해지역과 규모는 작았지만 시가지 복구를 위해 목재와 쌀 등의 물자
수요가 폭증하면서 단기간에 물가가 폭등하는 현상이 나타났다. 이에
대한 대책을 마련하기 위해 막부는 화재 발생 직후인 2월 15일 모든
다이묘와 하타모토를 대상으로 만사를 간소하게 처리하도록 지시하
는 내용의 검약령을 발령했다.[18] 그리고 3월에 접어들어서는 햐쿠쇼
와 조닌에게도 만사의 절검을 명하는 검약령을 수차례에 걸쳐 지시하
였다.

먼저 3월 14일에는 햐쿠쇼를 대상으로 ① 농업의 전념 ② 가옥건설
③ 의류 ④ 양식 ⑤ 탈 것 ⑥ 노能·스모相撲 등의 오락 ⑦ 신사에서의
제례 등에 관한 검약을 지시하였다.[19] 전체 내용은 간에기 기근 당시

의 검약령과 비교해 그다지 큰 변화를 찾아볼 수 없으나, 한 가지 주목되는 사항은 "이곳저곳에서 간진노勸進能·스모·인형극操り과 같은 흥행행사[見物之類]를 일체 유치해서는 안 된다."고 하여(제6조) 노·스모·인형극과 같은 오락행위의 절검을 지시했다는 점이다. 이를 통해 서민 생활에 대한 막부의 규제가 의식주를 넘어 점차 오락과 여흥에까지 확대되는 과정을 확인해 볼 수 있다. 이처럼 서민의 오락에까지 막부의 규제가 확대되었던 것은 17세기 동안 소농경영의 안정을 바탕으로 농업생산력이 꾸준히 상승하면서 경제적 잉여를 바탕으로 서민생활의 진전이 이루어지고 있었기 때문이다.

더욱이 막부는 3월 15일과 20일 양일에 걸쳐 조닌을 대상으로 총 4회에 걸쳐 검약령을 발령하였다.[20] 먼저 15일에는 ① 조닌의 대도帶刀 금지 ② 가옥건설·의복의 간소화 ③ 도구류에 장식용 금의 사용금지를 내용으로 하는 3개조 법령을 발령했다.[21] 그리고 20일에는 ① 조닌의 가옥건설 ② 혼인 ③ 의복 ④ 향응 ⑤ 금은을 사용한 상자의 장식 금지 ⑥ 제례 때 건네는 선물 ⑦ 장례행사의 절검을 지시하였다.[22] 또한 에도 서민으로부터 대중적인 인기를 누려오던 가부키 배우의 복장과 무대장치의 간소화를 명하는[23] 한편 공허公許의 유곽지인 요시와라吉原의 가옥건설·혼인·향응·의복 등의 절검을 지시했다.[24]

그 가운데 15일에 내려진 3개조와 20일의 7개조는 로주老中로부터 에도마치부교江戸町奉行, 엔고쿠부교遠國奉行와 함께 다이묘에까지 전달되어 막부의 직할도시는 물론 다이묘 영지 내의 도시에까지 공포되었다. 그런데 주목할 것은 당시 막부 검약령을 전달받은 상당수의 다이묘가 이를 토대로 독자적인 도시법령[町触]을 작성해 공포했다는 사실이다. 예를 들어 오카야마 번岡山藩, 돗토리 번鳥取藩, 가가 번加賀藩, 후쿠오카 번福岡藩, 센다이 번仙台藩, 오바마 번小浜藩과 같은 주요 번에서는 막령을 토대로 독자적인 검약령을 작성해 이를 영내의 조카마치에 발령한 사실을 확인할 수 있다. 이처럼 막부가 내린 검약령에 다이묘 측이 민감히 반응해 영내에 검약령을 발령한 예는 그 이전까지 찾아볼 수 없다. 그렇다면 당시 다이묘 측은 무슨 이유에서 막부 검약령을 토대로 독자적인 검약체제의 정비에 나선 것일까?

이에 대해 간분기寬文期(1661~1672) 동안 행정기구에 대한 막부의 관리·감독이 강화된 것에 그 이유가 있다고 보는 견해가 있다. 다시 말해 이 기간 동안 막부는 행정기구의 정비를 통해 막부관리 전반에 대한 행정기구의 지배·관찰을 강화하여 무능하거나 부정을 일삼은 하타모토와 다이칸代官을 연이어 처벌하였다. 이처럼 영주 지배의 일선에서 활약하고 있던 실무관리에 대한 막부의 강경한 처벌이에도 막부의 내부 구성원은 물론이고 다이묘에까지 영향을 미쳐, 혹시나 자신에게까지 불똥이 튀지는 않을까 하는 심정에서 다이묘 측이 자발적으로 막부 검약령을 수용해 영내 검약체제를 정비하고자 했다는 것이다.25)

사실 막부는 간분기에 접어들어 행정기구에 대한 관리·감독을 강화하는 동시에 에도로 유입되는 상품과 물자의 흐름을 관할하기 위해 전국을 시야에 넣은 정책을 활발히 전개하였다. 이를 테면 '간에이통보寬永通寶'와 같은 동전을 대량으로 주조해 전국적으로 유통시켰을 뿐만 아니라 다이묘 영지에까지 상품 통관에 대한 조사를 전면적으로 실시하여 막부의 위상과 영향력을 크게 향상시켰다. 하지만 막번체제 하에서 서민 지배는 기본적으로 막부와 번에 의한 이원적·중층적 지배를 원칙으로 삼고 있었다. 따라서 1668년을 계기로 나타난 '검약령의 전국적인 시행'은 단지 법령의 발령자인 막부의 입장뿐만 아니라 이를 받아들여 실행하는 번의 사정 역시 함께 검토해야만 그것이 갖는 의의를 제대로 이해할 수 있을 것이다. 이러한 이유에서 1668년 당시 막부의 지시를 토대로 독자적인 검약체제를 정비한 오카야마 번의 사례를 중심으로 당시 다이묘들이 직면해 있던 사회·경제적 문제에 대해 살펴보도록 하자.

1666년 5월 도호쿠 지방의 아이즈會津 지역에서 시작된 큰비는 6월에 미토水戶, 7월에는 이요伊予·도사土佐·이세伊勢 지역으로 남하했다가 8월경 다시 북상해 미노美濃·오와리尾張 일대에 심각한 홍수 피해를 일으키게 된다. 하지만 그 다음 해인 67년에도 홍수는 계속되어 미카와三河와 도토우미遠江 일대에 많은 농작물 피해가 발생하게 된다.26) 이처럼 연이어 계속된 자연재해로 말미암아 피해지역의 다이묘들은 흉작으로 인한 기근 대책을 마련해야 했다.

오카야마 번 역시 홍수 피해에서 예외가 되지 못했다. 영주인 이케다 미쓰마사池田光政의 일기에는 "올해 보리농사의 작황이 좋지 않다. 지난 한두 해 동안 가을에 거둬들인 곡물마저 그 양이 적어 영내 모든 지역이 황폐해진 마당에 올 가을수확마저 작황이 나쁘면 기근을 맞이하게 될 것이 뻔하다."27)고 하여(1666년 5월 16일) 자연재해로 인한 연이은 흉작이 기근으로 이어질 것에 대한 두려움을 피력한 대목을 찾아볼 수 있다. 이에 미쓰마사는 다이칸카시라代官頭와 고오리부교

郡奉行와 같은 일선의 민정 책임자를 불러 그 대책을 상의하도록 지시하였다. 8월 들어 더 이상 기근을 피해갈 수 없다는 사실이 명백해지자 미쓰마사는 황급히 교토의 상인들로부터 은을 빌려 이를 1군郡에 30관 문貫文씩 배분해, 구휼자금으로 사용하도록 지시하였다.28) 하지만 이러한 노력에도 불구하고 그 이듬해에도 사정이 나아질 기미가 보이질 않자, 1667년 6월 16일에는 보다 구체적인 농민 구제책을 제시하기에 이르렀다. 우선 그해 보리농사의 흉작을 감안해 연공을 반감해 주는 조치를 실시하였다. 그리고 부교奉行들로 하여금 현지 사정을 감안해 연공으로 징수한 보리를 구휼미로 직접 나누어주든가 아니면 모두 거두어들인 다음 그 절반에 해당하는 만큼을 은으로 바꿔 구휼에 사용하도록 지시하였다.29) 이상에서 살펴본 바와 같이 17세기 중반을 거치면서 미쓰마사를 비롯한 여러 다이묘들은 안정적인 영민領民통치와 연공징수를 위해 '피곤에 지쳐 쓰러진[草臥]' 농민을 구제하기 위한 다양한 기근 대책을 시행하였다.

그러나 당시 다이묘들을 괴롭히는 문제는 자연재해로 인한 흉작과 기근뿐만이 아니었다. 근세 초기 막번 권력은 토지조사사업을 통해 각지의 토호들이 숨겨두었던 은전隱田을 적발하고 이들에게 사적으로 종속되어 있던 예속민들을 새로이 농민신분으로 전환시켜 전체 토지 면적과 경작자를 증가시킬 수 있었다. 하지만 토지조사사업과 함께 검지장檢地帳에 그 이름을 등록해 어렵사리 농민신분을 획득한 하층농민의 상당수는 농업경영이 불안전한 관계로 흉작이나 기근이라도 들라치면 연공과 제역諸役을 부담하지 못해 자신이 거주하던 촌락을 떠나 도망치는 경우가 적지 않았다. '부랑 백성[走り百姓]'으로 불리던

그림 6_ 흉작이나 기근으로 자신이 살던 촌락을 떠나 유랑의 길을 나선 유민의 모습. 『민간비황록民間備荒錄』에서.

이들은 경작민이 부족한 타 지역으로 도망쳐 새로운 토지를 개간하거나,(그림 6) 혹은 16세기 초반 일본 전역에 붐을 이룬 광산·도시 개발의 공사현장으로 흘러들어가 일용노동자가 되기도 했다.30) 이처럼 흉작과 기근 시에 농촌사회를 떠나 새로이 도시에 유입되는 이주민 수가 급격히 증가하게 되자 다이묘들은 영민 지배의 안정성을 유지하기 위해 점차 이를 중대한 사회적 현안으로 인식하고 그 대책마련에 고심하게 된다.

오카야마 번에서는 홍수로 인한 흉작의 피해와 도시유입민의 증가, 농촌사회의 황폐화 등의 현안을 협의하기 위해 1666년 8월 16일부터 28일까지 13일 동안 이례적으로 주요 가신이 모두 참석하는 대회의 [大寄合]를 소집하였다.31) 당시의 회의 내용을 기록한 의사록에 따르

68

면 1654년(承應 3)의 대홍수 이래 "경지를 상실해 더 이상 농사를
지을 수 없어 도시로 나오는" 이들의 수가 점점 늘어, 조카마치의
거주민이 "(1666년에 발생한) 홍수 이전에 비해 3천 명이나 늘어났
다."고 한다. 1667년 당시 오카야마의 도시주민 수가 2만 9천여 명
정도로 추정32)되던 것에 비교해 보면 홍수로 삶의 터전을 잃고 도시
에 흘러들어온 이들의 비율이 전체 도시민의 약 1/10 이상을 점유하게
되었음을 알 수 있다. 이처럼 도시에 흘러 들어온 이들은 주로 '날품팔
이[きるふり], 일용노동자[賃持]'로 "그날 그날의 생계를 근근이 이어갈"
수밖에 없었다. 이처럼 대량의 인구가 농촌에서 도시로 흘러 들어옴에
따라 농촌에서는 경작민이 부족한 반면 도시에서는 물가상승과 치안,
주거 등의 다양한 사회문제가 발생하였다. 특히나 도시에서는 도시인
구가 단기간에 급격히 늘어나 거주공간이 부족해지고 주택의 임대료
가 상승하면서 이로 인한 도시문제가 파생적으로 발생하게 되었다.

의사록 기록에 따르면 "돈 많은 이들이 매매를 통해 집을 사서 이득
을 보니 이곳저곳에서 높은 가격에 집을 사 공사를 벌이고 임대료를
이전의 오할 내지는 두 배로 높여 받는" 경우마저 생겨났다. 당시
가옥을 사서 임대용으로 개조하는 사업은 "근년과 같이 조닌들이 이곳
저곳에서 공사를 벌이는 일은 이전에 그 예를 찾아볼 수 없다."고
말할 정도로 일대 붐을 이루었다고 한다. 대회의에 모인 사무라이들은
이 같은 도시사회의 변화에 대해 조닌의 경제적 번영을 희생해 가면서
까지 이들을 탄압해서는 안 되지만, 가직 이외에 높은 이득을 얻는
행위를 금지하고 공사나 의복 등을 간소하게 하는 것은 물론이고 분을
넘어 고리를 얻는 행위를 금지하는 동시에 도시사회에 만연한 사치와

풍기문란을 규제해야 한다는 것으로 결론을 내렸다.

사실 이 시기에 이르면 이전에 찾아볼 수 없던 새로운 사회현상으로 도시 서민의 사치풍조가 나타났다. 예를 들어 여성의복의 필수품인 오비帶는 근세 초기까지 그 폭이 2촌 정도였지만 점차 늘어나 당시에는 광폭의 오비가 유행하기 시작하였다. 또한 단오절구의 장식물, 히나마쓰리雛祭에 사용하는 도구들이 점차 화려해지면서 조닌의 사치는 다이묘의 입장에선 이제 더 이상 좌시할 수 없는 사회문제로 인식되었다.

대회의에서 조닌의 사치가 논의되고 2년이 지난 1668년 5월 8일에도 참근을 마치고 오카야마로 귀국한 이케다는 "화재가 발생한 다음 (막부는) 곧바로 검약 사항을 지시하였을 뿐만 아니라 이후에도 수차례에 걸쳐 같은 내용을 지시한 바가 있기에 장군의 심중에 부합하도록 법령을 개정하도록" 지시하였다.[33] 다시 말해 이케다는 장군의 심중, 즉 막부의 지시에 따라 영내에 검약령을 실시하고 싶다는 자신의 뜻을 가신들에게 전달하였다. 그리고 한 달도 지나지 않은 6월 1일 사무라이와 농민, 도시민 등을 대상으로 각기 의식주의 사치를 금하고 간소를 권장하는 검약령을 발령하게 된다.

오카야마 번의 사례를 통해 살펴보았듯이 1688년을 전후로 상당수의 다이묘들이 자신의 영지에 검약령을 발령한 것은 단지 에도로부터의 지시가 있었기 때문만은 아니었다. 오히려 막부의 지시에 앞서 오카야마 번에서와 같이 각지의 다이묘들은 17세기 후반 이후 연이은 자연재해와 이로 인한 기근 발생, 그리고 농촌을 버리고 도시로 흘러 들어온 이주민의 증가로 말미암아 농촌사회의 황폐화와 도시인구의 증가, 사치의 발생이라는 여러 사회문제에 직면해 있었던 것으로 보인다. 이러한 상황에서 막부로부터 전달된 검약령은 번 내부의 사회적 모순에 대응하기 위해 다이묘들이 독자적인 검약령을 정비하는 데 좋은 계기가 되었던 것으로 보인다.

다이묘 영지에서 막부 검약령의 수용

장군은 다이묘에게 군역을 부과해 영주계급 전체의 군사지휘권을 장악하는 한편 외교와 무역을 독점하고 에도를 비롯한 교토, 오사카 등의 주요 도시와 사도佐渡・이쿠노生野 등지에 위치한 주요 광산을 소유하는 등, 명실 공히 일본 전역의 통치자로 군림하였다. 하지만 영주란 점에서 장군과 다이묘는 어디까지나 동등한 입장이었다. 이러한 사실을 놓고 보자면 사치금지와 절검의 강제를 명분으로 서민생활에 대한 통제와 규제를 지시하는 막부의 검약령은 영주계급 공동의 이해관계에 기반한 것이지만, 한편으로 독자적인 영국領國 통치권을 가진 다이묘에게 막부로부터의 간섭을 의미하는 것이기도 했다.

그런데 간분기寬文期(1661~1672)에는 앞서 언급한 바와 같이 오카야마 번 이외에도 상당수의 다이묘들이 막부 검약령을 토대로 영국 내에 새로운 검약령을 제정・시행한 사례를 찾아볼 수 있다. 그렇다면 다이묘 측에 전달된 막부 검약령은 번 내에서 어떻게 시행되었을까? 장군의 '지시'라는 이유에서 막부 법령 그대로 영지에 다시 발령했을까? 아니면 서민 지배란 측면에서 장군과 동일하게 영주의 지위에 서 있던 만큼 번의 이해와 영민통치에 저촉되는 경우에는 이를 무시하고 독자적인 내용의 법령을 제정해 발령했을까?

이에 대한 대답은 쉽지 않다. 이는 막부 검약령에 대한 다이묘 측의 반응이 자신이 처한 상황과 이해관계에 따라 각기 다르게 나타났기 때문이다. 검약령은 서민뿐만 아니라 무사를 포함한 모든 계층의 의식주에 관한 통제와 간섭을 수반하기 때문에 이를 강제할 경우 서민은 물론이고 지배층 내부에서도 적지 않은 반발을 초래할 수 있다. 이 같은 상황에서 다이묘 측은 검약령에 대한 반발을 최소화하기 위해 종종 막부의 검약령을 근거로 이를 시행하고자 한 경우가 적지 않았다. 예컨대 1668년 6월 11일 돗토리 번鳥取藩에서는 가신을 대상으로 생활의 간소화를 지시하면서 그 문미에 "이번에 내리는 법령은 올 봄 장군께서 직접 내리셨으니 장군의 명령[上意]에 따라 거듭 지시하는 바다."라고 하여 검약에 대한 지시가 어디까지나 장군의 명령에 따른 것임을 강조하였다.34) 다시 말해 돗토리 번에서는 검약의 지시에 불만을 품은 가신들의 반발을 효과적으로 무마하기 위해 법령의 발령이 어디까지나 장군의 명령에 따른 것임을 강조하고자 했던 것으로 보인다.

이처럼 막부의 권위를 빌어 검약령을 시행하려 했던 사례는 비단 돗토리 번뿐만이 아니었다. 1688년(元祿 1) 12월 29일 에도마치부교쇼江戸町奉行所에서는 사치스런 의복을 착용한 이를 남녀 불문하고 발견 즉시 체포하라는 지시를 내렸다.35) 에도에서 강력한 의복 통제를 실시한 지 채 한 달이 지나지 않은 이듬해 1월 17일 오카야마 번에서는 "얼마 전 에도마치부교쇼로부터 (사치스런 의복을 착용한 이에 관한) 조사가 있었다고 하니 각기 부리는 하인들에게도 법령을 엄격히 준수하도록 일러두어야 한다. 만약 이를 어기는 자가 있다면 신고하도록"
지시하였다.36) 아마도 다이묘들은 검약에 관한 지시와 처벌을 강도
높게 수행할 경우 예상되는 주민들의 반발을 사전에 차단하기 위해
자신의 지시가 어디까지나 상위 권력자인 막부의 법령과 명령에 따른
것으로 선전하고자 했던 것으로 보인다.

하지만 이와 달리 번 내의 관례나 관행을 더욱 중시하는 경우도
적지 않았다. 오바마 번小浜藩에서는 막부가 1668년 3월 14일에 내린
검약령37)을 전달받아 4월 28일 번 내에 공포하면서 독자적인 번령을
제정해 함께 하달하였다.38) 그런데 오바마 번에서 제정한 번령은
막부 법령과 상당부분 그 내용을 달리했다. 예를 들어 의복에 관한
조항을 살펴보면 막부는 촌락지도자인 쇼야庄屋(나누시의 이칭)와
그 처자에게 생명주와 굵은 명주로 만든 의복의 착용을 인정해 주었다.
하지만 오바마 번에서는 고급 옷감인 생명주는 불허하고 굵은 명주의
착용만 허락하였다. 더욱이 막부 법령에서는 축의행사 시에 농민의
음주행위에 관한 사항을 언급한 적이 없었음에도 불구하고 오바마
번에서는 이를 일체 불허하였다. 이처럼 의복과 축의행사에 관한 사항
을 놓고 막부의 법령과 번령에서 규정하는 바가 서로 다른 것에 대해
오바마 번에서는 "막부의 영지[公儀御領]와 이곳 농민은 다르기" 때문이
라는 이유를 들었다. 다시 말해 오바마 번에서는 비교적 고급 옷감이라
할 수 있는 생명주의 착용을 인정한 막부 법령을 영내에 전달함으로써
생겨날지도 모를 혼란을 사전에 방지할 목적에서 농민 지배의 관행이
막부와 다르다는 사실을 미리 주지시키기 위해 막부 법령보다 한층
강화된 의복규정을 명시한 번령을 함께 발령했던 것으로 보인다.

한편 가가 번加賀藩에서는 1683년(天和 3) 2월 막부로부터 전달받은 검약령을 번 내에 공포하면서 독자적으로 제정한 2개조의 번령을 첨부해 발령하였다. 먼저 막령을 살펴보면 "햐쿠쇼와 조닌의 의복은 생명주·굵은 명주·목면·마·삼베 이내에서 처지에 맞게 해 입고 처자 역시 이 범위에서 착용해야 한다."고 규정하였다.39) 17세기 중반까지 농민의 의복을 목면과 삼베로 제한하고 쇼야와 그 처자에 한해 예외적으로 생명주와 굵은 명주의 착용을 인정해 주었던 것과 비교하면 의복규정이 한층 완화되었음을 알 수 있다. 사실 혼란한 전국시대를 벗어나 에도 막부가 통일권력을 형성하고 평화로운 시대가 도래함에 따라 농촌의 농업생산력은 비약적으로 발전하였다. 특히나 경지면적은 17세기 내내 계속 확대되어 18세기 전반에 이르면 16세기 말의 약 2배에 해당하는 300만 정보(약 297만 헥타르)에 달하게 된다. 뿐만 아니라 농기구와 농법의 개량에 따라 단위면적당 수확량이 증가하면서 가족노동 중심의 소규모 농업경영이 자리를 잡았을 뿐만 아니라 전체적인 농촌사회의 생활수준 또한 높아졌다. 막부가 일반 농민에게 명주의 착용을 허용한 것은 다름 아닌 17세기 동안 점진적으로 이루어져왔던 농업생산력의 발전과 생활수준의 향상을 인정한 결과라 할 수 있다.

그런데 이와 함께 발령된 가가 번의 번령에서는 "영내의 농민 의복은 종전에 지시했던 바대로 목면, 삼베 이외에 착용을 금지한다. 다만 (촌락지도자인) 주무라＋村와 후치닌扶持人에 한해서는 남녀 모두 굵은 명주의 착용을 인정한다."고 규정하였다. 즉 막령과 달리 가가 번에서는 이전부터 시행해 온 번령에 따라 영내 농민의 의복을 목면과 삼베로 제한하여 명주의 착용은 불허하였다. 결과적으로 가가번 역시 앞서 살펴본 오바마번과 마찬가지로 영내 농민의 의복을 목면과 삼베로 제한하였음을 알 수 있다.

앞에서 살펴본 바와 같이 막부의 검약령에서 규정한 내용이 영내 사정에 비해 관대할 경우, 다이묘 측에서는 막부 법령을 존수하기보다 번 내의 관행을 법제화한 번법을 제정해 이를 준수하도록 지시하는 사례가 적지 않았다. 특히나 독자적으로 번법을 정비해 시행하고 있던 도자마다이묘의 경우에는 막령을 그대로 따르기보다 영내의 관례와 선례를 우선시하는 경향이 뚜렷했음을 알 수 있다.

1) 煎本增夫,「近世初期の衣服統制」,『日本歷史』421, 1983, 59쪽.

2) 『御当家令條』378호(石井良助 編,『近世法制史料叢書』, 弘文堂書房, 1939).

3) 佐藤信淵 지음, 瀧本誠一 교정,『經濟要錄』(岩波文庫, 白 217・218・219), 岩波書店, 1928.

4) 永原慶二,『苧麻・絹・木綿の社會史』, 吉川弘文館, 2004.

5) 『細川家史料(第7卷)』(東京大學史料編纂所 編,『大日本近世史料』, 東京大學出版會, 1969), 1650호.

6) 「寬永年以後郡中法令」(藩法硏究會 編,『藩法集(7) 熊本藩』, 創文社, 1966).

7) 『細川家史料(第13卷)』, 1051호.

8) 『細川家史料(第12卷)』, 1014호.

9) 『細川家史料(第13卷)』, 1017호.

10) 寬永 7年 12月 21日 기사(前田家編輯部 編,『加賀藩史料(第2編)』, 石黑文吉, 1929). 이하 연대기 순으로 자료가 정리된 경우는 초출 이후『加賀藩史料(第2編)』, 寬永 7年 12月 21日 기사와 같이 출전과 날짜만을 간단히 제시하도록 한다.

11) 寬永 19年 5月 14日 기사(藤井讓治 감수,『江戶幕府日記：姬路酒井家本』, ゆまに書房, 2003・4).

12) 『御当家令條』, 454호.

13) 당시 가미카타군다이(上方郡代)로부터 다이칸을 통해 현지 촌락에까지 검약령이 전달된 사실을 확인할 수 있다(『藤井寺市史(第6卷) 史料編(4上)』1983, 6쪽 ;『羽曳野市史(第5卷)』, 1983, 38쪽).

14) 柴田實 編,「藤田家文書」,『泉佐野市史』, 1958, 43호.

15) 京都町触硏究會 編,『京都町触集成(別卷 2)』, 岩波書店, 1983~1985, 356호.

16) 高柳眞三・石井良助 編,『御觸書寬保集成』, 岩波書店, 1976.

17) 메이레키의 대화재 이후 에도 시내의 개조에 관해서는 北島正元,『近世の民衆

76

と都市−幕藩制國家の構造−』, 名著出版, 1984, 202~204쪽 참조하기 바람.

18) 寬文 8年 2月 15日 기사(黑板勝美, 國史大系編修會 編, 『德川實紀』, 吉川弘文館, 1964).

19) 『江戶幕府日記』, 寬文 8年 3月 14日 기사.

20) 『江戶幕府日記』, 寬文 8年 3月 15, 20日 기사.

21) 『御觸書寬保集成』, 2890호.

22) 『御觸書寬保集成』, 1057호.

23) 『御觸書寬保集成』, 2695호.

24) 『御觸書寬保集成』, 2696호.

25) 辻達也, 「下馬將軍政治の性格」, 『橫浜市立大學論叢』 30卷 2·3合倂號, 1979, 49·50쪽.

26) 『德川實紀』, 寬文 6·7年 기사.

27) 池田光政 지음, 藤井駿 외 엮음, 『池田光政日記』, 山陽図書出版, 1967, 564쪽.

28) 『池田光政日記』, 569쪽.

29) 『池田光政日記』, 579·580쪽.

30) 深谷克己, 『大系日本の歷史(第9卷) 士農工商の世』, 小學館, 1988.

31) 평시와 비교해 기간 및 참가인수가 많았기 때문에 대모임[大寄合]으로 칭한 모임의 구체적인 경과와 결과를 기록한 문서에는 당시 오카야마 번이 처한 사회·경제적 상황을 놓고 가신들이 제기한 다양한 의견이 기록되어 있어 근세 중기 번정(藩政)의 전개 과정을 살펴보는 데 좋은 사료로 생각된다(「大寄合之覺書」, 『岡山大學附屬圖書館所藏 池田家文庫 藩政史料 マイクロ版集成』 문서번호 E3- 23*TEC-00300).

32) 岡山市 編纂, 『岡山市史』, 1920, 465쪽.

33) 『御納戶大帳(備作之史料 1)』, 備作史料研究會, 1984, 181호.

34) 藩法研究會 編, 『藩法集(2) 鳥取藩』, 創文社, 1961, 58호.

35) 近世史料研究會 編, 『江戶町觸集成(第2卷)』, 塙書房, 1994, 2658호.

36) 岡山大學池田家文庫等刊行會 編, 『市政提要(上)』, 福武書店, 1973, 14호.

37) 『御当家條令』, 286호.

38) 『小浜市史 藩政史料編(2)』, 小浜市, 1990, 82호.

39) 『加賀藩史料(第4卷)』, 天和 3年 2月 기사.

제 3 장

18세기 막부 지배의 안정과
도시 지배정책의 전개

에도 막부와 '공의公儀'

에도 시대 장군을 수장으로 하는 막부의 통치권력은 무가 집단 내에서 '공의公儀'로 불렸다. 공의란 본래 '내의內儀'에 대칭되는 개념에 서부터 비롯되었다. 다시 말해, 후자가 주종제적 결합에 기초한 공가 혹은 무가의 '집안[家]' 내지 '사私'적인 일을 뜻하는 데 반해, 전자는 이를 넘어선 공동의 이해관계에 바탕을 둔 '공公'적인 문제나 그에 대한 결정을 의미하였다.

무가 집단의 공의는 전국 동란을 거치면서 센고쿠다이묘戰國大名에 의해 구체화되었다. 즉, 센고쿠다이묘는 일원적인 영국領國 지배권을 확립하는 과정에서 슈고다이묘守護大名가 가진 공적 권력뿐 아니라 재지 무사단이나 유력 사원, 신사, 농민 결사체가 행사하던 자치권을 수렴·통합하면서 공의로 발전하였다. 이처럼 센고쿠다이묘가 공의 로 발전할 수 있었던 것은 '잇키一揆'와 같은 강고한 농민결사체에 대항하기 위해 무엇보다 무가 집단 내부의 계급적 결집이 선행되어야 했기 때문이다. 다시 말해 일국 단위로 통일적인 영국 지배를 실현하기 위해 무가 집단 내의 '상호분쟁[喧嘩口論]'을 그만두는 대신 무가 공동의 이해에 바탕을 둔 조직의 권위와 권한은 집단의 장長인 센고쿠다이묘 에게 위임되었다. 그리고 이렇게 위임된 공권력은 센고쿠다이묘에 의해 '공의'라는 이름으로 행사되었던 것이다.

오다 노부나가, 도요토미 히데요시, 도쿠가와 이에야스로 이어지는 통일권력의 형성 과정에서 센고쿠다이묘가 가진 '공의'는 기독교 금제 와 같이 개별 영국 단위를 넘어 일본 전역을 대상으로 하는 통치행위를 통해 최종적으로 에도 막부로 수렴·통합되었다. 에도 막부는 다이묘를 공의로 받드는 다이묘의 가신, 즉 배신陪臣에게까지 공의를 넘어선 '대공의大公儀'로 받아들여짐에 따라 명실 공히 무가 집단 모두의 공동 이해에 기반을 둔 최고의 '공의'로 자리매김되었다.

이렇듯 장군 권력의 정당성이 더 이상 다이묘와의 사적인 주종관계가 아닌 공의로서 갖는 권위에서 비롯되는 이상, 여러 다이묘에게 장군의 우월성을 보여주기 위해 의도적으로 벌인 과시적 행사들, 예컨대 교토로의 상경이나 이에야스를 모신 닛코日光 도쇼구東照宮로의 참배 행위 등은 제3대 장군 이에미쓰 이후 점차 감소되었다. 뿐만 아니라 무가 집단 내에서 주군에 대한 충성행위이자 미풍으로 찬미되던 '순사' 역시 전국시대의 유풍이자 공의 질서를 해친다는 이유로 1663년에 이르러 금지되었다. 이처럼 공의로서의 위치가 확고부동해짐에 따라에도 막부는 이제 더 이상 군사적인 과시를 통해 '무위'를 드러내기보다 좀더 평화적이고 안정적으로 무가 집단을 이끌어 나갈 수 있는 지배 윤리를 새롭게 정립해야만 했다.

쓰나요시綱吉 정권의 문치文治와 장군독재

에도 막부 제5대 장군인 쓰나요시綱吉는 에도 성에서 시녀로 일하던 평민 출신의 측실과 제3대 장군 이에미쓰家光 사이에서 셋째 아들로 태어났다. 두 형이 건재한 까닭에 장군직을 계승할 가능성이 희박했던 쓰나요시는 일찍이 분가해 다테바야시 번館林藩의 다이묘가 되었다. 하지만 둘째 형인 쓰나시게綱重가 사망하고 엎친 데 덮친 격으로 제4대 장군인 이에쓰나家綱마저 후사를 얻지 못한 채 건강이 위중해지자 갑작스레 장군 계승자로 부상하게 되었다. 하지만 그의 장군직 계승 과정은 그리 순탄하지 않았다. 병약한 이에쓰나를 대신해 절대 권력을 휘두르던 다이로大老 사카이 다다키요酒井忠淸가 조정에서 장군 계승자를 영입했던 가마쿠라鎌倉 막부의 전례에 따라 미천한 출신인 쓰나요시 대신 천황가의 황자를 장군 후계자로 영입하려 한다는 소문이 떠돌았기 때문이다. 하지만 쓰나요시는 로주 홋타 마사토시堀田正俊의 강력한 지원 아래 이에쓰나의 임종 직전 양자로 임명되어 어렵사리 장군직을 계승할 수 있었다.

장군직에 오른 쓰나요시는 자신을 반대했던 다다키요를 실각시키고, 이에쓰나 집정기 동안 일부 후다이다이묘譜代大名에게 장악되었던 막부 정치의 실권을 되찾기 위해 노력하였다. 이를 위해 먼저 신임 장군의 권위를 보여주고자 각지에 파견한 순견사의 보고를 바탕으로 에치고越後 다카다 번高田藩의 내분에 장군이 직접 개입해 번주인 마쓰다이라 미쓰나가松平光長의 영지를 몰수하였다. 그리고 장군 취임 이전 다테바야시 번館林藩에서 거느리던 가신들을 대거 막신으로 발탁하고 이들을 마치 자신의 수족처럼 부리면서 장군의 의지대로 막부 정치를 실시하는 이른바 '장군독재정치'를 시행하였다.

1683년 그는 먼저 무가사회의 기본 법령이라 할 수 있는 「무가제법도武家諸法度」의 개정에 착수하였다. 그 결과 이전 「무가제법도」의 제1조에서 "문무궁마의 도에 정진할 것文武弓馬之道, 專可相嗜事"이란 내용은 "문무충효에 힘쓰고 예의를 바르게 할 것文武忠孝を勵し, 可正禮義事"으로 개정되었다.(그림 1) 1615년 무가제법도가 제정된 이래 제1조에 명시된 "문무궁마의 도"는 다이묘가 갖추어야 할 기본 도덕이자 공의 편성

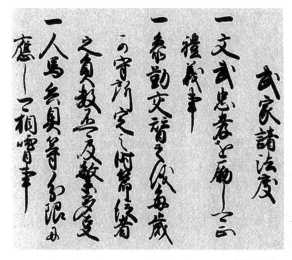

그림 1_ 1683년(天和 3) 개정
된 「무가제법도武家諸法度」
의 문두 부분

원리로 중시되어 왔다. 그러한 점에서 제1조의 변경은 공의 편성 이념
이 전환되었음을 시사해 주는 대목이라 할 수 있다. 다시 말해 전투자
로서의 자질을 의미하는 "궁마" 대신, 군신과 부자 사이의 유교 덕목인
"충효"를 강조함으로써 장군과 다이묘 사이의 관계는 의제적인 '가家'
적 질서로 맺어지는 군신관계로 재규정되었다. 즉, 장군 권력의 독재
와 강화, 다이묘 통제의 일환에서 '충효', '예의'와 같은 유교 덕목이
무가 집단 내에서 강조되었던 것이다. 이로써 무가 집단의 편성 원리는
막부 초기의 '무위'와 '무단'을 대신해 '충효', '예의'와 같이 더욱 강력
한 이데올로기적인 통제를 수반하는 '문치' 형태로 전환되었다.

　사실상 '무단에서 문치로의 전환'은 강력한 장군독재정치 하에서
가능한 것이었다. 쓰나요시 통치기에 실시된 다소 이례적인 서민 지배
정책들, 예컨대 살생금지령[生類憐みの令]이나 총포단속령, 복기령服忌令
등은 바로 이러한 이념을 구체적으로 실현하려는 목적에서 추진된

84

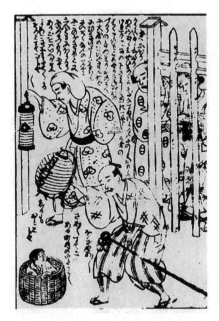

것들이라 할 수 있다. 먼저 살생금지령에 대해 살펴보면 1687년 이후 쓰나요시의 통치기 동안 무려 50여 회가 넘도록 발령되었다고 한다. 법령 중에는 개나 소, 말처럼 인간과 함께 생활하는 가축은 물론이고 물고기와 벌레를 비롯해 살아 있는 일체의 생물에 대한 살생과 학대를 금지하는 내용을 담고 있었다. 더욱이 이를 어긴 자에 대한 가혹한 처벌을 담고 있어 당대에 많은 이들로부터 '천하의 악법'으로 비판받았다. 하지만 살생금지령에는 생물에 대한 살생 금

그림 2_ 에도 시대에 버려진 아이의 양육은 아이를 발견한 지역의 주민이 우선적으로 책임져야 했다. 목호 앞에 버려진 아이를 발견하고 씁쓸한 표정을 짓는 조닌. 그 뒤의 목책에서 이 광경을 바라보고 있는 남녀는 아마도 아이의 부모가 아닌가 싶다. 도리이 기요쓰네鳥居淸經의 『고가네노카조이로 金父母』(1777)에서.

지뿐 아니라 버려진 아이나 노인, 행려병자와 같이 사회적 약자에 대한 배려가 담겨 있었다. 예를 들어 1687년 4월에 발령된 법령에서는 버려진 아이를 발견하면 먼저 그 아이가 죽었는지를 살피고 양육을 희망하는 자를 찾아보도록 지시하는 대목을 볼 수 있다.(그림 2) 경제적인 문제로 양육을 포기하고 아이를 버리는 일이 적지 않았던 당시에 이러한 조치는 문치를 실현하려는 장군의 적극적인 의지가 반영된 것으로 해석해 볼 수 있을 것이다.

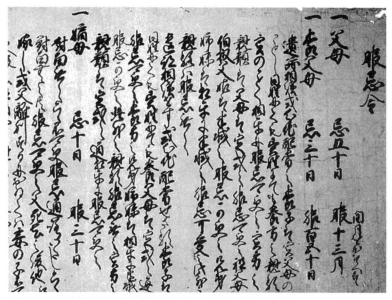

그림 3_ 1693년에 발령된 복기령의 필사본.

이보다 조금 앞선 1684년에 제정된 복기령은 상중에 입는 복상과 자숙 기간 등에 관한 법령이다. 복기령에는 단지 복기의 기간만이 아니라 출산과 식사 등의 기피에 관한 내용도 담겨 있었다. 살생금지령이 당대 사람들로부터 많은 비판과 질타를 받으며 쓰나요시 사후에 폐지된 반면, 복기령은 제8대 장군인 요시무네吉宗 하에서 한 차례 개정된 이후 메이지 유신 당시까지 지속됨으로써 현대 일본인의 사생관에 직접적으로 영향을 끼친 법령이라 할 수 있다.(그림 3)

그런데 주목할 것은 살생금지령이나 복기령과 같은 법령이 무사는 물론이고 다이묘와 다이칸代官을 통해 일본 전국에 하달되어 일반 민중에까지 강제되었다는 사실이다. 이는 법령을 제정한 목적이 단지 동물애호나 연민, 성속, 부정 등의 관념을 사회적으로 강제하기 위해서뿐만 아니라 일본이라는 영토의 통치권자인 장군의 위광을 인민은 물론이고 모든 자연물에까지 떨치려는 의도가 전제되었기 때문이라고 할 수 있다. 다시 말해 이 같은 법령은 인민 통치를 위한 현실 지배의 수단을 넘어서, 인민 개화는 물론이고 자연물에까지 그 위광을 떨치려 했던 장군 권력의 의지를 구체적으로 반영한 산물이었다고 말할 수 있다. 결과적으로 쓰나요시 치하에 가장 대표적인 악법으로 이름 높았던 살생금지령을 비롯해 복기령, 총포단속령, 가부키모노傾奇者에 대한 단속 등은 단지 쓰나요시 개인의 취향이나 기질에서라기보다는 무가제법도의 개정에서처럼 충효나 예의에 의한 '문치文治'의 지배를 일본 전국에 실현하기 위한 서민 지배정책의 일환에서 비롯된 조치들로 해석할 수 있다.

쓰나요시綱吉 정권의 검약령

에도 막부 초기부터 서민 지배의 주요 수단으로 이용되었던 검약령은 쓰나요시 정권 하에서 발령의 횟수만이 아니라 발령의 범위 역시 대폭 확대되었다. 이처럼 발령 빈도와 범위가 확대된 이유에 대해서는 쓰나요시 개인의 기호와 성격, 즉 사치를 멀리하고 절검을 중시하는 생활태도에서 그 해답을 구하기도 한다.[1] 하지만 쓰나요시 정권의 검약령은 단지 장군 개인의 기호나 성격에 의해서라기보다 장군독재 정치 하에 추진된 서민 지배책이란 점에 초점을 맞추어 살펴볼 필요가 있다.

쓰나요시 정권은 무위를 앞세우거나 군사지휘권을 발동하지 않으

그림 4_ 장군을 알현하는 다이묘들의 모습. 다이묘들은 관위에 따라 입을 수 있는 복장과 색상이 엄격히 구분되었다. 『도쿠가와 성세록德川盛世錄』(1889년)에서.

면서 장군의 권위를 드높이기 위해 무가 집단 내의 의례와 서열을 중시하는 정책을 취하였다. 일례로 장군 취임 직후인 1681년 정월 24일 제2대 장군 히데타다秀忠 서거 50주년을 맞이해 개최한 추도식에서 다이묘들은 법회에 참석하는 공간과 시간의 구분을 통해 다이묘 집단 내에서 자신의 위치와 서열을 분명하게 확인할 수 있었다.(그림 4) 우에노上野 간에이지寬永寺와 조조지增上寺에서 열린 추도법회는 본당 건물 안에 쓰나요시를 비롯한 고산케御三家와 구니모치다이묘國持大名, 무가관위 4품 이상의 다이묘는 조정관련 의식 때 착용하는 공가 예복인 소쿠타이束帶의 복장으로 예를 올린 반면, 4품의 후다이다이묘譜代大名와 쇼다이후諸大夫 급의 다이묘는 본당 밖에서 소쿠타이 차림으로 열을 지어 참배를 올렸다. 그리고 그 아래의 다이묘들은 이튿날

그림 5_ 다이묘의 예복. 맨 왼쪽이 히타타레直垂, 그 다음이 다이몬大紋, 맨 오른쪽이 가리키누狩衣다. 『도쿠가와 성세록德川盛世錄』(1889년)에서.

오전과 오후로 나누어 관위가 있는 자들은 오전에 히타타레直垂, 가리키누狩衣 또는 다이몬大紋의 복장으로, 관위를 갖지 못한 자들은 나가하카마長袴 복장으로 오후에 참배하였다.[2] (그림 5) 이처럼 시간과 장소, 그리고 복장을 통해 엄격히 구분된 의례의 장에서 다이묘들은 무가집단 내 자신의 위치와 서열을 명확히 확인하는 동시에 장군이 무가의 동량棟梁임을 재인식하게 되었다. 이처럼 막부는 공적인 의례의 장을 빌어 다이묘 사이의 서열관계를 일목요연하게 시각적으로 연출함으로써 장군 권력의 우월한 위치와 권위를 드러낼 수 있었다.

신분집단 내부의 서열관계를 의례의 장을 빌어 가시화시키고 그같은 정점에 장군을 위치시켜 권위를 드러내려는 권력 편성 방식은 비단 다이묘와 같은 상층무가 집단뿐만 아니라 일반 서민에까지 확대,

적용되었다. 쓰나요시가 장군에 오른 지 채 얼마 되지 않은 1683년 정월 막부는 여성의복에 금사金紗, 자수縫い, 가노코鹿子(사슴의 등과 같이 군데군데 하얀 문양을 남기고 염색한 직조물)의 사용금지와 함께 고소데小袖 1단 가격이 200문을 넘는 고가의 것을 판매하지 못하도록 지시하였다.[3] 그리고 2월에는 햐쿠쇼와 조닌의 의복에 대한 규제를 지시했다. 햐쿠쇼와 조닌의 의복에 비단, 굵은 명주, 목면, 마 이외의 다른 값비싼 소재를 사용하지 말도록 지시한 것 자체는 그다지 새로운 내용이라 할 수 없지만, 법령의 내용 중에 이들이 부리는 하녀의 복장을 베와 목면으로 제한하는 조항이 함께 실려 있다는 사실에 주의할 필요가 있다. 다시 말해 막부는 무사와 피지배계층인 햐쿠쇼, 조닌의 신분적 차이를 분명하는 것은 물론이고 햐쿠쇼와 조닌, 그리고 이들의 사역인 사이의 차이까지 복장을 통해 명확히 설정하고자 했던 것이다.

또한 에도 시내의 유곽인 요시와라吉原에서 활동하는 유녀遊女들의 사치스러운 복장(그림 6)을 규제하는 것은 물론이고 이 같은 의복규제령을 어긴 조닌은 발견 즉시 잡아들이라고 명하였다.[4] 더욱이 같은 해 5월에는 시내에 거주하는 로닌浪人, 무가봉공인, 의사 등에 대해서도 의복 통제를 지시하였다.[5] 이들은 지배신분인 무사와 피지배신분인 햐쿠쇼, 조닌 사이의 경계에 위치하지만 무사로서의 유서를 가지고 대도帶刀의 특권을 인정받는 등, 의식적으로 무사 신분과 동류의식을 가지고 있었다. 막부는 이들이 신분집단 사이의 관계를 혼란스럽게 만들 여지를 내포하고 있었기 때문에 설령 막부가 금지한 의복을 소지하고 있더라도 결코 착용해서는 안 된다는 점을 재차 강조한 것으로

그림 6_ 요사와라吉原에서 활동하는 유녀遊女들의 화려한 복장

보인다. 다시 말해 사무라이와 햐쿠쇼·조닌 사이의 경계에 위치한 로닌, 무사봉공인, 의사 등에 대해 조닌과 동일한 의복규정을 강제함으로써 이들의 신분상승에 대한 의지와 신분질서에 대한 반감을 억눌러 무사와 서민 사이의 지배·피지배 관계는 물론이고 서민 집단 내에서의 서열관계를 분명하고 하고자 했던 것이다. 이러한 조치를 통해 장군을 정점으로 하는 신분제적 질서는 복장의 형태로 더욱 가시적으로 연출되었을 것이다.

의복과 함께 서민의 일상 생활에 대해서도 검약의 지시가 하달되었다. 에도를 방문하는 여행객이라 할지라도 에도 시내에서 조닌의 가마 승차가 일체 금지되었을 뿐만 아니라 집안행사나 혼례 역시 간소하게 치를 것을 지시하였다. 또한 제철보다 일찍 수확한 과일이나 채소, 생선 따위를 '하쓰모노初物'라 하여 미식으로 즐기던 식습관이 시장의 상품 가격을 올리는 이유가 된다고 하여 식품은 반드시 제철에만 거래하도록 지시하였다. 이러한 조치들은 모두 "분에 넘치거나過分" "무익無益"하다는 명목 하에 하달되었는데, 조닌 신분의 "분수[分限]"에 맞는 소비생활을 강제하여 신분제적 질서를 바로잡으려는 막부의 의도에서 비롯된 것이었다.

이와 함께 1682년 7월 막부는 돌연 상점의 간판에 '천하제일[天下一]'의 칭호 사용을 금지시키는 법령을 발령하였다.[6] 그리고 연이어 간판의 치장을 위해 금·은박은 물론 금분으로 도금한 철물 역시 사용을 금지하고 대신 목판에 먹으로 글씨를 적어넣도록 지시하였다.[7] 후자는 직인이나 상인들이 손님의 이목을 끌려는 목적에서 값비싼 금·은과 세밀한 장식으로 치장한 간판 제작 방식을 금지시켜 금·은의 불필

그림 7_ 세 개의 접시꽃 잎을 형상화한 도쿠가와 가문의 문장이 들어간 인롱印籠

요한 유실을 막기 위해 내려진 것이라 할 수 있다. 그런데 주목할 것은 단순히 화려한 치장과 금은뿐만 아니라 '천하제일'의 칭호도 금지시켰다는 점이다. 이는 직인이나 상인들이 자신의 기량을 뽐내기 위해 천하의 지배자인 장군을 연상시키는 '천하제일'의 칭호를 마음대로 사용해 혹시나 장군의 권위에 해가 미칠 것을 우려한 때문으로 보인다. 이와 동일한 의도에서 1683년 9월 막부 어용상인들이 관례적으로 사용하던 도쿠가와 가의 문장紋章 역시 금지하도록 지시하였다.(그림 7) 8) 장군에게 물품을 조달하는 상인들은 초롱이나 물품을 운반하는 궤짝[長持] 등에 관례적으로 '어용御用'임을 알리기 위해 도쿠가와 씨의 가문家紋을 표기해 왔다.9) 그런데 이러한 관행을 일체 금지시키고 단지 '어용'만을 표기하도록 지시하였던 것이다. '천하제일'의 칭호나 도쿠가와 씨 가문의 사용을 금지한 것은 장군의 권위에 혹시나 해를 끼칠지 모르는 잠재적 요소를 제거하기 위한 의도에서 비롯된 것으로 보인다. 이러한 법령을 통해 막부의 의도대로 장군의 권위가 곧추세워졌을지는 의문이지만 서민들에게 장군의 신분적 우월성을 각인시키는 중요한 계기가 되었을 것으로 보인다.

이처럼 쓰나요시 정권 하에서 발령된 검약령은 종전처럼 '기근 대

책' 또는 '사치억제' 등의 목적이 아닌 신분규제의 의미를 담고 내려진
경우가 적지 않았다. 사실 쓰나요시 정권에서뿐만 아니라 우리의 가까
운 역사 속에서도 검약을 몸소 실천하며 온 국민에게 이를 강요하기
위해 장발과 미니스커트 단속과 같은 복장통제를 실시하여 절대권력
을 실감게 했던 독재자를 찾아볼 수 있다. 절대권력을 추구하는 권력
자에게 검약은 민중의 일상 생활에 대한 개입과 통제에 의해 자신의
존재를 과시하는 데 더할 나위 없는 통치수단이 되었던 것이다.

요시무네吉宗 정권의 교호享保 개혁과 '3대개혁론'

1709년 쓰나요시는 후사를 남기지 못한 채 사망하고 만다. 쓰나요
시의 뒤를 이어 조카(쓰나요시의 둘째 형인 쓰나시게의 아들)이자
고후 번甲府藩의 다이묘인 이에노부家宣가 제6대 장군에 오르게 된다.
그러나 이에노부 역시 얼마 못 가 사망하고 그의 세 살배기 아들인
이에쓰구家継가 장군직을 계승하지만, 그 또한 일찍 세상을 뜨면서
이에야스로부터 시작된 도쿠가와 적손의 가계는 마침내 단절되고 만
다. 이후 이에야스가 생전에 정해 놓은 규칙에 따라 고산케御三家의
하나인 기이 번紀伊藩의 다이묘인 도쿠가와 요시무네德川吉宗가 1716년
이에쓰구의 뒤를 이어 제8대 장군에 오르게 되었다.

요시무네는 장군직에 오르자마자 막부정치의 최대 현안이던 궁핍
한 재정 문제를 타개하기 위해 여러 방책을 강구하였다. 요시무네가
장군으로 재임하던 교호기享保期(1716~1745) 동안 그가 추진한 일
련의 개혁 조치들은 흔히 '교호享保 개혁'으로 불린다. 요시무네가 추진

94

한 교호 개혁은 행정기구 개편, 전답 개간, 연공 수입의 확대 등을 통해 궁핍한 막부재정을 호전시키는 데 일정하게 기여한 것으로 평가 받았다. 따라서 요시무네 사후 막부정치를 개혁하고자 하는 이들에게 그의 개혁정치는 하나의 이상이자 모델로서 간주되었다. 예컨대 간세이寬政 개혁의 실질적인 책임자였던 마쓰다이라 사다노부松平定信는 "매사 교호 연간에 시행된 규정과 작법을 참고한 후에 지시를 내리도록" 명하였다. 덴포天保 개혁을 주도했던 로주 미즈노 다다쿠니水野忠邦 역시 "정치에 관한 일은 역대 (정권의) 의향은 물론이지만, 그중에서도 교호·간세이(개혁)의 취지에 어긋나지 않도록, 모든 일을 깊이 명심하여 행해야만 할 것"이라 하여 교호·간세이의 연장선상에서 개혁을 추진하고자했다.10)

특히 교호 개혁 당시 중요 정책의 하나인 검약령儉約令은 이후 막부 검약정책의 전범으로 간주되어 간세이·덴포 개혁기에도 동문의 법령이 재차 발령될 정도였다. 이를테면 간세이 개혁 중의 검약령에는 "일체 사치스런 물건을 만들어선 안 된다는 것은 (이미) 겐로쿠元祿·교호 연간에 내려진 법령의 내용인바, 또다시 이번에 이상과 같이 지시를 내리는 바다."라고 하여11) 겐로쿠·교호의 검약령을 동문 그대로 발령하였다. 또한 덴포 개혁 중에도 "교호·간세이와 함께 그후에 지시했던 내용"이라고 부기하면서12) 교호 개혁 당시의 검약령을 재차 하달하였다. 이처럼 간세이·덴포 개혁의 추진자가 교호 개혁 당시의 검약령을 또다시 발령했던 것은 공문서나 법령의 제정 시에 선례를 중시하는 에도 막부의 관례에 의거하여, 요시무네의 개혁정치를 이상으로 삼는다는 점을 분명히 밝히는 동시에 사회기강의 재확립이라는 개혁 방향을 명확히 제시하려는 목적에서 비롯된 결과라 할 수 있다. 하지만 간세이·덴포 개혁의 추진자가 아무리 교호 개혁을 이상으로 삼고 그것을 지향했다 하더라도 개혁을 둘러싼 사회·경제적 상황이 다른 바에야 각각의 정치개혁은 서로 다른 노정을 향해 나아갈 수밖에 없었을 것이다.

한편 교호·간세이·덴포 시기에 시행된 막부의 개혁정치는 막번제 사회의 구조적 위기에 대한 대응책으로 평가되어, 이른바 '3대개혁론'의 입장에서 논의되었다.13) 이처럼 세 시기의 막부개혁정치가 '3대 개혁'으로 통칭되었던 것은 앞서 언급했듯이 개혁의 추진자들이 교호 개혁을 개혁의 전범으로 인식하여 검약령·풍속통제·출판통제 등의 정책을 반복적으로 시행함으로써 정책의 계승성 내지 연속성이 인정되었기 때문이라 할 수 있다. 하지만 최근에는 세 차례의 개혁을 과연 '3대 개혁'으로 부를 수 있을 만큼 동질적인 것이었는지에 대한 의문이 제기되고 있다. 더욱이 교호·간세이 개혁 사이에 위치한 호레키·덴메이寶曆·天明(1751~1789) 시기를 막번제 사회의 전환기, 나아가 막번체제 해체의 기점으로 파악하려는 논의까지 제기되고 있는 실정이다.14) 다시 말해 18세기는 막부재정의 재건, 관료기구의 정비를 통해 국가나 사회의 다양한 제도가 정비되는 한편 경제발전과 생활수준의 향상에 따라 공공성과 합의에 기초한 광역적인 촌락협의체가 만들어지면서, 막말유신에 이르러 이른바 '서구로부터의 충격'이 시작되기 이전부터 국가와 사회의 자율적인 움직임이 일본 열도에 형성되던 시기로 평가받고 있다. 필자 역시 시대의 분기점이란 점에서 호레키·덴메이 기의 사회변화에 주목하는 견해에 동의하는 바다. 따라서

검약령이란 이름으로 통칭되는 막부의 서민 지배정책을 동질적으로
파악하기에 앞서 각각의 개혁기에 발령된 법령들의 구체적인 내용과
개별 시기의 사회적·경제적 차이를 살펴봄으로써 검약령이 근세
중·후기 사회변화에 어떠한 형식으로 조응하면서 변질되어갔는지를
고찰하고자 한다.

신제품의 제조금지

1720년 5월 12일, 요시무네는 에도 성의 다케노마竹之間에서 로주老
中가 배석한 가운데 지샤寺社·간조勘定·에도마치江戶町의 세 부교와
간조킨미야쿠勘定吟味役를 불러 10개조의 법령을 전달했다. 이 법령은
전답개간 및 미곡재배와 수확 등에 관한 관리·감독 기능의 강화,
산림벌채 금지, 농민 생활의 사치금지, 상거래의 과도한 이윤추구
제한 등과 같이 농촌 지배에 관한 실무 지침을 담고 있었다. 그리고
법령의 문미에는 "미곡을 많이 생산하는 것과, 사람들이 분수를 지켜
사치하지 않도록 통치할 것을 단단히 명심하여 지시"할 것을 명기하여
'미곡증산'과 '사치금지'라는 농촌 지배의 2대 과제를 제시하는 한편,
세 부교에게 "향후 이러한 통치의 방향을 잘 헤아려 조치를 내릴"
것을 지시하였다.15) 다시 말해, 10개조의 법령은 요시무네가 장차
개혁정치를 추진함에 앞서 '막각幕閣의 실무 관료'라 할 수 있는 세
부교에게 농촌 지배의 실무행정에 관한 지침서로서 전달한 것으로
볼 수 있다. 그런데 이곳에는 사치금지와 검약에 관한 구체적인 지시를
담고 있어, 향후 검약정책의 방향을 예측하는 데 중요한 실마리를

제공한다. 사치금지와 검약에 관한 제5 · 6 · 7조의 전문을 살펴보도록
하자.

> 하나, 금은金銀은 물론이고 그 외의 각종 물건이 윤택하다고 하여
> 함부로 써버리지 않도록, 술 · 과자류를 멋대로 많이 만들어
> 내지 않도록 주의시켜야만 할 것. 【제5조】
> 하나, 현재 매매되고 있는 각종 물건 가운데 특별히 부족하다고
> 할 만한 것도 없는데, 물건의 수량을 늘려 만들어 사람들이
> 분한分限을 넘어 이를 소비하게 되면 만사에 족함이 없게 되
> 어, 필경 나라가 쇠락할 것이며 이는 무익할 따름이다. 미곡과
> 약종藥種 이외에 금은, 의복, 여타 도구류에 이르기까지 신제
> 품[新規之品]은 물론이고 예전부터 만들어 오던 물건이라 하더
> 라도 그 양을 늘려 만드는 일을 분별없이 지시해서는 안 될
> 것이다. 【제6조】
> 하나, 예전부터 해오던 곳 이외에, 유흥장이나 흥행장에서 물건을
> 팔며 호객 행위를 하는 일은 (비록 행사를 벌이는) 그곳의
> 번성을 위한 것이라 (허용해 달라고) 건의하더라도 함부로
> 들어주어서는 안 될 것이다. 【제7조】

위 사료에서 먼저 주목하고 싶은 것은 당시 경제생활에 대한 막부의
현상인식이다. 즉, 당시 경제생활에 대해 막부는 "금은은 물론 그 외에
각종 물건이 윤택"할 뿐만 아니라, "현재 매매되고 있는 각종 물건
가운데 특별히 부족하다고 할 만한 것도 없는" 상황으로 인식하였다.
근세 초기 막부 검약령이 "올해 제국諸國의 인민이 (기근에) 지쳐 쓰러
져 있는 관계로 조닌町人 등은 먹을 것에 이르기까지 (절약하도록)
단단히 마음먹어 기근에 이르지 않도록 힘써야 할" 목적에서,[16) 다시

말해 기근이나 대화재 등의 위기 상황을 극복하려는 기민饑民 대책의 일환에서 발령되었던 점과 비교해 본다면 위 사료를 통해 간접적으로나마 근세 중기 이후 전국적인 상품유통의 진전에 따라 소비생활이 얼마만큼 발전했는지를 유추해 볼 수 있다.

이와 함께 위 법령은 두 가지 점에서 이전의 막부 검약령과 다른 특징을 보여 준다고 할 수 있다. 우선 첫 번째로 사치금지 대상품목을 '금은, 의복, 여타 도구류'에 이르는 각종 상품에까지 확대시켜, '신제품[新規之品]'의 제조와 판매를 금지했다는 점이다. 막부는 이전부터 여아의 장난감용 인형도구[雛]와 남아의 장남감용 창, 장도를 비롯해 일부 사치품의 제작과 판매를 금지하는 검약령을 발령한 적이 있다. 그러나 그 대상을 '금은, 의복, 여타 도구류'에 이르는 각종 상품에까지 확대한 것은 이번이 처음이었다. 이처럼 '신제품'의 제작과 판매의 금지라는 구체적인 방향으로 검약정책을 전개한 것은 사치품의 소비 계층이 일부의 상층 조닌에게 국한되었던 근세 초기와 달리 소비생활의 성숙으로 말미암아 '세상의 평범한 조닌'에까지 생활에 필요불급하지 않은 사치품을 손에 넣고 싶어하는 사치풍조가 사회적으로 팽배하였기 때문으로 보인다. 무로 규소室鳩巣의 저작 『겐잔비책兼山秘策』에는 "서로 과분한 사치를 경쟁하듯 다투는 풍속이 세상의 평범한 조닌에게도 옮겨가", "세상의 풍습이 미려하게 되었다"고 하여 소비생활의 사치화로 말미암아 '세상의 평범한 조닌'까지 값비싼 사치품을 경쟁적으로 얻고자 하는 당대의 소비행태를 적고 있다.17)

하지만 막부는 "진귀한 물건을 만들어 내는 것에 제일로 마음을 쓰게 되면 방자하게 되고 더욱이 분수를 넘는 원인"이 된다고 판단하였다.18) 즉, 신제품 제작이 민중의 호기심과 사치욕을 자극하여 무익한 소비로 이끄는 원인이 되고 있다는 판단 하에 '신제품의 제작금지'라는 강경한 조치를 취함으로써 사치풍조가 더 이상 만연되는 현상을 차단하고자 했던 것이다.

두 번째 특징은 과열된 사치풍조를 진정시키기 위한 검약정책의 일환에서 도시의 '번성'마저 허용하지 않으려 했다는 점이다. 제7조에서는 지역의 활성과 번영을 위해 유락遊樂행사와 같은 호객 행위를 통해 사람을 끌어모아 상행위를 벌이는 것을 허용하지 않도록 지시하였다. 사실 그 이전까지 막부는 농촌에서 이주해온 도시민을 수용하기 위해 새로운 거주지를 개발하고 그곳을 활성화시키기 위해 차야茶屋(손님에게 주색과 유흥을 팔던 술집)와 같은 유흥시설은 물론 연극, 노, 스모 등과 같은 흥행 행사를 일시적으로 개최하는 것을 허가해 주었다. 예를 들어 오사카大坂에서는 1698년 대규모로 호리에堀江 지구를 신거주지로 개발한 이후 "그곳의 번성"을 위해 1702년 4월 3일부터 13일 간에 걸쳐 다치바나토오리橘通り에서 간진스모勸進相撲(신사의 창건·수리 비용으로 이익금을 쓰겠다는 명목 하에 개최가 허용된 스모 행사)의 개최를 허락하였다. 당시 스모 행사는 열흘간의 수입이 은 186관에 이를 정도로 대성공을 거두었다. 그리고 수익금 가운데 금 2000량은 호리에 지구의 신개발지에 조성된 조町의 보조금으로 막부에 상납하였다고 한다. 간진스모는 그 이후에도 계속해서 개최되어, 같은 해 8월 7일부터 제2회 대회가, 다음 해 3월 11일부터 제3회 대회가 진행되었다.19) 이처럼 막부는 17세기 후반 이후 새롭게 개발한 도시지역의 번영을 위해 "사람들이 많이 모여들어", "그곳의 번성"

을 꾀하기 위한 방책의 일환으로서 당시 민중들의 주요 오락이었던 흥행 행사의 개최를 인정해 주었다.

하지만 흥행 장소는 과시적인 소비와 사치를 통해 생활의 만족감을 얻고자 하는 이들에게 그들의 사치스러운 소비를 과시하는 장으로 이용되기도 했다. 『겐잔 비책』에는 "근년 들어 (상연되는) 교겐狂言·연극의 수가 늘어", "사찰과 신사에 고시바이小芝居라고 하는 것도 여러 곳에 생겨나"고 있다고 하여 본래 사사寺社의 건립, 개축자금 등을 모금하기 위해 열리던 '고시바이'를 비롯해 서민에게 유흥을 제공하는 오락의 장소가 늘어나고 있는 점과 함께 그곳에 몰려든 관람객이 "진 귀한 음식, 미식과 함께 당치도 않게 미려하게 꾸미는" 정황에 대해 기술하였다.[20] 이처럼 흥행과 오락을 즐기는 장소와 기회가 늘어갈수록 일상에서 벗어나 과시적인 소비를 일삼는 사치풍조가 도시사회에 만연하게 되고 이로 인해 재산마저 탕진해버리는 조닌이 속출함에 따라, 막부는 연극이나 흥행사업의 개최를 통해 도시의 '번성'을 꾀하는 도시번영책 대신 과열된 경기를 잠재우고 조닌의 지나친 사치를 통제하기 위한 목적에서 검약정책을 우선시하고자 했던 것으로 보인다.

위 법령에서 제시된 막부의 정책 방향은 이후 구체적인 법안으로 시행되었다. 이듬해 1721년 4월부터 12월에 걸쳐 하마유미破魔弓(신년을 맞아 악귀를 떨쳐 보내기 위해 남자아이에게 주는 활과 화살 모양의 선물),(그림 8) 하고이타羽子板(유희와 장식 목적에서 그림을 그려놓은 장방형 나무판),(그림 9) 히나 인형雛人形(3월 3일 여자아이의 무액장수를 위해 선물하는 인형)(그림 10) 등의 사치품 제작금지에 관한

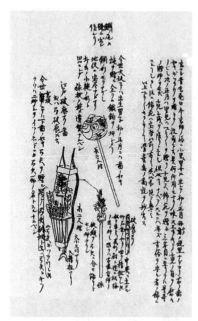

그림 8_ 악귀를 내쫓기 위해 정월 초 남자아이에 선물하던 하마유미. 『모리시다 만코守貞漫稿』에서.

그림 9_ 하고이타는 본래 정월 초 악귀를 내쫓기 위해 여자아이에게 주는 풍습에서 출발했지만, 17세기 후반 이후 판목 위에 유명 가부키 배우의 얼굴을 그려넣는 등, 유희 도구로 그 용도가 전용되었다.

법령이 수차례에 걸쳐 발령되었다. 먼저 4월과 5월에는 히나 인형 등의 사치품 제작금지에 관한 법령이, 7월에는 비단옷, 여타 도구, 서적류의 '신제품' 제작금지를 명한 법령이 각기 에도와 오사카, 교토를 포함한 막부 직할도시에 하달되었다. 그리고 8월에는 "신제품의 금지新規之品停止"를 더 철저히 수행하기 위해 이에 관련된 상품을 취급하는 상인·직인의 조합[仲間] 결성을 지시하였다. 막부 검약령은 이후에도 계속 발령되어 에도의 경우, 1745년 9월 요시무네의 장군직 은퇴까지 수십여 통에 이르는 검약령이 하달되었다.

그러나 막부 검약령은 고급 수공업품과 사치품에 대한 수요를 격감시켜 결과적으로 이들 산업이 밀집해 있던 가미카타上方(교토와 오사카를 포함한 주변지역) 상공인들에게 직접적인 피해를 주었다. 예를 들어 막부는 1721년 11월, "교토, 오사카, 그 이외의 곳에서 도리에

그림 10_ 음력 3월 3일에는 여자아이의 무액장수를 기원하며 공가公家의 복장을 한 히나 인형을 제단에 놓고 장식하였다.

어긋나게 신제품을 반입하는 경우가 있다면 본래 장소로 돌려보내고 부득이한 사정이 있다면 이 또한 보고하라."21)고 하여 교토, 오사카 등지에서 만든 신제품을 에도에서 판매하는 것을 금지시켜, 가미카타에서 에도로의 사치품 유입을 통제하고자 하였다. 이 같은 막부정책은 여러 번에까지 영향을 끼쳐 오카야마 번에서는 같은 해 12월 5일 "막부 법령에서 금지한 대로 상매를 위해 교토와 오사카에서 들여온 히나 인형, 여타 도구 등은 내년 봄부터 팔아서 안 된다."는 내용의 검약령을 발령하였다.22)

이처럼 막부와 번에서 내린 검약령으로 말미암아 당시 고급수공생산의 중심지인 교토에서는 사치품 수요가 격감하면서 극심한 불황에 빠지게 되었다. 당시 교토에 거주하는 한 공가公家의 일기에는 "도부東武(에도막부의 이칭)는 검약에 관한 지시[沙汰]뿐"이라며 검약 중심의 막부정책을 비난하기도 했다. 더욱이 "무릇 세간 사람들은 곤궁에 빠져 있고 도부東武의 정치가 많은 이들을 불안에 떨게" 하는데도 "대저 여러 사람들이 곤궁에 빠져 있는데 관용되고 인자한 처분을 전혀 내리고 있지 않다"고 하여 막부정책에 대한 세간의 불만과 곤궁한 서민생활에 대한 막부의 무대책을 비판하였다.23)

이처럼 불경기로 인한 서민들의 불만이 가중되는 가운데 1722년 9월 교토마치부교쇼京都町奉行所에서는 "요즈음 거리거리마다 내년 봄 (장군의) 상락上洛이 있을 것이라는 소문이 떠돌고 있는데 필경 경기 (부양)를 위해 그럴 것이라는 이야기가 들려오나 (이는) 당치도 않다."고 하여 장군의 상락에 관한 풍설 유포를 금지하는 내용의 법령을 하달하였다. 다시 말해 검약령으로 인한 경기불황을 타개하기 위해

장군의 상락이 있을지 모른다는 풍설이 떠돌 만큼 교토는 심각한 불황에 빠졌던 것이다.[24)]

사치품 제조와 판매에 관한 조합결성령

에도에서는 교호기 이전까지 막부 검약령의 전달과 감시 업무는 조町 내에서 총괄적인 행정책임을 지고 있던 마치도시요리町年寄를 중심으로 개별 조 단위로 시행되었다. 예컨대 1689년 10월 에도마치부교쇼江戸町奉行所에서 하달한 검약령의 문두에는 "10월 3일 (마치도시요리인) 나라야이치우에몬奈良屋市右衛門으로부터 조町의 나누시名主에게 전달된 문서"라고 명기한 부분을 확인할 수 있다. 이를 통해 마치부교쇼에서 발령한 검약령이 마치도시요리町年寄 - 나누시名主 - 조닌町人의 단계를 거쳐 각 조에 전달된 사실을 확인할 수 있다. 또한 문미에는 "이상과 같이 명심하여, 어느 누구로부터 주문을 받더라도 이 문서(에서 정한 바) 외에는 일체 만들어서는 안 된다. 만약 주문이 들어오면 마치도시요리에게 양해를 구해 (그의) 지시를 받아 처신해야 한다."고 명시함으로써 사치품 제조금지에 관한 단속이 마치도시요리의 권한 하에 이루어졌음을 알 수 있다. 그러나 사치품 제조금지에 관한 처벌은 위반자가 발견될 경우에 한해 위반자를 체포하는 정도로 그치고 있어, 사치품을 제조하고 매매하는 직인과 상인에게는 실질적인 감시의 눈길이 미치기 힘들었을 것으로 보인다.

이에 막부는 검약령의 실효성을 높이기 위해 사치품 제조와 매매에 관한 직인 및 상인에게 동종조합의 결성을 지시하고 신제품 제조를 금지하도록 명하였다. 1721년 4월 이후 일련의 검약령을 통해 히나 인형과 같은 축의물품을 포함해 의복·직물류, 여타 도구류, 음식류, 서적·대중소설류 등을 대상으로 신제품 제조를 금지하였다. 그리고 8월 하순에는 한 발 더 나아가 마치도시요리를 통해 96종의 품목에 대해 조합을 결성하도록 지시하였다. 더욱이 11월 들어서도 두 차례에 걸쳐 후속 법령이 하달되었다. 이처럼 동종 상품별로 조합을 결성토록 지시한 이유는 감시업무를 담당하는 쓰키교지月行事를 각 조합별로 임명해 이들로 하여금 신제품의 제조 금지를 단속하기 위해서였다. 더욱이 막부는 새로이 직인이나 상인이 된 자들 역시 조합에 반드시 가입해야 하며 만약 가입하지 않는 이들은 그 이유를 적어 보고하고, 설령 가직을 그만두거나 변경하는 자가 있더라도 모두 그 사실을 장부에 적어 보고할 것을 지시하였다. 결국 막부는 이와 같은 조합 결성령을 통해 신규제품을 제조·판매하는 직인과 상인이 상호 감시하는 시스템을 구축하여 결과적으로 사치품 금지에 관한 단속이 효과적으로 이루어지기를 기대했던 것으로 보인다.[25]

그러나 아무리 사치품의 제조와 판매에 대한 단속을 강화하더라도, 막부의 의도대로 이를 금지하기는 불가능하였다. 1735년 11월에 하달된 검약령 중에는 "올 봄에도 (제조) 정지를 명한 히나 인형을 판매하는 등, 불법이 계속되고 있다. 현재까지 조합에 가입하지 않은 채 히나 인형을 판매하는 자 또한 있다."는 사실을 지적하면서, "만약 조합에 가입하지 않는 자가 있다면 인근의 히나 인형 가게[雛屋]에서 이를 신고해야 한다."고 하여 동종 조합에 의한 단속과 감시를 재차 지시한 내용을 살펴볼 수 있다. 이 같은 법령의 내용을 통해 조합

106

결성령에도 불구하고 사치품 제조와 판매가 끊이지 않고 계속되었음을 알 수 있다.

도시소요에 따른 검약정책의 변용

농민에게서 거두어들인 연공수입을 영주재정의 근간으로 삼았던 에도 막부는 인구가 지속적으로 증가하는 동안에는 항상적으로 가수요가 존재하는 미곡을 시장에 내다 팔고 그 대신 재화와 상품을 구입하는 방식으로 일반 상품을 쌀값에 연동시켜 시장가격을 조절할 수 있었다. 그런데 1722년을 기점으로 쌀값의 지속적인 하락에도 불구하고 여타 상품가격이 연동해서 떨어지지 않고 계속 오르는, 이른바 '미가米價 하락과 여타 물가의 상승'이라는 새로운 물가현상을 경험하게 된다.26) 이는 18세기 후반 이후 인구가 정체된 상태에서, 영주재정의 안정을 위해 연공증징과 전답개간에 역점을 둔 교호 개혁이 성공을 거두면서 지금까지 상인들에게 얻은 부채를 상환해 영주재정의 건전성을 회복할 요량으로 막부와 번이 앞다투어 연공미를 오사카에 내다 팔기 시작한 데 주된 원인이 있었던 것으로 보인다.27)

막부는 미가 하락으로 연공미 판매 수입이 감소해 영주 재정이 악화되는 것을 막기 위해 강제적으로 미곡의 판매 가격을 인상하는 한편, 다이묘의 경제 부담을 줄여 주고 막부의 재정난을 완화하기 위해 다이묘로부터 영지 1만 석당 100석의 비율로 미곡을 상납받는 대신 에도에서의 참근參勤 기간을 단축시켜 주는 일련의 비상 조치를 단행하였다. 그러나 미곡의 가격 인상과 영주 재정의 긴축이라는 방법을 통해 재정을 안정시키려는 막부의 노력은 오히려 무가의 구매력과 수요를 감소시켜, 에도의 도시경제를 극심한 불황으로 빠뜨리는 것은 물론 이로 인해 도시주민의 생계마저 어렵게 만드는 결과를 초래하고 만다.28) 이처럼 에도의 도시경제가 불황의 늪에서 벗어나지 못하는 가운데 1731년 메뚜기떼의 창궐로 곡창지대인 간사이關西 지역이 흉작에 빠지면서 에도로 유입되는 미곡량은 급감하고 만다. 이로 인해 에도 시중의 쌀값이 급등하고 결과적으로 그 이듬해 도시하층민을 중심으로 쌀값 인하를 요구하는 소원訴願운동과 폭력사태가 발생하게 된다.

1732년 12월 20일 에도 시내의 소방조직인 '로ろ・세せ・스す・백百・천千' 조組에 속한 조닌들은 "비싼 쌀값으로 인해 (생활이) 곤궁한 까닭에 쌀값을 인하해줄 것"을 부탁하는 내용의 소원서를 작성해 마치부교쇼에 제출하였다. 마치부교쇼 측은 일단 쌀값 인하를 요구하는 조닌 측의 소원서를 수리하지만, 시간을 끌어 이들의 요구를 회피하려는 목적에서 "곤궁하다고 말하는 것이 도대체 어찌된 영문인지 그 상세한 내용을 적어 제출할 것"을 지시하였다. 이에 조닌 측은 이틀 후인 22일 '로・세・스・백・천' 조의 대표자 모임을 열어 그간 소원서를 작성해 제출하게 된 경위를 상세히 적어 밝히고, 쌀값을 인하해 곤궁에서 구제해줄 것을 당부하는 내용의 소원서를 재차 마치부교쇼에 제출하였다. 그러나 이러한 내용은 조금도 수용되지 않았다. 조닌 측은 그 이듬해인 1733년 1월, 에도 전체 주민의 대표자 모임인 '소초추나누시惣町中名主'의 모임을 가지고 도시경제의 부흥과 하층민의 구제를 주 내용으로 삼는 요구안을 구체적으로 작성해 이를 마치부교쇼에 상신하였다.

조닌 측이 작성한 소원서에는 '도시 전체의 빈궁[町中困窮]'에 대한 대책으로 미곡도매상의 매점행위를 단속해 쌀을 손쉽게 구입하도록 배려해 줄 것, 무가 측에서 갚지 않은 상품대금을 지불해줄 것, 빈민구제를 목적으로 한 토목공사를 실시해줄 것, 조닌의 경제적 부담이 되고 있던 사원복구비용의 강제기부를 정지해줄 것 등에 관한 내용을 담고 있었다.29) 그러나 조닌 측이 제출한 소원서는 같은 달 22일 마치부교쇼로부터 이를 들어줄 수 없다는 회신과 함께 23일 기인[飢人]에 대한 구제미 지급이라는 최소한의 양보만을 얻어낸 채 결국 거부당하고 만다.

쌀값 급등으로 인한 도시주민의 생계 악화와 도시경제의 불황을 타파하기 위해 시작된 조닌의 소원운동이 마치부교쇼로부터 아무런 타협도 얻어내지 못한 채 끝내 거부당하게 되자, 이에 실망한 일부 주민들은 같은 달 26일, 막부의 어용상인으로 연공미 판매업무를 대행하면서 막대한 이득을 챙기던 미곡도매상 다카마 덴베[高間傳兵衛]의 신변을 조닌 측에 넘겨줄 것을 요구하였다. 그러나 이 역시 마치부교쇼 측이 거부하자, 격노한 일부 "강소의 무리[強訴之者]"가 다카마의 쌀가게로 몰려가 미곡을 약탈함으로써 에도의 주민 소요사태가 시작되었다.30)

'도시민의 소요'31)라는 초유의 사태를 맞이하게 된 막부는 당장 힘으로 이를 제압하기는 어렵지 않지만, 재발을 방지하기 위해 더욱 근본적인 도시 지배의 정책전환이 필요하다는 점을 인정하지 않을 수 없었다. 이에 사건 발생 후 채 열흘이 지나지 않은 2월 6일, "남녀노

소에 관계없이 벌이를 위해 조금씩일지라도 임금을 주어 금일의 생계로 삼을 수 있도록 해 주실 것"을 소원했던 조닌 측의 요구를 받아들여 빈민 구제를 위한 토목공사를 실시하도록 결정하였다.[32] 그리고 같은 달에 다음과 같은 내용의 법령을 발령하였다.

> 하나, 쌀값 등귀로 인해, 조닌 사회[町方]에서는 요즈음 토목공사[普請]도 삼가고 처자의 행락[遊山]마저 일체 금하는 자가 있다는 이야기도 들려오는데, 사정이 그리 나쁘지 않다면 위에 해당하는 자는 (이를) 삼가지 말고 평상시대로 행해도 좋다. 이상의 사항을 널리 알려야 한다.[33]

위 법령의 내용을 통해 알 수 있듯이 당시 에도의 조닌 사회에서는 지속적인 쌀값 상승으로 말미암아 당장에 필요불급하지 않은 토목공사나 유흥행위를 자제하려는 움직임이 조성되고 있었다. 그러나 이같은 중·상층 조닌의 구매력 감소와 소비 축소는 토목공사나 유흥행위 등에 종사하는 도시 하층민의 일감을 줄여, 결국 이들의 생계를 위협하는 것은 물론이고 불황을 심화시켜 도시사회의 안정을 해치는 결과를 초래하였다. 이에 따라 막부는 위 법령에서처럼 조닌들의 소비욕구를 진작시켜 토목공사나 유흥 등의 서비스산업에 종사하는 도시 하층민의 생계를 보장함으로써 소요사태의 재연을 방지하고 도시사회의 안정을 회복하기위한 노력을 전개하였다. 이러한 점에서 위 법령은 도시사회의 번성을 희생하더라도 사치금지를 우선시하고자 했던 교호 개혁 당시 막부 검약정책의 변화를 시사하는 대목으로 해석해 볼 수 있다.

이후 막부의 도시정책은 '검약' 위주에서 점차 '도시사회의 번영'을 우선시하는 방향으로 전환되었다. 예를 들어 1759년 10월에 발령한 검약령에는 "신사 참배는 세상 모든 조닌의 번성을 위해 좋은 일이다." 라고 하여 조닌들이 근거리 여행 삼아 떠나는 사사寺社 참배가 도시 번성에 도움이 된다는 점을 강조하였다. 아울러 조닌의 사사 참배는 "도시사회[町中]의 번영에 관한 것이자 조닌의 신앙에 관한 것이므로 마음대로 떠들썩거리며 신사에 참배해도 좋다."고 하여 '도시사회의 번영'을 위해 조닌의 사사 참배를 자유화하는 것은 물론 사사 참배에 동행하는 여아의 의복에 대해서도 "유년 여아의 의복을 각별히 크게 만든 경우라 할지라도 이는 (아이가) 성장한 후에도 입히기 위해서라 는 이유를 전해들었으니 크게 만들어 입혀도 상관없다."라고 하여 아이의 성장을 예상해 크게 만든 옷의 착용을 허용하는 등, 종전까지 예외를 인정하지 않던 강경일변 위주의 검약정책을 완화시키는 변화 의 움직임을 확인할 수 있다.34)

이처럼 조닌 사회의 지나친 검약을 오히려 우려하면서 도시 하층민 의 생계를 확보하기 위해 토목공사와 관광·유흥, 사사 참배 등을 적극적으로 장려하여 도시경제의 번성을 꾀하려는 막부의 노력은 에 도뿐만 아니라 막부 직할도시인 오사카·교토 등지에 발령된 법령을 통해서도 확인해 볼 수 있다.35) 예를 들어 오사카에서는 1749년 9월, "조닌 사회에서 절약[勤略]에 신경쓰다 보니 관광·악기연주[鳴物] 등을 자제한다는 소문이 들리는데 이러한 오해가 없도록 (중략) 상매에 관한 일은 말할 것도 없고 관광 등에 이르기까지 가능한 한에서 행하도 록" 지시하였다. 이러한 법령을 통해 막부는 이제껏 검약정책에 호응하여 관광·유흥 등을 자제해 온 조닌 사회의 '오해'를 해소해, 가능한 범위 내에서 중·상층 조닌의 소비를 활성화시켜 도시 하층민의 생계를 확보하기 위해 적극 노력하였다.

이상에서 교호 개혁기 동안 전개되었던 막부 검약정책의 내용과 방향에 대해 살펴보았다. 개혁 초기 막부는 조닌 사회의 지나친 사치 행위를 규제하고 무사계층의 생활안정을 도모하기 위해, 사치품의 생산과 소비는 물론 불필요한 토목공사와 유흥행위를 제한하는 등, 도시사회의 번영을 희생으로 삼는 강경일변도의 검약정책을 실시하였다. 그러나 '미가의 하락과 여타 물가의 상승'이란 이례적인 경제 상황 속에서 흉작과 미곡가격의 급등으로 생계에 위협을 느낀 도시 하층민이 일으킨 에도의 소요사태는 검약 위주의 도시 지배정책이 가진 문제점을 노출시키는 한편 도시사회의 안정을 위해 하층민 대책의 필요성을 시정 당국에게 인식시키는 중요한 계기가 되었다. 이후 막부의 도시 지배정책은 관광, 유흥, 토목공사 등의 서비스업에 종사하는 하층민의 생계 확보를 위해 강경일변도의 검약정책에서 일보 물러나, 소비를 진작시켜 도시사회를 번성시키려는 도시번영책으로 방향을 선회하게 된다. 부유한 조닌들의 지나친 사치와 소비 행위를 제한하고자 했던 검약령이 도리어 서비스업계에 종사하는 하층민의 생계를 위협하는 결과를 초래한 사실에서 알 수 있듯이 교호기 이후 막부의 도시 지배정책은 신분제의 유지와 도시사회의 안정이라는 상반된 목적을 동시에 달성해야 하는 딜레마에 빠지게 된다.

1) 塚本學, 『人物叢書 德川綱吉』, 吉川弘文館, 1998, 207쪽.

2) 高埜利彦 編, 『日本の時代史(15) 元祿の社會と文化』, 吉川弘文館, 2003, 65・66쪽.

3) 『御触書寛保集成』, 2052호.

4) 『御触書寛保集成』, 2702호.

5) 『御触書寛保集成』, 926호.

6) 『御触書寛保集成』, 2051호.

7) 『御触書寛保集成』, 2899호.

8) 『御触書寛保集成』, 2901호.

9) 문장이란 특정 도안을 사용하여 개인이나 일가, 일족, 단체 등을 상징하는 표식이나 문양을 말한다. 문장이라는 호칭은 근대 이후 사용된 것으로 예전에는 가몬(家紋), 조몬(定紋), 몬도코로(紋所) 등으로도 불렸다. 일본의 문장은 11세기 전반 헤이안(平安) 시대에 공가의 의복이나 도구, 우차(牛車) 등에 각자 좋아하는 문양을 사용한 데서 유래되었다고 한다. 이후 가마쿠라 막부에 접어들어 무가 사이에 문장 사용이 일반화되었으며 몽골의 침입 당시 이 같은 관행이 전국으로 확산・정착되었다. 문장은 공가사회에선 장식적인 의미가 강해 복잡하고 섬세한 문양이 선호되었다. 이에 비해 무가사회에선 피아 식별을 위한 표식으로 장식성과 기능성을 겸비하면서 단순하고 호방한 문양이 애용되었다. 에도 시대 이후 전쟁이 없는 평화가 계속됨에 따라 문장은 전기(戰旗)나 무구(武具)와 함께 의복에 주로 사용되었다. 무가사회가 점차 형식화・격식화됨에 따라 문장의 문양 역시 원형의 테두리 안에 기하학적인 무늬로 정형화되었다.

10) 大石學, 『享保改革と社會變容』(大石學 編, 『享保改革と社會變容 日本の時代史(16)』, 吉川弘文館, 2003), 53쪽.

11) 高柳眞三・石井良助 編, 『御触書天保集成(下)』, 岩波書店, 1941, 6102호.

12) 石井良助・服藤弘司 編, 『幕末御触書集成(第4卷)』, 岩波書店, 1993, 4026호.

13) 교호・간세이・덴포기에 시행된 이른바 '3대 개혁'은 근세 중후기 막부 권력의

구조와 변화를 살펴보기 위한 중요한 테마로서 막번관계, 신분제, 대외관계, 지역사회 등의 다양한 측면에서 연구가 진행되어 왔다. 그간의 주요 연구 성과에 관해서는 藤田覺, 「近世政治史と三大改革論-硏究史の整理と展望-」(藤田覺 編, 『幕藩制改革の展開』, 山川出版社, 2001) 참조.

14) 藤田覺, 『幕藩制改革の展開』, 山川出版社, 2001, 7·8쪽.

15) 東京都 編纂, 『東京市史稿 産業篇(第11)』, 1967, 424쪽.

16) 『京都町觸集成(別卷2)』, 356호.

17) 『兼山秘策』(『日本經濟大典(第6卷)』, 史誌出版社, 1928), 302·303쪽.

18) 『京都町觸集成(第1卷)』, 1362호.

19) 竹內誠, 『元祿人間模樣-變動の時代を生きる-』, 角川書店, 2000, 182~187쪽.

20) 『兼山秘策』, 305쪽.

21) 『御觸書寬保集成』, 2096호.

22) 『市政提要(上)』, 20호.

23) 『基熙公記(第84卷)』(京都大學文學部圖書館 所藏), 享保 7年 3月 5日, 同月 10日, 同月 28日 기사.

24) 京都市 編, 『京都の歷史(第6卷) 傳統の定着』, 學藝書林, 1973, 262쪽.

25) 辻達也, 「下馬將軍政治の性格」, 『橫浜市立大學論叢』 30卷 2·3合倂號, 1979 ; 林玲子, 「元祿-享保における江戶問屋仲間の動態-三拾軒組諸色問屋を中心として-」, 『社會經濟史學』 25-3, 1963(后에 『近世の市場構造と流通』, 吉川弘文館, 2000에 재록).

26) 大石愼三郎, 『大岡越前守忠相』(岩波新書891), 岩波書店, 1974, 103·104쪽.

27) 山崎隆三, 『近世物價史硏究』, 塙書房, 1983.

28) 岩田浩太郎, 「都市經濟の轉換」(吉田伸之 編, 『日本の近世(9) 都市の時代』, 中央公論社, 1992).

29) 近世史料硏究會 編, 『江戶町觸集成(第4卷)』, 塙書房, 1994~2006, 6269호.

30) 原田伴彦 外 編, 『日本都市生活史料集成 第3卷』, 學習研究社, 1975, 499쪽.

31) 1733년(享保 18) 1월에 발생한 소요사태는 에도에서 일어난 최초의 주민폭동이란 점에서 주목을 받아 그에 대해서는 많은 연구 성과가 축적되어 있다. 소요의 주체와 성격에 관해서는 개별 조의 연합 하에 시민층과 하층민의 공동투쟁으로 평가하는 견해(松本四郎, 「幕末・維新期における都市と階級鬪爭」, 『歷史における國家權力と人民鬪爭』, 靑木書店, 1970)와 도시 하층민을 투쟁주체로 보는 견해(吉田伸之, 「近世都市と諸鬪爭」, 『一揆(3) 一揆の構造』, 東京大學出版會, 1981. 후에 『近世巨大都市の社會構造』, 東京大學出版會, 1991에 수록)가 제기되었다. 하지만 1990년대에 접어들어 투쟁주체보다 주민폭동이 발생한 원인을 규명할 필요성이 제기되면서, 주민폭동의 원인을 도시주민 내부의 계층적 대립이나 모순에서 찾기보다는 '도시경제의 재생산 구조의 변동, 변질'과의 관련성에서 찾으려는 시도가 행해지고 있다(岩田浩太郎, 「打ちこわしと都市社會」, 『岩波講座 日本通史(14) 近世(4)』, 岩波書店, 1995).

32) 『江戶町触集成(第4卷)』, 6273호.

33) 『江戶町触集成(第4卷)』, 6277호.

34) 『御触書宝曆集成』, 859호.

35) 塚本明, 「都市構造の轉換」, 『岩波講座 日本通史(第14卷) 近世(4)』, 岩波書店, 1995, 98쪽.

제 4 장

도시사회의 변화와
「조 운용경비 절감령」의 시행

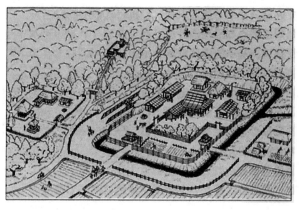

그림 1_ 옛 두루마기 그림을 토대로 제작한 중세 무사 거관居館의 복원도.

조카마치城下町의 도시 공간

에도 시대 일본의 도시 공간은 크게 두 가지 유형으로 나누어볼 수 있다. 첫 번째는 말 그대로 '성 밑에 건설한 도시'란 뜻의 '조카마치城下町'다. 중세 무사의 거주지에서 출발한 조카마치는 전국시대 동안 센고쿠다이묘戰國大名의 거성으로 발전하였다. 이후 병농분리 과정에서 무사 계층의 집주지이자 영역 지배의 거점으로 성장하였다. 두 번째로는 지방 소도시인 '자이고마치在鄕町'를 들 수 있다.[1] 이들 지방 소도시는 많은 이들이 내왕하는 항구나 사원, 숙역지와 같이 유통과 교통의 중심지에 형성되었다. 하지만 이들 소도시는 영역 내 중심도시로 기능하던 조카마치와 정치, 경제, 문화 등의 영역에서 긴밀히 연결되어 있었다는 점에서 에도 시대를 대표하는 도시 공간은 단연 '조카마치'였다고 할 수 있다.

조카마치의 기원은 중세 무사의 거주지에서 비롯되었다. 평시에 농업경영자로 활동하다가 전시에 전투자로 그 모습을 달리했던 중세 무사의 특성은 그들의 거주공간에도 그대로 반영되었다. 무사의 거주지에는 환호나 토담 등의 방어시설을 갖춘 거택을 중심으로 이들이 직접 경영하는 장원과 가신의 집락 등이 위치하였다.(그림 1) 이들의 거주지는 장莊·향鄕과 같은 지역사회 내에서 농업과 상업, 수공업, 교통 등의 측면에서 도시적 요소를 집약한 중심지 역할을 수행하는 등, 조카마치와 유사한 기능을 담당하였다. 하지만 몇 가지 점에서 양자 사이에는 결정적인 차이가 존재하였다. 무엇보다 중세 무사의 거주지 내에는 상공업자의 공동조직인 '좌座'가 존재하지 않았다. 또한 지역사회 내에 도시적 기능을 담당하는 유력 사사寺社가 병존함에 따라 도시기능의 집적도 역시 매우 미숙한 상태였다. 상이한 기능을 담당하는 사회집단을 무사의 거주지로 통합, 편제시키려면 무엇보다 이들을 굴복시킬 수 있을 만큼의 강력한 군사력과 강제력을 갖춘 무가권력이 형성되어야 했다.2) 결국 압도적인 무력으로 여타 사회세력을 굴복시키는 데 성공한 센고쿠다이묘의 등장과 함께 이들의 거성인 조카마치는 명실 공히 지역사회 내에서 '도시'의 기능과 역할을 수행할 수 있었다.

조카마치는 16세기 후반부터 17세기 초반 동안 일본 전역에서 동시다발적으로 건설되었다. 이 시기 동안 오다 노부나가, 도요토미 히데요시, 도쿠가와 이에야스와 같은 통일권력자들과 함께 전국 동란에서 살아남은 다이묘들에 의해 영역 지배의 거점으로 조카마치가 건설되었다. 이 시기에 건설된 조카마치의 대부분은 에도 시대 각 번藩에서 정치, 경제, 문화의 중심지로 기능하였다. 메이지 유신 이후 폐번치현의 과정에서 상당수는 쇠락의 길을 걷게 되지만 일부는 현청소재지로

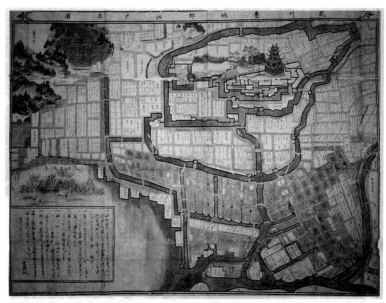

그림 2_ 1632년(간에이寬永 9)에 제작된 에도 지도. 낙뢰로 소실되기 이전의 에도 성을 비롯해 근세 초기 에도의 모습을 볼 수 있는 중요한 자료다. 영주의 거성을 중심으로 무사와 조닌의 거주지가 신분에 따라 분리되어 있음을 알 수 있다. 짙은 색으로 표시되어 있는 곳이 조닌 거주지.

지정되어 지역중심도시로 발전하였다.

그런데 주목할 것은 근세 초기에 건설된 조카마치의 대부분이 입지와 구조에서 상당한 유사성을 가진다는 점이다. 먼저 입지적 측면에서 그 대부분은 평야지역의 중앙 또는 해안·호수·하천 등에 면한 항만, 가도街道에 접한 교통의 요지에 건설되었다. 그리고 기본적인 공간구성을 살펴보면 덴슈각天守閣, 야쿠라櫓 등의 군사시설과 영주의 거관을 중심으로 그 주위에 해자를 둘러치고 성곽을 쌓았다. 또한 성곽 주변에는 가신단의 거주지[武家地]가 배치되었다. 그리고 교통 및 운송의 편의를 위해 주요 가도나 항만에 면한 곳에 상공업자의 거주지[町人地]가 위치하였다. 마지막으로 신사나 사원 등의 종교시설을 위한 공간[社寺

地]은 도시 주변지역에 배치되었다. 이처럼 조카마치는 신분과 기능에 따라 거주공간이 명확히 구분된다는 특징을 공유한다.(그림 2)

전국 각지에 형성된 조카마치가 이처럼 동일한 도시구조의 특성을 공유하게 된 것은 무엇보다 다이묘에 의한 '위로부터의 계획'에 따라 건설된 도시였기 때문이다. 일본 전역의 통일을 지향하는 전국시대의 마지막 단계에서 각 다이묘들은 치열한 전투에서 살아남기 위해, 직속 가신단의 전투력을 배양하는 것은 물론이고 병참과 군수 등을 효과적으로 지원하기 위해 영국領國 내의 모든 자원을 종합적으로 경영해야 했다. 이를 위해 전장의 전투자인 무사[兵]와 후방의 지원자인 농민[農]을 분리시킨 다음 자신의 성곽 아래에 무사단을 집주시켰다. 그리고 필요한 물자를 손쉽게 공급받기 위해 영내 상공업자들도 자신의 성곽 주변으로 이주시켜, 영국의 생산·유통체제 전반을 장악할 수 있었다. 조카마치는 바로 이러한 목적에 가장 적합한 구조와 공간으로 기획된 도시였다. 따라서 조카마치의 입지와 구성에서 나타나는 동질성은 중세와 전국시대를 거치면서 살아남은 무가세력, 다시 말해 센고쿠다이묘의 경험과 시행 착오에서 비롯된 최종적인 결과물이라 말할 수 있다.3)

조와 조닌

조카마치를 구성하는 공간 단위는 '조町'다. 본래 조는 중국 당나라 수도인 장안長安을 모델 삼아 8세기 무렵 오늘날의 교토에 건설된 헤이안교平安京에서 대로大路·소로小路로 구분된, 사방 40장丈(약

120m)의 구획에서 비롯되었다. 하지만 가마쿠라 막부의 성립과 함께 율령국가의 도성기능이 점차 쇠퇴하면서 헤이안쿄 내의 '조'는 점차 유명무실해졌다. 그리고 유명무실한 조를 대신해 대로를 사이에 두고 양 측면에 거택을 소유한 이들을 중심으로 이해관계를 공유하는 사회적 공동체가 형성되었다. 이들은 조 내부의 토지와 건물의 매매 및 임차에 대해 개입하는 것은 물론이고 주민 생업에 지장을 초래하는 직종의 영업을 금지하는 등, 조 안팎의 문제에 관심을 가지면서 '조'라는 공간을 바탕으로 공동의 이해관계를 공유하는 지연地緣공동체를 형성하였다. 이 같은 지연공동체는 전국 동란 중에 주민 스스로의 생명과 재산을 지키는 자치와 자위 조직으로 발전하면서 더욱 강한 결속력을 갖게 되었다.

한편 센고쿠다이묘의 영역 지배를 위한 거점으로 조카마치가 건설되는 과정에서 조의 성격과 기능에 많은 변화가 일어났다. 다이묘는 조카마치를 건설하는 과정에서 도시를 활성화시키기 위해 비교적 단일한 직종으로 구성된 상인과 직인 집단을 강제로 조에 이주시키거나, 대규모 자본을 가진 개발업자에게 조를 건설하게 한 다음 이들로 하여금 영세 상공인을 모집하도록 지시하였다. 이처럼 영주의 주도 하에 조카마치가 건설되는 과정에서 '조'는 도시 지배의 기초단위로 설정되었고 강제로 이주한 상공인들은 조카마치의 주민, 즉 '조닌町人'으로 편성되었다.

그러나 조에 거주한다고 해서 누구나 조닌이 될 수 있었던 것은 아니다. 조닌으로 인정받으려면 무엇보다 조 내부에 거택이나 토지를 소유하고 있어야 했다. 그리고 소방, 치안, 축제 등과 같이 지연공동체를 유지하는 데 필수적인 공적 업무를 수행하거나 아니면 이에 소요되는 경비를 부담해야 했다. 에도 막부는 농촌의 경우 쇼야나 나누시에게 연공징수 등의 촌락행정 업무를 일임하는 대신 이들의 책임 하에 일정 정도의 촌락자치를 용인해 주었다. 이와 마찬가지로 도시 지배에서도 '나누시名主'(에도)나 '도시요리年寄'(교토)와 같이 개별 조의 대표자로 선출된 이들에게 자율과 자치를 인정하는 한편, 이들의 책임 하에 도시행정을 완결짓는 체제를 정비하고자 했다. 이러한 자치를 수행하기 위해 조 공동체의 구성원들은 '조뉴요町入用'와 같은 조 운용경비를 부담해야 했다. 조 운용경비는 원칙적으로 조 내부에 거택을 소유한 이들이 균등하게 부담하였다. 뒤집어 말하면 거택 소유자들은 조 운용경비를 부담함으로써 조 구성원인 '조닌'으로서의 권리와 자격을 인정받을 수 있었던 것이다. 조카마치의 성립과 함께 '조'는 영주의 도시 지배를 위한 행정단위인 동시에 도시주민의 자치공동체로 기능하면서, 도시주민의 자치와 영주 권력의 행정을 위한 기본단위라는 이중적인 성격을 갖게 되었다.

조 운용에 관한 공동규약의 작성

조 공동체에서는 '조시키모쿠町式目'와 같은 조 규약을 제정해 조닌으로서의 의무와 자격, 조 운용과 자치에 관한 공동규약을 명문화하였다. 근세 초기 조 규약에 관한 자료는 헤이안平安 시대 이래 오랜 도시공동체의 역사를 가진 교토에서 주로 찾아볼 수 있다. 1585년 레이센초冷泉町에서는 3개 조항으로 이루어진 조 규약을 제정하였는데, 이는 지금까지 그 존재가 확인된 조 규약 가운데 작성연대가 가장 오래된 것으로 알려져 있다. 주된 내용은 거택을 매입해 새로이 조 구성원이 되는 이가 조에 납부해야 할 비용에 관한 것이다. 좀더 상세히 그 내용을 살펴보면 새로이 레이센초의 조닌이 된 자는 ① 거택 매입가격의 십분의 일에 해당하는 금액, ② 집들이 행사에 사용할 동전 50필疋, ③ 축하주를 내야 한다는 것이다. 근세 초기에 작성된 조 규약은 비단 레이센초의 경우만이 아니라 이처럼 축의금과 축의 행사에 관한 항목이 주를 이루었다. 이러한 내용으로 미루어 보아 당시 교토에서는 거택을 매매하거나 상속받아 새로이 조 구성원이 된 자들은 관행적으로 축의행사를 벌여 이웃들과 인사를 나누고, 거택 가격의 십분의 일에 해당하는 금액[分一銀, 이하 십분의 일금]을 축의금이란 명목 하에 조에 납부하였던 것으로 보인다.(표 1)

16세기 후반부터 17세기 중반까지 교토에서 작성된 조 규약에 명기된 축의금은 조에 따라 약간씩 다르지만 대체로 십분의 일금, 관도官途와 에보시 착용烏帽子着, 조의 행정을 맡아보는 도시요리와 잡무를 처리하는 사용인에 대한 사례금, 적립금[置錢] 등으로 세부 항목을 분류해 볼 수 있다. 이 가운데 먼저 십분의 일금이란 거택을 구입할 때 매입자가 거택 가격의 십분의 일에 해당하는 금액을 조에 납부하는 것을 말한다. 교토를 대상으로 조 공동체를 본격적으로 연구한 아키야마 구니조秋山國三는 중세 영주에게 조 거주자가 상납한 세금이 십분의 일이었다는 사실을 들어, 더 이상 영주가 아닌 조에 세금을 납부하게 된 것이야말로 근세 초기 조 공동체가 획득한 독립성을 보여주는 대목이라고 평한 바 있다.4) 그의 주장대로 십분의 일금 자체가 영주 권력

〈표 1〉 근세 전기 교토 지역의 조 규약

작성연대	개별 조	조 규약 명칭	축의금						축의 행사		
			십분의 일금 分一銀	도시요리 年寄	사용인 用人	적립금 置錢	관도 官途	에보시 착용 烏帽子着	축의 행사비 粥之銀	상견례 顔見せ	향응 振舞
1605.10	기누다나초 依棚町	法度	○				10 (3)	30			100匁에 3匁씩
1613.6.	호리노우치초 堀之內町	相定町儀之帽	○				5	10	3		10
1615.6.	사이보지초 西方寺町	當町家之賣買銀子出申事	○			5			10	5	30
1642.10	나카노초 中之町	町中式目	○	30	10					86	129
1642.9.	기쿠야초 菊屋町	町內式目之事	○	12.9	3				310		50
1649.9.	다비야초 足袋屋町	式目之覺	○ 四ツ角屋(半分)	5	2		5		吸物·肴	술 1통 안주 3가지	150
1656.7.	쓰키누케초 突拔町	當町式目	他町 / 町衆	4.3	他町 8.6 / 町衆 5	20			10	3菜, 2肴, 3酒	他町 129 / 町衆 86
1656.7.	시오야초 鹽屋町	相定法度之事	○	10	5				36	43	
1659.5.	세이와인초 清和院町	町中定之事	他町(○) / 町衆(×)	他町 43 / 町衆 30	他町 5 / 町衆 3		10	10	10		1汁3菜
1663.6.	나기나다보코초 長刀鉾町	定	○	20	5		7		10		1-2貫은 3枚·肴 2-4貫은 4枚·肴 3-5貫은 5枚·肴
1667.2.	마치가시라초 町頭町	町中法度之覺	○	20	10		5		10		1貫에 100匁씩

* 조 규약에 명기된 은화의 단위는 몬메(匁)로 환산하여 기재하였다. 예) 은 1매(枚) = 은 43匁, 은 1량(兩) = 은 4.3匁.

* 기누다나초(依棚町)의 「法度」는 『衣棚町文書』(京都大學文學部古文書室 소장 사진첩)에서, 나기나다보코초(長刀鉾町)의 「定」는 「長刀鉾町について」(京都女子大學史學會, 『史窓』17·18史學科創立十周年記念號, 1960)에서, 다비야초(足袋屋町)의 「式目之覺」은 「鹽屋町文書」(『資料館紀要』13, 京都府立綜合資料館, 1985)에서 인용하였다. 그 밖의 조 규약은 『叢書京都の史料3 京都町式目集成』(京都市歷史資料館編, 1999)에서 참조하였다.

124

에 대한 조 공동체의 자립 내지 자치의 증거가 될 수 있을지에 대해서는 좀더 신중한 고찰이 따라야할 것으로 생각된다. 하지만 새로 거택을 구입하는 이에게 이 같은 비용은 상당한 부담임에 틀림없었을 것이다. 십분의 일금은 조에 따라 약간씩 그 비율을 달리했다. 예컨대, 시타혼노지마에초下本能寺前町에서는 동전 10관문당 500문씩을 내도록 해, 십분의 일이 아닌 이십분의 일인 경우도 찾아볼 수 있다. 하지만 대체로 교토에서는 거택 가격의 십분의 일에 해당하는 금액을 조에 납부했던 것으로 보인다.

다음으로 '관도官途'와 '에보시 착용烏帽子着'은 성인식 행사에서 유래된 용어다. 본래는 성인이 된 남성이 에보시烏帽子와 같은 예복을 차려입고 같은 조에 사는 이웃들에게 인사를 올리는 의식을 뜻하는 말이지만, 조 규약에서는 의식을 치르고 나서 조에 내는 축의금이라는 뜻으로 사용되었다.

그 외에 축의금의 중요한 항목으로는 도시요리와 사용인에 대한 사례금을 들 수 있다. 그런데 주의해야 할 것은 근세 초기에 해당하는 1613년과 1615년 각기 호리노우치초堀之內町와 사이보지초西方寺町에서 제정한 조 규약에서는 도시요리에 대한 사례금 항목을 찾아볼 수 없다는 점이다. 이를 통해 당시까지만 하더라도 도시요리와 같이 조 공동체의 대표자를 별도로 선임하지 않은 조가 적지 않았음을 알 수 있다. 교토에서 도시요리와 같은 조 공동체의 대표자가 상설화된 것은 17세기 중반 이후의 일이었다. 1656년 교토와 인근지역의 행정을 관할하던 교토쇼시다이京都所司代 마키노 지카나리牧野親成는 행정상 편의를 도모하기 위해 조 내에서 상당한 지도력을 갖는 이들을 도시요리

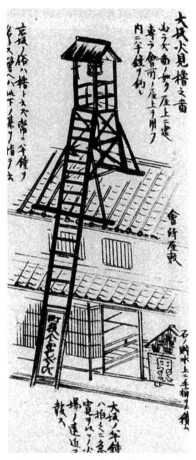

로 선출하라는 지시를 내렸다.5) 교토에서는 이를 계기로 각 조의 행정책임자이자 대표자인 도시요리가 선출된 것으로 보인다. 그렇기 때문에 도시요리에 대한 사례금은 마키노의 지시에 따라 개별 조에서 도시요리를 선임하게 된 17세기 중반 이후에 비로소 조 규약에 명기되기 시작한 것으로 보인다.

도시요리와 함께 사용인에 대한 사례금 역시 적지 않은 금액이었다. 앞에서 이야기했듯이 에도 시대 도시 유지에 필수적인 치안과 청소, 회소會所6)(그림 3) 관리 같은 공적 업무는 공공기관이 아닌 도시민, 즉 조닌의 자발적인 참여에 따라 처리하는 것이 원칙이었다. 하지만 조닌들이 맡아야 할 공적 업무가 계속 늘어남에 따라 이러한 일을 직업적으로 맡아 처

그림 3_ 근세 시기 오사카에서 운용한 회소의 모습. 회소는 조닌들의 회합 장소일 뿐만 아니라 사용인이 머물면서 치안, 경계, 청소 등의 업무를 수행하는 공간으로 조닌 자치의 중심적 기능을 수행하였다. 『모리사다만코守貞漫稿』에서.

리하는 사용인[用人]을 고용하는 조가 늘어났다. 이렇게 사용인을 고용한 경우에 이들의 임금은 조 운용경비로 처리되었다.

그 밖에 조에 따라 적립금과 같은 항목을 정해둔 경우도 있었다. 적립금은 회소나 목호木戸와 같이 조 내에 설치된 공공설비를 유지·보수하기 위한 비용으로 사용되었을 것으로 생각된다.

17세기 중반 이후에 나타난 '구구리くぐり금'의 징수

앞서 언급했듯이 조카마치 내에서 치안과 소방, 청소와 같은 공공 업무는 조닌의 직접적인 참여에 의해 자치적으로 해결하는 것이 원칙이었다. 그리고 공공 업무에 소요되는 경비는 조닌들이 부담하였다. 이들은 앞서 살펴본 조 규약의 축의금으로 공공 업무 비용을 충당하였다. 다시 말해 근세 초기 개별 조에서는 도시행정 업무에 필요한 경비를 새로이 거택을 매입하는 조닌들에게 징수하는 축의금으로 충당하였던 것이다.

그런데 일부 조에서는 축의금 이외에도 오늘날의 마을 회관격인 회소를 임대하거나 혹은 공동으로 적립한 예치금을 조닌에게 빌려주고 받는 이자수익으로 충당하는 경우 또한 적지 않았다. 예컨대 산조키누다나초三條衣棚町에서는 회소를 임대해 매월 13몬메씩 연간 156몬메의 수익을 얻었다.[7] 레이센초冷泉町의 동편 역시 조에서 적립해 놓은 기금을 조닌에게 빌려주고 매월 0.8%의 이자수익을 거두어 조 운용경비로 사용하였다.[8] 이처럼 일부 조에서는 회소를 임대하거나 공동자금을 빌려주는 과정에서 발생한 이익금으로 비용의 일부를 충당했지만 대부분의 조에서는 여전히 거택 매입자가 납부하는 축의금으로 조 운용경비를 해결하였다. 하지만 17세기 후반에 접어들면서 축의금만으로 조 운용경비를 감당할 수 없어, 조닌에게 매년 일정 금액을 징수하는 경우가 생겨났다.

1723년 레이센초에서는 이전 동·서 양편으로 나뉘어 있던 조 공동체를 하나로 통합해 새로운 조직을 결성하였다. 통합 이전 동·서 양편의 레이센초는 각기 별도의 조 공동체를 운영하면서 조 운용경비 역시 독립적으로 사용하였다. 이 가운데 1666년부터 1707년까지 동편에서 작성한 조 운용경비에 관한 기록이 현재까지 남아 있다.9) 이 같은 장부기록을 통해 당시 조 공동체의 재정문제와 조닌들의 대응방식을 살펴볼 수 있다. 그럼 먼저 조 운용경비 장부 가운데 수입에 관한 기록부터 살펴보도록 하자.

수입에서 찾아볼 수 있는 가장 큰 특징은 1666년을 전후로 나타난 십분의 일금에 관한 처리방법의 변화다. 1648년까지 레이센초에서는 십분의 일금을 조공동체 공동의 수입이자 운용경비로 사용하였다. 그런데 1666년부터는 조 공동체가 아닌 조닌 개인에게 이를 나누어 주었다. 1667년에 작성된 장부 기록에 따르면 오쓰야 조자에몬大津屋長左衛門이라는 자가 거택을 매입하면서 1280문(십분의 일금 800문, 축의행사비 430문, 에보시착 50문)을 축의금으로 조에 납부한 사실을 확인할 수 있다.

그런데 이전 같으면 당연히 조의 운용경비로 사용되었을 이 축의금을 웬일인지 이번에는 조닌 26명에게 한 사람당 49문씩 나누어 주었다.10) 새로이 조닌의 지위를 획득한 자가 조에 상납하는 축의금을 공동의 조 운용경비로 사용하던 이전까지의 관례와 비교해 본다면 이는 획기적인 변화임에 틀림없다. 이처럼 십분의 일금을 두고 생겨난

사용방식의 변화에 대해 스가하라 겐이치菅原憲一는 조 공동체 내부
신구 주민 간의 갈등을 조심스레 그 원인으로 제기한 바 있다.[11] 즉,
거택을 구입해 새로이 조 공동체의 일원이 된 이들이 이전부터 조
행정을 담당하던 슈쿠로宿老나 쓰키교지月行事와 같은 이들의 자의적인
경비 지출에 문제를 제기하고 공정한 운용을 요구한 끝에 나타난 결과
가 아닌가 하는 추측이다. 만약 그의 견해를 인정한다면 십분의 일금
에 나타난 변화는 다름 아닌 조 공동체 운용에 관한 구성원의 적극적인
관심과 개입에서 비롯된 결과로 해석해 볼 수 있다. 하지만 조 운영을
위한 행정경비에서 상당 부분을 차지하던 십분의 일금이 조닌들에게
분배됨에 따라 조의 입장에선 당장 새로운 수입원을 확보해야만 했다.

이에 따라 레이센초에서는 1684년부터 '구구리금'이란 명목 하에
매년 일정 금액의 운용경비를 조닌들로부터 징수한 것으로 보인다.
그런데 '구구리금'을 징수한 경우는 그보다 20여 년 전인 1666년의
기록에서도 찾아볼 수 있다. 여기서 구구리란 '구구리몬潛り門', 즉 치안
을 위해 조의 양 끝에 설치해 놓은 목호에 달린 쪽문을 일컫는 말이다.
따라서 구구리금은 쪽문 수리비 정도의 의미를 갖는다고 할 수 있다.
에도 시대는 치안을 위해 시내 요소要所나 조 사이의 경계지역에 목호
를 달아 야간에 사람과 물자의 이동을 차단하는 대신 긴급한 사정이
있을 경우에만 쪽문으로 왕래를 허용하였다.(그림 4)

그런데 도시치안에서 중요한 기능을 담당하는 목호의 유지, 보수에
대한 책임은 행정당국이 아닌 개별 조에 있었고, 그에 드는 비용 역시
조에서 부담하였다. 따라서 레이센초에서는 조에서 관할하는 목호의
수리비용을 조 구성원들에게 징수하던 관례에 따라 조 운용경비 역시

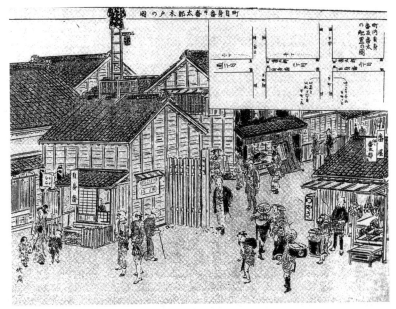

그림 4_ 메이지 시기의 간행물인 『풍속화보』(179호)에 실린 목호木戶, 번소番所. 보통 밤 10시경에 목호를 닫지만 긴급한 사정이 있을 경우 신원을 확인하고 목호에 딸린 쪽문[クグリド, 潛戶]으로 통과할 수 있었다.

'구구리금'이란 이름으로 부르게 된 것으로 보인다.

어찌되었건 레이센초에서는 축의금을 모아 조의 공동수입으로 적립해 놓은 예치금[町預金]이 1672년 2343문으로 최고를 기록한 이래 매년 조금씩 감소하여 1684년에는 189문으로 줄어들었다. 이는 십분의 일금이 조 구성원들에게 분배되기 시작하면서 예치금의 이자 수익이나 축의금만으로는 조 운용경비를 감당할 수 없어 결국 예치금의 원금까지 지출하게 되어 생겨난 결과로 생각된다.

그리하여 1684년 이후 조의 남, 북단에 위치한 목호의 수리비용을 충당하기 위해 '구구리금'을 징수한 이래 레이센초에서 조 운영에 소요되는 경비를 거택 소지자로부터 징수하는 '구구리금'으로 충당하는 구조가 만들어졌던 것으로 판단된다.

도시사회의 변화에 따른 조 운용경비의 지출 변화

레이센초에서는 매년 6월과 11월 두 차례에 걸쳐 수입과 지출을 결산하고 그 내용을 『다이후쿠초大福帳』라는 장부에 기록하였다. 〈표 2〉는 조 구성원으로부터 '구구리금'을 징수하기 시작한 1684년부터 1708년까지 약 24년간에 걸친 조 운용경비 중에서 총수입액과 '구구리금'의 합계, 조닌 한 사람당 구구리금의 부담액, 그리고 구구리금의 징수가 급증한 해의 주된 지출항목을 기입한 것이다. 우선 표를 통해 구구리금의 총액과 한 집당 부담해야 하는 구구리금의 액수가 매년 증가하는 경향을 확인할 수 있다.

이를 좀더 구체적으로 살펴보면 조의 총수입 가운데 구구리금이 차지하는 비율이 거의 매년 90% 이상임을 알 수 있다. 1704년 이후 총수입 가운데 '구구리금'의 비율이 낮아진 것은 1702년 주민인 이쓰쓰야 분자에몬井筒屋文左衛門이 채무 변제를 위해 내놓은 거택을 조가 8000문에 사들인 다음, 이를 1704년 윤4월부터 임대해 매월 41.6몬메, 연간 500몬메의 부가수입을 얻었기 때문이다.

〈표 2〉 다이후쿠초(大福帳)의 구구리금 (1684년 11월~1708년)

연도	총수입	구구리금 액수와 총수입에서 차지하는 비율(%)		가구당 부담액	비 고
1684(貞享 1)*.11.	420	420	100	15.	남·북문의 수리비용(226.925)
1685(貞享 2)	227	168	74	6.	
1686(貞享 3)	248.8	238	95.6	8.5	
1687(貞享 4)	301.75	258.6	85.7	10.2	회소(會所)의 수리 및 지붕교체 비용(84.375)
1688(元祿 1)	1187.68	1178.8	99	42.1	도랑준설비용(100) 및 토사준설비용(649.67)
1689(元祿 2)	265.25	259.56	97.8	9.45	
1690(元祿 3)	628.9	618.8	98.4	22.1	오쓰야 나가지로(大津屋長次郎)의 재판비용(179.4)/ 유기아의 양육비용(120.5)
1691(元祿 4)	245.27	238	97	8.5	
1692(元祿 5)	638.5	299.6	47	10.6	
1693(元祿 6)	1279.95	1268.4	99	45.3	북문 수리비용·회소의 지붕교체비용(485.05)/이쓰쓰야 분자에몬(井筒屋文左衛門)의 재판비용(290.45)/ 도랑준설비용(185)
1694(元祿 7)	423.8	421.4	99.4	15.5	
1695(元祿 8)	371.5	291.5	78.5	10.41	
1696(元祿 9)	421.4	400.4	95	14.3	
1697(元祿10)	487.6	463.4	95	16.55	
1698(元祿11)	764.3	541.8	70.9	19.35	
1699(元祿12)	818.1	810.4	99	28.95	
1700(元祿13)	841.3	779.8	92.7	27.85	이쓰쓰야 분자에몬(井筒屋文左衛門)의 재판비용(115.6)
1701(元祿14)	691.66	688.8	99.6	24.6	
1702(元祿15)	918.55	676	73.6	24	이쓰쓰야 분자에몬(井筒屋文左衛門)의 재판비용(197.3)
1703(元祿16)	2150.85	886	41.2	34.1	이쓰쓰야 분자에몬(井筒屋文左衛門)의 재판비용(59.35)
1704(寶永 1)	721.55	517.4	71.7	19.9	
1705(寶永 2).6.	953.43	234	24.5	9.	
1706(寶永 3)	2251.5	825.22	36.6	31.73	
1707(寶永 4)	2253.9	975	43	37.5	
1708(寶永 5)*.6.	1505.63	1021.492	67.8	39.288	

* 1684년은 하반기부터 장부 기재가 시작되고 있으며 1708년은 하반기 장부기재 중에 이출금에 관한 기록이 누락되어 있다.

다음으로 〈표 3〉은 1685년, 1696년, 1725년에 작성된 조 운용경비 대장의 기록 중에 매년 일정하게 지출하는 경상비 항목의 내용과 지출액의 변동을 비교한 것이다. 조 운용경비의 지출 내용을 비교해 보면 경비인 급료, 사용인 급료, 공공경비가 증가한 사실을 확인할 수 있다. 그럼 먼저 경비인 급료에 대해 살펴보도록 하자.

〈표 3〉 레이센초(冷泉町)의 조 운용경비 지출 동향

연 도	지출액	경상비 항목의 내용							
		영주에 대한 새해인사 [領主禮]	조닌역 (町人役)	종교	제례	급료 [給銀]	경비인 [番錢]	공공경비	%
1685년 (貞享2, 동편)	214.55	51.8		69.1	5	조다이(町代) : 13.2 사용인[用人] : 10			69.49
1696년 (元祿9, 동편)	419.08	52.08		57.95	5	조다이(町代) : 14.6 사용인[用人] : 10	108	4.36	60.13
1725년 (享保 10)	1280.833	79.45	28.25	72.65	11.25	조다이(町代) : 14.6 사용인[用人] : 560 도시요리(年寄) : 86	57.07	26.22	73.04

* 금액은 모두 은으로 환산해서 표기하였음. 예) 은 150문(文) = 은 2.18匁.

에도 시대 전기 교토 시내의 경비는 조닌들이 돌아가며 차례대로 맡아보는 것이 원칙이었다. 하지만 실제 비상시 이외는 조에서 고용하고 있는 사용인에게 이를 위임하는 한편, 화재 등의 비상시에는 임시로 경호인을 고용해 조의 경비를 강화하는 체제를 갖추었다. 레이센초의 조 운용경비를 살펴보면 1615년 오사카 성 전투와 도요토미 히데요시豊臣秀吉의 죽음으로 불안한 정국이 계속되는 상황에서 야간경비를 강화하라는 지침이 교토쇼시다이京都所司代로부터 하달됨에 따라,[12] 1615년부터 1621년까지 야간경비를 담당할 경비인을 추가로 고용한 결과, 지출이 급증한 사실을 확인할 수 있다. 하지만 그 이후로 경비인의 급료는 매년 1몬메에서 9몬메 사이에 그치고 있어 레이센초의 경비체제는 기본적으로 조닌들과 조에서 고용한 사용인에 의해 운용되었다고 생각된다. 하지만 1694년부터 매월 은 9몬메씩, 연간 108몬메로 경비인을 고용해 급료를 지급하는 등, 또다시 야간경비체제를 강화하는 움직임이 나타난다. 이처럼 겐로쿠기元祿期에 접어들어 야간경비체제가 강화된 것은 장군 쓰나요시가 살생금지령의 일환으로 영아 유기를 금지함에 따라 이를 감시하기 위해 마치부교쇼 측으로부터 야간경비체제의 강화를 지시받았기 때문으로 생각된다.

이와 함께 레이센초 동편에 거주하는 조닌의 숫자를 살펴보면 1693년 18인에서 1702년 17인으로 1714년에는 16인, 1733년에는 12인으로까지 감소한 사실을 확인할 수 있다. 이처럼 조닌의 수가 지속적으로 감소함에 따라 야간경비를 서고 난 조닌들이 다음 날 수면부족 때문에 가업 경영에 지장을 초래하는 경우가 적지 않았다. 이에 따라 이들은 하층민을 고용해 야간경비를 전담하게 하고 조 운용경비에서 약간의 급료를 지급하는 방식을 취하였다. 결과적으로 레이센초에서는 17세기 후반 이후 조닌의 수가 지속적으로 감소하는 가운데 영아 유기를 막기 위한 경비체제가 강화됨에 따라 조닌이 직접 야간경비를 서기보다 경비인을 고용하여 이를 전담케 하는 새로운 경비체제로 이행해갔던 것으로 보인다.

〈표 3〉을 통해 조 운용경비를 살펴보면 1696년 당시 경비인 급료

와 함께 공공경비에 관한 지출이 새롭게 눈에 띈다. 레이센초에서는 조의 경비와 화재 등에 필요한 시설 정비 및 보수와 함께 정기적으로 경비실과 회소의 수·개축비, 남북에 위치한 목호木戸와 주변 도로의 정비 등에 사용되는 경비를 조 운용경비에서 지불해 왔다. 하지만 도시의 공공영역이 확대됨에 따라 개별 조에서 부담해야 하는 공공경비 역시 매년 증가하였다. 예를 들어 레이센초에서는 1695년 하반기부터 남문의 청소비로 200문(이듬해부터는 150문으로 다소 감소)을 지출하게 되었을 뿐만 아니라 이듬해인 1696년부터는 북문의 청소비로 150문씩을 지불하는 등, 남·북문 청소비로만 매년 300문씩을 추가로 조 운용경비에서 부담해야 했다.

다음으로 1725년에 사용된 조 운용경비 내용을 살펴보면 사용인과 조의 행정책임자인 도시요리年寄의 임금 조항이 새롭게 추가된 사실을 확인할 수 있다. 이 가운데 가장 지출액이 많았던 것은 사용인의 임금 조항으로 은 560몬메를 지불하였다. 이는 전체 지출액 가운데 43.7%를 차지했다. 또한 그때까지 거의 무급에 가까운 형태로 거택을 소유한 조닌들이 돌아가며 맡아보던 도시요리 직에 대해서도 보수를 지불하는 등, 일종의 명예직으로 여겨져온 도시요리 직의 운용방식에 변화가 생겨났음을 알 수 있다. 도시요리 직을 비롯해 조닌이 조 내에서 맡고 있던 역의 운영에 관한 변화에 대해서는 다음 절에서 좀더 구체적으로 살펴보도록 할 것이다.

이상에서 교토 레이센초의 조 운용경비 내역을 검토해 17세기 중반부터 18세기 초반까지 조 운용경비의 수입과 지출 항목에 관한 변화 양상을 구체적으로 살펴보았다. 이를 통해 레이센초에서는 조 구성원으로부터 '구구리금'을 징수하기 시작한 이래 그 금액과 한 가구당 징수액이 매년 증가하였음을 알 수 있었다. 이는 치안과 청소 등의 도시 내부의 공공업무가 증가함에 따라 행정업무를 위임받은 조에서 부담하는 비용이 증가하였을 뿐 아니라 당시까지 무급노동으로 운용되던 각종 행정업무, 이를테면 야간경비나 도시요리 직 같은 업무를 제3자에게 대행했기 때문으로 생각된다. 이처럼 근세 중기 이후 교토에서는 화폐경제가 확대되고 도시의 공공업무가 증가함에 따라 조닌이 부담해야 하는 운용경비가 매년 늘어나는 현상이 나타나기 시작하였다. 이처럼 조 운용경비가 증가함에 따라 이를 부담하는 조닌의 경제적 고충 역시 날로 커져 갈 수밖에 없었다. 도시행정의 최종적인 책임자인 막부는 이러한 문제에 대응하기위한 도시정책을 새롭게 전개해야만 했다.

조 운용경비의 증가와 「조 운용경비 절감령」의 발령

도시행정을 담당하는 마치부교쇼의 입장에서 조닌의 경제적 부담을 가중시키는 축의금과 조 운용경비의 증가는 결코 바람직한 현상일 수 없었다. 교토마치부교쇼에서는 과중한 축의금을 축소하고 조 운용경비를 억제하기 위해 1670년 조에 납부해야 할 축의금을 축소하고 축의행사[振舞] 비용을 제한하라는 법령(그림 5)을 하달하였다.13) 그런데 여기서 주목해야 할 사실은 법령을 발령하게 된 이유로 축의금에 대한 "일반 다수의 항의[難儀]"를 들고 있다는 점이다. 당시 에도에서의 축의금이 주택가격의 오십분의 일에 불과했던 점과 비교한다면 십분

136

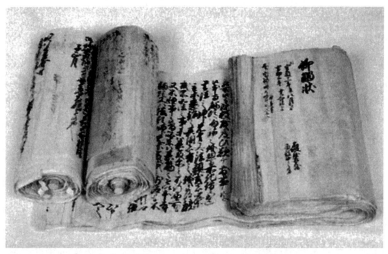

그림 5_ 마치부교쇼에서 발행한 법령은 조다이町代를 거쳐 개별 조에 전달되었다. 개별 조에서는 법령을 옮겨 적은 다음, 이를 회소 등에서 보관하였다. 사진은 교토 시모교마치가시라미나미초下京町頭南町에서 보관중인 법령들이다.

의 일금은 교토에 사는 조닌들에게 상당한 부담으로 여겨졌을 것임에 틀림없다. 이러한 부담 탓이었는지 부교쇼의 지시가 있은 지 얼마 지나지 않아 시오야초鹽屋町에서는 이를 근거로 축의금을 종래 십분의 일에서 이십분의 일로 낮추도록 조 규약을 개정하였다.14) 시오야초뿐 아니라 1670년 이후 교토에서 제정 혹은 개정된 조 규약을 살펴보면 대부분 축의금을 이십분의 일로 축소한 것을 확인할 수 있다. 조 규약 이 어디까지나 조닌들의 자발적인 참여와 동의에 의해 제정되었음을 상기한다면 이 같은 조 규약의 대폭적인 개정은 단지 부교쇼로부터의 지시 때문만이 아니라 과분한 축의금에 대한 일반인의 불만을 반영한 결과였다고 할 수 있을 것이다.

교토마치부교쇼는 그 이후로도 조 운용경비에 대해 많은 관심을 기울였다. 1696년(元祿 9) 마치부교쇼에서는 거택을 구입하고 나서

그림 6_ 다이칸 앞에서 재판을 받는 모습. 『도쿠가와 막부현치 요략德川幕府縣治要略』에서

벌이는 축의 행사와 축의금의 제한을 재차 강조하는 한편, 조닌 사이에 재판이 벌어질 경우 소송 당사자 이외의 주변 사람들의 부교쇼 출입을 금지하도록 지시하였다.15) 그런데 조닌의 소송에까지 부교쇼가 개입해 주변 사람들의 재판 출입을 금지시킨 것은 무슨 이유 때문이었을까?

에도 시대의 소송과 재판은 개인 간의 문제로 그치지 않았다. 일단 소송이나 재판이 벌어지면 사건의 당사자는 말할 것도 없고 도시요리를 비롯하여 가까운 주민들이 함께 숙식을 같이하면서 재판에 출두하였다.(그림 6) 그리고 여기에 드는 비용은 개인이 아닌 지연공동체에서 부담하는 것이 관례였다. 따라서 조닌이 송사에 휘말렸을 경우, 그 경비를 운용경비로 충당해야 하는 조의 입장에선 상당한 부담이 될 수밖에 없었다. 더욱이 17세기 중엽 이후 화폐경제가 확대되고 상거래를 둘러싼 조닌 사이의 분쟁이 증가함에 따라 재판 비용은 조 운용경비를 증대시키는 주된 요인이 되었다. 바로 이러한 이유에서 마치부교쇼는 조 운용경비에 상당한 부담으로 작용하던 소송비용을 절감하기 위해, 재판에 출두하는 이를 사건 당사자로 제한하고 이들과 마을주민 간의 불필요한 회식 또한 금지하도록 지시하였다. 교토마치부교쇼에서는 이와 유사한 법령을 1697년과 1700년에도 재차 발령하였다.

조 운용경비가 증가하면 이를 부담해야 하는 조닌의 경제적 부담 역시 가중될 수밖에 없다. 이 같은 현상은 비단 교토에 국한된 문제만은 아니었다. 17세기 후반 이후 에도와 오사카 등지에서도 동일한 현상이 나타났다. 하지만 에도마치부교쇼는 조 운용경비가 늘어나는 이유가 조의 행정을 맡아보는 실무자의 비리와 부정에서 기인한다고 판단했던 것 같다. 이에 따라 1721년(享保 6) 9월 개별 조의 행정책임자인 나누시를 도와 행정사무를 처리해오던 조다이町代를 폐지하라는 지시를 내렸다. 부교쇼 측은 행정사무의 실무자인 조다이가 사욕을 채우기 위해 부정을 저지르고 불필요한 경비를 징수한 결과 조 운용경비가 늘어났다고 판단하여, 이들을 폐지하는 대신 조 운용경비의 징수와 같은 업무를 나누시가 직접 맡아보도록 지시하였던 것이다.

그리고 이듬해 4월에는 나누시 중에서도 필요 이상의 조 운용경비를 징수하는 자가 있다는 세간의 이야기를 근거로 '앞으로 새로이 나누시를 두지 않는 것은 물론이고 현직 나누시 중에 사망자가 발생해 결원이 생겼을 때에도 후임자를 두지 않고 인근 조의 나누시가 그 업무를 이어받도록' 지시하였다. 부교쇼의 조치에 대해 나누시 측은 조 운용경비를 담합해 징수하지 않을 것을 맹세하고 부정을 상호감시하기 위한 동종조합을 결성하는 대신, 나누시의 신규 증원을 정지시킨 부교쇼 측의 조치를 철회해줄 것을 탄원하였다. 이에 부교쇼는 나누시

측의 요구를 받아들여 일단 한 발짝 물러서지만, 조 운용경비를 과도하
게 징수하거나 거택 매매에 관한 축의금을 과분하게 받아 챙기는 "비
분의 나누시非分之名主"로 말미암아 조닌의 경제적 부담이 가중되고
있다는 점을 재차 지적하였다.16) 부교쇼 측은 이러한 문제를 해결하
기 위해 나누시 조합을 결성해 상호 감시하게 하고 이들의 공동 입회
하에 조 운용경비의 회계조사를 실시해 나누시의 부정 징수를 근절함
으로써 조닌에게 경제적 부담으로 작용하는 조 운용경비의 실질적인
감소 효과를 기대하였던 것으로 보인다.

이 같은 에도의 시정개혁은 교토에까지 영향을 미쳐 1723년 7월
교토마치부교쇼에서는 개별 조를 대상으로 축의 행사비용과 조 운용
경비를 구체적으로 조사하도록 지시한 다음,17) 그해 10월 시내 모든
조닌들에게 축의행사와 조 운용경비의 절감을 명하는 이른바 「조 운용
경비 절감령」을 발령하였다.18) 법령에서는 "이상의 내용은 이전부터
지시했던 사항인바 (중략) 도시요리, 고닌쿠미五人組가 비밀리 상의해
이미 정해진 것 이외에 이러저러한 이름을 붙여 비공식적으로 금전을
거두는 조가 있다는 이야기를 전해듣고" 있다는 점을 밝히고 있어,
교토마치부교쇼 역시 행정책임자들의 부정한 징수로 말미암아 조 운
용경비가 증가한다는 인식을 가지고 있었던 것으로 보인다.

그런데 교토마치부교쇼가 발령한 「조 운용경비 절감령」 가운데 한
가지 주목할 만한 사항은 목호, 도랑, 회소와 같은 공공시설의 개 · 보
수를 행정책임자인 도시요리나 고닌쿠미가 단독으로 결정하지 말고
조닌들과 상의해서 정하고 여기에 드는 비용 역시 조닌들의 동의를
얻어 집행하도록 지시하였다는 점이다. 그리고 만약 이 과정에서 분쟁

이 생겨 도시요리와 고닌쿠미의 잘못이 밝혀질 경우 처벌할 것임을 분명히 하였다. 앞서 언급한 것처럼 목호, 도랑, 회소와 같은 도시 내 공공시설은 본래 이를 이용하는 개별 조에서 관리책임을 지고 있었다. 그리고 마치부교쇼는 이에 관한 행정적 개입을 최소화하는 입장을 견지해 왔다. 이러한 종전의 입장을 염두에 둔다면 이 같은 조치는 매우 이례적인 경우라 할 수 있다. 부교쇼 측에서는 도시요리나 고닌쿠미 등이 담당해 온 조 운용경비의 집행과 회계 과정에 일반 조닌을 개입시켜 이들의 비리를 감시하게 만들어 조 운용경비를 공정히 운영하고 부정한 지출을 막아 결과적으로 경비절감을 유도하려 했던 것으로 보인다. 다시 말해, 조 구성원의 자발적인 참여와 합의라는 조 공동체 본래의 자치기능을 강화시켜 행정담당자의 부정을 방지하고 불필요한 경비지출을 줄여 조 운용경비를 감소시키려 했던 것이다. 그렇다면 본래 조닌들의 자치적인 영역에 해당하는 조 운용경비의 징수와 집행에까지 부교쇼가 관여해 이를 감소시키려 노력했던 것은 무슨 이유 때문이었을까?

1700년 교토마치부교쇼에서 발령한 법령 가운데 "거택을 매매할 시에 과도하게 출금을 거두어 매매를 어렵게 만드는 경우도 있다고 하는데 이는 잘못된 것"이라고 언급한 부분을 찾아볼 수 있다.19) 여기서 알 수 있듯이 부교쇼 측은 거택을 사고팔 때 매입자가 조에 내야만 하는 출금, 즉 조 운용경비로 사용하기 위해 조에서 징수하는 축의금이 과도하기 때문에 가옥 매매가 제대로 이루어지지 않는다고 보았던 것 같다. 이러한 인식은 1766년(明和 3)에 내린 법령을 통해서도 재차 확인해 볼 수 있다. 여기서는 "거택을 구입할 당시 무용한 출금을 거두어서는 안 된다고 지시하였으나 (중략) 부담금이 많으면 판매가격이 하락할 것이고 팔아야 할 이 역시 신변이 몹시 괴로울 것"이라 하여,[20] 주택을 새로 매입하는 이가 부담금, 즉 조에 납부해야 하는 과도한 축의금으로 말미암아 거래가 성사되지 않고 그 결과 주택 가격이 떨어져 주택을 팔아야 하는 조닌의 경제생활까지 어려워지지는 않을까 두려워했던 것으로 보인다.

다시 말해 부교쇼 측에서는 주택 매매를 저해하는 요인이 주택 매입자가 조에 납부해야 하는 다액의 축의금에 있으며, 조에서 다액의 축의금을 징수하는 것은 조 운용경비가 매년 증가하기 때문이라는 인식을 가지고 있었던 것 같다. 따라서 주택 가격의 안정과 매매의 활성화를 위해 매입자에게 커다란 부담으로 작용하는 축의금을 감소시키려면 무엇보다 축의금의 사용처인 조 운용경비를 억제해야 한다고 판단한 것 같다. 상당수의 조닌들이 가옥의 임대수익을 생활기반으로 살아가는 상황 속에서 주택가격의 하락은 이들의 경제력을 약화시킬 수 있을 뿐만 아니라 도시 안정을 위협하는 잠재적인 요인이 될 수 있었기 때문이다.

결과적으로 부교쇼의 입장에서 조 운용비의 증가는 가옥매매를 저해하고 매매가격을 떨어뜨리고 조닌의 경제력을 약화시켜 도시 안정을 위협하는 잠재적인 요인으로 인식되었으며, 「조 운용경비 절감령」은 바로 이 같은 동기에서 발령되었던 것으로 판단된다.

조 운용경비를 절감시키기 위한 부교쇼의 노력

조닌에게 경제적 부담으로 작용하는 조 운용경비를 절감시키기 위한 부교쇼의 노력은 이후에도 계속되었다. 1730년 3월에는 1723년에 내린 법령을 거의 그대로 재차 발령하면서 자의적으로 조 운용경비를 징수하는 도시요리나 고닌쿠미를 처벌할 것임을 확인하였다.[21] 하지만 도시요리 등의 부당한 경비징수를 막기 위한 부교쇼 측의 거듭된 노력에도 불구하고 세간에 "불법적으로 금은을 징수하는 조가 있다는 이야기"는 근절되지 않았다. 부교쇼 측은 조 운용경비의 부당징수를 막기 위한 대책으로 "목호, 도랑, 회소 등을 수리할 때 드는 경비를 도시요리와 고닌쿠미의 합의만으로 처리해서는 안 될 것이며 조 내의 모든 주민들이 서로 상담해 만사를 결정"하도록 지시하였다.[22] 그리고 1765년과 1778년에도 "근래 들어 조닌 남녀 아래 것들까지 분수를 모르고 만사 온갖 것들에 풍류를 즐기려" 하기에 허례허식의 사치가 만연하는 풍조를 지적한 연후에 조 운용경비와 축의 행사에 관한 절검을 지시하였다.[23]

이러한 가운데 교토마치부교쇼에서는 간세이寬政 개혁이 한창 진행이던 1791년 8월 종래의 지시를 더욱 구체화시켜 20여 개 조항으로 이루어진 조 운용경비 절감책을 내놓았다.[24] 이 법령은 1788년 교토 시내에 발생한 대화재의 피해로부터 도시경제를 부흥시키기 위해 실질적인 조 운용경비의 절감을 유도하려는 목적에서 발령된 것이었다. 다만 지시를 따르지 않은 경우의 처벌이 구체적으로 명시되지 않아 과연 얼마만큼 강제성과 실효성을 가졌는지에 대해선 의문이 든다. 하지만 이 법안에는 조 운용경비를 절감할 수 있도록 유도하기 위해,

이전에 찾아볼 수 없던 실질적인 방안들을 담고 있다는 점에서 좀더 주의 깊게 살펴볼 필요가 있다.

가장 먼저 눈에 띄는 조항으로 운용경비의 상당 부분을 차지하던 도시요리의 급여와 그에 대한 규제책을 들 수 있다. 에도나 오사카에서는 도시요리에게 임금 형태로 일정한 보수를 지급하였던 것에 반해, 교토에서는 도시요리가 일종의 명예직으로 여겨져 거택을 소유한 조닌들이 무급봉사 형태로 돌아가며 맡아보는 것이 원칙이었다. 따라서 〈표 1〉에서와 같이 근세 전기 교토에서 작성된 조 규약 중에는 도시요리에 지급된 임금 항목을 찾아볼 수 없다. 단지 새로 거택을 매입한 자가 납부하는 축의금이나 각종 축일을 맞이한 주민들이 조금씩 돈을 모아 건네는 감사금, 혹은 조닌으로서 부담해야 할 조 운용경비를 면제해 주는 정도가 도시요리에게 주어지는 경제적 대가의 전부였다고 할 수 있다. 하지만 이 역시 도시요리 직을 맡아보는 것에 대한 금전적인 대가가 아니라, 조 구성원의 이익을 대변하는 대표자로서 그간의 수고에 대한 감사의 뜻이 담긴 것이라 할 수 있다. 따라서 근세 전기 동안 교토에서 도시요리 직은 기본적으로 거택을 소유한 조닌들의 무급노동에 의해 운용되었다고 할 수 있다

그러나 18세기 이후 도시요리 직에 일정한 보수를 지급하는 조가 조금씩 나타났다. 예컨대 1700년 11월 레이센초에서 작성한 조 규약 중에는 "도시요리 직을 순번에 따라 맡아보는 것을 원칙으로 정하되, 병이 들거나 너무 어리거나 혹은 남편을 잃고 과부가 되어 이를 맡기 힘들 경우는 은 1장을 납부하고 면제해"주도록 정하였다.25) 이 경우 도시요리 직은 어디까지나 조닌의 무급봉사를 원칙으로 하되, 피치

못할 사정으로 도시요리 직을 수행하기 힘들 경우에 한해 화폐를 통한 대리를 인정해 주는 것이었다. 하지만 이보다 약 20년이 지난 1719년 만주야초饅頭屋町에서 제정한 조 규약에서는 반년마다 도시요리에게 은 1장, 은화로 환산해 43몬메 정도의 보수를 지급하도록 규정하였다.26) 다시 말해 은화 43몬메만 지불하면 도시요리 직을 면제받을 수 있게 되었던 것이다.

한편 부교쇼 측에서는 조닌의 무급봉사를 통해 운용되던 도시요리 직이 화폐를 통해 대리하는 현상에 상당한 우려를 표시하고 이에 개입하고자 했다. 1733년 7월 시중에서 도시요리에게 지급하는 사례금을 구체적으로 조사한 연후에 같은 해 10월 조닌들이 정식으로 도시요리에게 지급하는 사례금은 연간 금 100필에서 은 2장, 즉 은화로 환산하여 25몬메에서 86몬메 사이로 제한하도록 지시하였다. 부교쇼 측에서는 조 운용경비가 증가하는 주된 이유가 도시요리나 고닌쿠미와 같은 행정대리인이 사욕을 탐해 저지르는 "비분非分"에서 비롯된다는 인식을 가지고 있었다. 따라서 가독계승이나 성인식, 창고 신축 등과 같은 축의 행사 시에 조닌들이 감사의 뜻을 담아 도시요리나 고닌쿠미와 같은 행정대리인에게 축의금을 건네는 것을 금지하도록 반복해서 지시하였다.

앞서 언급했듯이 조닌들이 도시요리에게 지급하는 사례금이나 임금이 모두 조닌들에게 경제적 부담이 되고 있다고 판단했기 때문이었다. 이에 따라 도시요리에게 지급하는 사례금을 실제로 조사하여 이를 제한하고자 했다. 하지만 부교쇼 측의 의도와는 반대로 화폐를 통해 도시요리 직을 대신하려는 현상은 오히려 해를 갈수록 심화되어 "도시요리 직을 교대할 시기가 되어도 물러나지 않고 계속 근무하면서 임금을 가지고 생계를 꾸려나가는 이"가 생겨날 정도였다.[27]

이처럼 도시요리의 직무가 더 이상 조닌의 무급봉사가 아닌, 일정한 급료를 지급받는 유급노동 형태로 운영되는 것을 인정하지 않을 수 없는 상황이 지속됨에 따라, 1791년 교토마치부교쇼에서는 "지금까지 도시요리 직의 급료를 징수해 온 조들이 있을 뿐만 아니라 소요된 비용 역시 적지 않지만 (중략) 조 운용경비를 줄이기 위해 앞으로 각별히 절감하도록 하고 지금까지 지급해 온 급료를 절반으로 줄이"도록 지시하였다. 다시 말해 부교쇼는 도시요리가 유급노동 형태로 운영되는 상황을 인정하는 대신, 이들에게 지급하는 급료를 반으로 줄이고 각종 축일과 기념일에 도시요리에게 바치는 사례금 역시 그에 준해 줄일 것을 명하였던 것이다.

1791년의 조 운용경비 절감령에는 도시요리의 임금뿐 아니라 목호나 번소番所에 관해서도 구체적인 지시를 발령하였다. 목호와 번소는 중세 말기에 조닌 스스로 자위를 위해 설치한 시설이다. 하지만 근세에 접어들면 도시의 치안유지를 명목으로 막부가 그 설치를 지시하였다. (그림 7) 교토에서는 1721년 목호가 설치되지 않은 곳은 물론 화재로 소실된 이후 복구하지 않은 목호도 다시 재건할 것을 지시하였다.[28] 목호에는 야간경비를 위해 '번소番所'라고 불리는 경비초소 같은 시설이 설치되었는데 목호와 번소의 유지에 드는 비용은 모두 조닌이 부담하였다. 뿐만 아니라 조닌들은 순번을 정해 교대로 밤에 야간경비를 서야 했는데 이를 '지신반自身番'이라고 불렀다. 하지만 야간경비로 인해 이튿날 생업에 지장을 초래하는 경우가 적지 않아, 돈을 주고

그림 7_ 1809년 구와가타 게이사이鍬形蕙齋가 에도의 정경을 그린 『에도 일목도 병풍江戶一目圖屛風』에는 개별 조에서 설치한 목호와 번소가 자세히 묘사되어 있다. 그림의 장소는 현재의 긴자銀座 주변지역에 해당하는 곳으로 조닌의 거주지다.

경비인을 고용하는 경우가 점차 늘어났다. 이처럼 야간경비체제가 조닌의 무급봉사에 의한 지신반에서 점차 전문적인 경비인을 고용하는 경우로 대체됨에 따라 이들 경비인에 대한 급료과 목호, 번소의 설치 및 유지 등에 드는 비용을 모두 조닌이 부담하게 되었다.

조닌의 입장에서 이런 비용은 상당한 부담이었다. 따라서 대화재 이후 번소를 재건하지 않고 경비인도 두지 않는 조가 적지 않았다. 이에 부교쇼에서는 "경비인을 두기 위해서는 다소의 비용이 들어 곤란함을 표하는 경우도 있지만 도둑을 막기 위한 조치라면 약간의 비용이 든다 하더라도 괘념치 말고 번소를 두고 경비인을 고용"하도록 지시하였다.29) 하지만 부교쇼 측의 지시에도 불구하고 많은 비용이 드는 번소는 쉽사리 재건되지 못했다. 더욱이 경비인들 가운데는 "임금을 과분하게 요구하는" 경우도 적지 않았다.30)

도시의 치안과 안정을 위해 야간 경비체제를 정비해야 하는 부교쇼 측에서는 1791년 조 운용경비 절감령을 통해 조닌들에게 경제적 부담으로 작용하는 경비인 고용체제의 문제점을 개선하기 위한 방안을 제시하였다. 지금까지 개별 조마다 번소를 설치해 두 명의 경비원이 교대로 근무하던 방식을 변경해 사거리에 번소를 하나만 두고 근처 조들이 서로 상의해 그 비용을 부담하게 한다는 것이다.31) 이 같은 조치를 통해 번소, 목호와 같은 치안유지 시설의 유지와 보수에 드는 경비를 낮추어 조닌들의 경제적 부담을 대폭 절감하면서도 치안유지에 필요한 인력과 시설을 확보하여 최소한의 공공업무를 유지할 수 있을 것으로 기대하였던 것이다.

이 밖에도 1791년의 조 운용경비 절감령 중에는 조의 공공행정을 담당하는 도시요리의 업무를 경감하기 위한 조치들이 포함되었다. 교호 개혁 당시 교토에서 시정개혁의 일환으로 소송 발생 시 사건 당사자뿐 아니라 이웃 주민들이 함께 재판에 출두해 판정에 영향을 끼치는 관습을 개선하기 위해, 근친자와 이웃 주민의 참석을 일체 금하는 대신 도시요리가 재판에 동석하도록 규정한 것에 대해서는

148

앞서 기술한 바 있다. 소송을 앞두고 재판에 동석한 주민들이 연회를 갖는 등, '무용한 재판경비'를 조 운용경비에서 지출함에 따라 결과적으로 이를 부담해야 하는 조닌의 경제적 능력이 약화될 것을 우려한 부교쇼 측에서는 근친자, 이웃주민과의 연회를 금지하는 것32)은 물론 재판 출두인 역시 사건 당사자와 도시요리로 제한하였다.33)

하지만 이 같은 조치로 가뜩이나 공사다망한 도시요리의 업무가 증대되어, 재판 동행으로 말미암아 "가업에 지장"을 초래한 도시요리 중에는 자신을 대신하여 아들이나 사용인을 거짓으로 부교쇼에 동행시키는 경우도 적지 않았다고 한다.34) 상황이 이렇게 되자 18세기 중엽에 이르면 부교쇼의 호출 및 재판 동행과 같은 소송업무를 도시요리 대신 일정한 비용을 받고 처리해 주는 대리인이 생겨나게 된다. 조 행정인의 업무를 전문적으로 대행해 주는 대리인이 생겨남에 따라 부교쇼는 조닌들이 부담하는 "무익한 잡비"가 계속 늘어가는 상황에 강한 우려감을 표시하고 이를 금지시키는 내용의 법령을 반복해서 발령하였다.

1791년의 조 운용경비 절감령에서는 도시요리나 고닌쿠미 등이 재판에 동행해야만 하는 경우를 1) 부자 사이의 절연, 부부 사이의 이혼, 2) 도둑질, 3) 습득물 등의 아홉 가지 경우로 제한하고 그 외에 대해서는 소송장에 도시요리의 인장을 받아 사건 당사자 한 사람이 출두하도록 정하여 재판에 관한 도시요리의 업무를 대폭 경감시켰다. 부교쇼 측에서는 도시요리가 담당하는 행정업무를 경감시켜 이들의 행정능력을 제고하는 동시에 재판업무를 간소화하여 이를 대신하던 이들에게 지불하는 "무익한 잡비" 역시 감소시킬 수 있는 것을 기대한 것으로 보인다.

교호 개혁 이후 부교쇼 측에서는 조의 행정과 재정을 담당하는 도시요리의 부정과 착복으로 조 운용경비가 증가한다고 파악하여, 이들에 대한 조닌들의 감시기능을 증대시켜 조 운용경비의 집행을 투명하게 만들어 사실상의 지출 증가를 억제하고자 노력했다. 하지만 이 같은 소극적인 조치로는 조 운용경비의 지속적인 증대 현상을 멈출 수 없었다. 더욱이 경비인, 재판대리인과 같이 공공행정업무를 전문적으로 대신해 주는 새로운 직업군이 생겨나 이들에게 행정업무를 위임하는 현상이 심화됨에 따라 조닌들의 공공행정업무에 관한 비용은 계속해서 증가하였다. 이처럼 공공행정업무에 관한 조닌들의 경제적 부담이 늘어가는 상황에서 부교쇼 측은 1791년 조닌들의 경비 부담을 실질적으로 경감시키기 위해 조 운용경비 절감령을 발령한 것으로 보인다.

다시 말해 1791년의 조 운용경비 절감령은 단순히 조 운용경비를 절감하도록 지시하는 것에 머물지 않고, 도시행정 업무와 비용을 감당해야 하는 조닌들의 경제적 부담을 실질적으로 경감시키기 위한 조치들이 포함되었다는 점에서 주의깊게 살펴볼 필요가 있다.

「조 운용경비 절감령」에 대한 조닌의 반응

조 운용경비의 절감이라는 부교쇼의 지시에 대해 조닌 측은 과연 어떠한 반응을 보였을까? 이 문제를 살펴보는 데 가장 적합한 자료는 조 구성원의 합의에 따라 제정·개정된 '조 규약町式目'일 것이다. 근세

150

중기 이후 검약정책의 일환으로 조 운용경비 절감령이 발령되면 이를 계기로 개별 조에서는 조 규약을 제정하거나 개정하는 경우가 빈번하였다. 조 운용경비 절감령과 밀접한 관련을 맺으면서 제정과 개정이 이루어진 조 규약의 내용을 좀더 구체적으로 살펴본다면 막부 검약정책에 대한 조닌의 반응도 대체적인 윤곽 정도는 그려볼 수 있을 것이다.

> 지난 술해戌(1766) 12월 막부[公儀]로부터 지시가 내려왔다. 올해 7월 또다시 같은 내용의 지시가 있어 그 내용을 잊어버리지 않고 준수하기 위해 조 내에서 서로 상의해 분수에 지나친 행위를 그만두고, 조 전체의 기품, 풍속 등이 나빠지지 않도록 조심하고자 한다. 생업을 계속해서 오랫동안 이어가기 위해 임차인을 포함한 조 전체 모든 이들이 한 사람도 빠지지 않고 회소에 모여 숙담을 나눈 끝에 조 규약을 만들고 그 내용을 정하는 바다.

위의 자료는 1770년(明和 7) 11월 야마다초山田町에서 작성한 공동 규약의 서두에 해당하는 부분이다.35) 여기서 막부로부터의 지시란 1766년(明和 3) 8월과 1770년 11월 두 차례에 걸쳐 교토마치부교쇼에서 발령한 조 운용경비 절감령을 말하는 것이다. 그렇다고 한다면 야마다초에서는 부교쇼로부터 조 운용경비 절감령을 전달받은 다음, 조 구성원이 모두 참석한 모임을 갖고 여기서 합의한 내용에 따라 조 규약을 제정하였음을 알 수 있다. 이처럼 근세 중기 이후가 되면 부교쇼로부터 내려진 조 운용경비 절감령에 따라 조 규약을 제정 혹은 개정한 사례를 적지 않게 찾아볼 수 있다. 이럴 경우 개별 조에서는

구성원의 합의를 거쳐 막부가 지시한 대로 조 운용경비를 절감하기
위해 행정을 맡아 보던 도시요리나 고닌쿠미의 보수를 삭감한 예가
다수 확인된다.

　예를 들어 1723년 10월 다코야쿠시초蛸藥師町에서는 "같은 달 부교
쇼에서 지시한 조목에 따라 예로부터 내려오던 조 내의 규약을 바꾸"
기로 합의하여, 운용비의 상당액을 차지하던 도시요리 임금을 종전
금 100필疋에서 은 2매로 삭감하는 것은 물론이고 8월 초하루[八朔](그
해 새로 수확한 곡물을 주고받던 것에서 유래해 이웃간에 선물을 교환
하던 풍습) 거택 소유자의 경우 은 1량을, 세입자는 은 2몬메씩을
각기 도시요리에게 건네던 풍습도 일절 금하도록 결의하였다. 여기서
말하는 "부교쇼에서 지시한 조목"이란 그해 10월 부교쇼에서 조닌이
담당하는 공적 의무[町役]와 조 운용경비의 절감에 관해 지시한 일련의
법령을 가리킨다. 이처럼 부교쇼의 지시에 따라 도시요리에게 관행적
으로 그동안의 노고를 위로하기 위해 건네던 사례금을 없애거나 제한
한 사례는 비단 다코야쿠시초의 경우뿐 아니라 니조니시도인초二條西
洞院町, 고이야마초鯉山町, 야마다초山田町, 로쿠가쿠초六角町 등에서 제
정한 조 규약을 통해서도 확인해 볼 수 있다.

　이와 함께 조 운용경비 절감령을 근거로 사용인의 임금 삭감에
나선 경우도 적지 않았다. 예를 들어 1842년(天保 13) 6월 기쿠야초菊屋
町에서는 같은 달 교토마치부교쇼에서 지시한 조 운용경비 절감령에
따라 조 운용비 지출에 관한 사항을 수정하고자 조 규약을 개정하였다.
그리고 기쿠야초에서는 조 규약을 개정하면서 별지를 첨부하였다.
별지에는 사용인을 교체할 시에 위로금조로 지급하던 마카나이료肴料

100필疋을 앞으로 폐지한다는 내용을 부기하였다.[36]

이처럼 조 내의 공공업무를 맡아보던 도시요리와 잡일을 처리하던 사용인에 대한 임금을 삭감하는 내용을 조 규약에 집어넣은 것에서 알 수 있듯이 조 운용경비를 부담하는 조닌들의 입장에서 이들의 임금은 상당한 경제적 부담으로 생각되었던 것 같다. 따라서 조닌들에게 도시요리나 사용인의 임금을 삭감하라는 부교쇼 측의 지시는 자신들의 경제적 부담을 경감시킬 수 있는 절호의 기회로 받아들여졌음에 틀림없다. 바로 이러한 이유 때문에 조 운용경비 절감령을 계기로 조 규약의 상당수가 개정되거나 혹은 새롭게 작성된 것으로 보인다.

더욱이 조 규약 중에는 "의복은 남녀 공히 명주, 굵은 명주, 목면, 마포 이외에 사치스런 물품은 (그 사용을) 법에서 금지하고 있는 까닭에 절대로 이를 어겨서는 안 될 것",[37] "처지에 걸맞지 않는 의류, 그 외에 값비싼 비녀, 빗 등은 예전부터 법에서 엄격히 금하고 있는 관계로 이것 역시도 반드시 주의하도록 전달해야 한다."[38]는 조항과 같이, 막부의 검약령을 그대로 수용한 형태로 작성된 경우도 적지 않았다. 그리고 "처지에 걸맞지 않게 사치를 일삼는 자가 있으면 불러서 주의를 주고 이를 따르지 않으면 모든 이들이 나서서 자성하게 만들도록"[39] 이르는 등, 조 구성원들의 생활규범으로 검약과 절검을 제시하였다. 18세기 이후에 제정 혹은 수정된 조 규약 중에는 이처럼 검약에 관한 항목들이 다수 포함되었다. 조닌들이 자신의 일상 생활에 통제를 수반하는 검약을 조 규약에 집어넣은 이유는 무엇일까?

이는 무엇보다 조의 성격변화와 깊은 관련이 있을 것으로 생각된다. 18세기 이후 조닌들은 조 공동체의 구성원으로서보다 가업경영자로서의 입장을 더 중시하기 시작하였다. 이에 따라 조닌으로서 당연히 해야 할 의무이자 권리로 받아들였던 도시요리 직의 수행이나 지신반, 청소와 같은 공적 의무는 "가업에 지장"을 초래하는 것으로 인식되었고, 이를 전문적으로 대행하는 대리인에게 위임하고 단지 그 비용을 부담하는 금납화와 대리화 현상이 더욱 심화되었다.

조 공동체의 구성원으로서보다 가업경영자의 입장을 중시하는 경향은 조 규약을 통해서도 확인해 볼 수 있다. 18세기 중반 이후에 작성된 조 규약 중에는 "가업에 관한 사항은 항시 게으리하지 말고 수행해야만 한다. 이와 함께 검약을 중시하여 만사에 사치스럽지 않도록 마음을"[40] 쓰도록 하는 등, 가업경영을 충실히 하고 검약을 이행하도록 규정해 놓은 조항을 적지 않게 볼 수 있다. 더욱이 가업경업자의 이해를 전면에 내세워 검약 대상을 봉공인에게 확대시켜 그들의 일상생활에까지 개입하려는 모습도 나타났다. 예를 들어 1836년 10월 기타노고몬초에서 개정한 조 규약 중에는

> 근년 들어 미곡과 그 외의 여타 물품가격이 계속 상승함에 따라 예전과 같이 생활방식을 질소하게 가져야 한다. 이를 위해 조닌들은 서로 마음을 합쳐, 자식은 물론 점원, 사용인에 이르기까지 옳지 않은 마음가짐을 가진 이가 있으면 즉시 불러다 잘못을 타이르고 그럼에도 나아지지 않으면 신속히 방안을 강구해 처벌해야 한다.

고 하여[41] 검약과 절약의 생활방식을 조닌만이 아니라 그들과 고용관계를 맺고 있는 점원, 사용인에까지 강제하고, 나아가 이를 지키지 않는 위반자를 교화할 권리를 조에서 행사하려 했음을 알 수 있다.

다시 말해 '검약'의 이름으로 가업경영자인 조닌의 이익을 대변하는 조 공동체의 모습을 살펴볼 수 있다.

18세기 이후 상가의 가훈집에는 가업경영을 위해 당주가 갖추어야 할 덕목으로서 검약이 무엇보다 중시되었음은 주지의 사실이다. 이처럼 조 공동체의 구성원인 조닌이 가업경영자로서의 입장과 이해를 더욱 중시함에 따라 조가 가진 성격 역시 변화될 수밖에 없었다. 조 규약 가운데 검약에 관한 조항이 다수 등장하게 된 것은 가업경영의 안정을 무엇보다 중시했던 조닌들의 이해관계를 반영한 것에 다름 아니며, 이는 가업경영자의 공동체로서 조의 성격이 점차 변화해 가는 모습을 반영하는 것이라 할 수 있다.

1) 이에 관한 대표적인 연구로는 田中喜男, 『近世在鄕町の硏究』, 名著出版, 1990 ; 渡辺浩一, 「在方町の都市構造を探る」, 『新視点日本の歷史(第5卷) 近世編』, 新人物往來社, 1993 등을 들 수 있다.

2) 센고쿠다이묘가 자신의 거성 주변에 산재한 상공인의 자치적 공간, 즉 아미노 요시히코(網野善彦)가 영 주권력에서 자유로운 '무연(無緣)'의 공간 중에 대표적인 예로 들었던 '시[市]'가 어떻게 조카마치 내부로 통합·편제되어 가는지에 대한 논의는 도시사 연구뿐 아니라 중세에서 근세로의 이행에 관한 주요 논제 중 하나다. 이에 관해서는 仁木宏, 『空間·公·共同体』, 靑木書店, 1997, 202~208쪽 참조.

3) 조카마치를 중심으로 일본 근세 도시의 연구 경향에 대해서는 박진한, 「일본 근세 도시사 연구의 전개와 과제」, 『東方學志』 139, 2007 ; 同, 「일본 근세의 도시사회와 도시지배」, 『東洋史學硏究』 102, 2008을 살펴보기 바란다.

4) 秋山國三·仲村硏, 『京都[町]の硏究』, 法政大學出版局, 1975, 311쪽.

5) 『京都町触集成(別第2卷)』, 406, 410호.

6) 조닌들의 회합 장소이자 사용인이 머물러 잡무를 처리하는 공간. 오늘날의 아파트 경비실과 관리사무소를 합쳐 놓은 곳이라 할 수 있다.

7) 『衣棚町文書』(京都大學文學部古文書室 소장 사진첩).

8) 京都冷泉町文書硏究會 編, 『京都冷泉町文書(第1卷)』, 思文閣出版, 1991, 51호.

9) 동편에서 작성한 운용경비장부 「다이후쿠초(大福帳)」는 전체 5권, 다섯 시기로 구성되었다. 각각의 시기와 출처는 다음과 같다. ① 1582년(天正 10)~1606년(慶長 11), 『京都冷泉町文書(第1卷)』 1호 ② 1607년(慶長 12)~1630년(寬永 7), 『京都冷泉町文書(第1卷)』 22호 ③ 1642년(寬永 19)~1648년(慶安 1), 『京都冷泉町文書(第1 卷)』 39호 ④ 1666년(寬文 6)~1693년(元祿 6), 『京都冷泉町文書(第1卷)』 54호 ⑤ 1694년(元祿 7)~1708년(宝永 5), 『京都冷泉町文書(第1卷)』, 61호.

10) 『京都冷泉町文書(第1卷)』, 54호.

11) 菅原憲一, 「近世初期町入用に關する一考察-京都冷泉町を中心に-」, 『千葉

大學人文研究：人文學部紀要』24, 1995, 63쪽.

12) 『京都町触集成(別第2卷)』, 275, 276, 285호.

13) 『京都町触集成(別第2卷)』, 495호.

14) 京都府立總合資料館, 「塩屋町文書」, 『資料館紀要』13, 1985.

15) 『京都町触集成(第1卷)』, 135·136호.

16) 『江戶町触集成(第4卷)』, 5810호.

17) 『京都町触集成(第1卷)』, 1377호.

18) 『京都町触集成(第1卷)』, 1402호.

19) 『京都町触集成(第1卷)』, 267호.

20) 『京都町触集成(第4卷)』, 1554호.

21) 『京都町触集成(第2卷)』, 334호.

22) 『京都町触集成(第3卷)』, 111호.

23) 『京都町触集成(第4卷)』, 1236·1554호 ; 『京都町触集成(第5卷)』, 1684호.

24) 『京都町触集成(第7卷)』, 464호.

25) 『冷泉町文書(第1卷)』, 54호.

26) 秋山國三, 『近世京都町組發達史』, 法政大學出版局, 1980, 115~122쪽.

27) 『京都町触集成(第5卷)』, 1684호.

28) 『京都町触集成(第1卷)』, 1159호.

29) 『京都町触集成(第7卷)』, 160호.

30) 『京都町触集成(第7卷)』, 160호.

31) 『京都町触集成(第7卷)』, 464호.

32) 『京都町触集成(第1卷)』, 1402호.

33) 『京都町触集成(第2卷)』, 233호.

34) 宇佐美英機, 「近世都市の權力と公事訴訟」, 『日本史研究』283, 1986.

35) 京都市歷史資料館 編, 『叢書京都の史料(3) 京都町式目集成』, 京都市歷史資料館, 1999, 12쪽. 이하 『京都町式目集成』로 약기함.

36) 『京都町式目集成』, 菊屋町.

37) 『京都町式目集成』, 下本能寺前町.

38) 『京都町式目集成』, 北之御門町.

39) 『京都町式目集成』, 山名町.

40) 『京都町式目集成』, 歡喜町.

41) 『京都町式目集成』, 北之御門町.

농촌사회의 변화와
검약규약의 제정

촌락규약에 대한 새로운 이해

에도 시대 촌락에는 두 종류의 법이 상존하였다. 하나는 '고닌쿠미초마에가키五人組帳前書'와 같이 국가적 통치를 위해 에도 막부와 각 번에서 발령한 영주법 계열의 법령(그림 1)이다. 다른 하나는 중세 이래의 오랜 전통과 관습에 따라 '무라오키테村掟', '무라사다메村定', '무라기조村議定', '무라키메村極', '촌법村法' 등의 이름을 달고 촌민들이 독자적으로 제정한 촌락규약이다.[1] 법을 어긴 자에 대한 처벌을 놓고 전자는 공개적인 사형 집행을 통해 만인 앞에 권력의 실체를 과시하고자 했다면, 후자는 무라하치부村八分(집단적 따돌림)나 추방 등의 제재

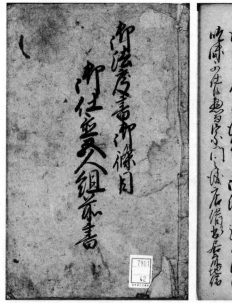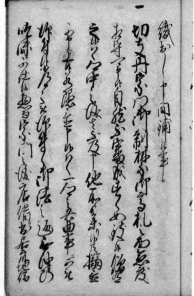

그림 1_ 고닌쿠미초마에가키의 표지와 본문 일부. 촌민 간의 상호부조, 연대책임, 법령 전달 등을 목적으로 조직한 고닌쿠미는 통상 '고닌쿠미초五人組帳'라 불리는 장부에 기록되었다. 그리고 고닌쿠모초의 서두에는 기독교 금지, 연공 상납과 같은 영민 통치의 기본 원칙을 적는 것이 일반적이었다.

를 통해 공동체 전체의 질서를 유지하는 데 그 목적을 두었다고 할
수 있다.

이 가운데 촌락규약은 패전 이후 시민자치의 연원을 일본사 내에서
찾으려는 연구자들로부터 많은 주목을 받았다. 마에다 마사하루前田正
治는 이 같은 입장에서 촌락규약의 사료적 가치에 주목한 최초의 연구
자라 할 수 있다. 마에다는 여러 사료 용어 가운데 '촌법'이란 용어를
선택해 사용하였다.2) 이는 '영주법'을 염두에 두고 이와의 대비를 통해
촌락 내지 촌락규약의 자주성을 드러내려는 의도가 담긴 것이었다.
마에다의 연구는 이전의 촌락사 연구에서 등한시되었던 '촌법'의 사료
적 가치를 재조명하고자 했다는 점에서 연구자들로부터 높은 평가를
받았지만, 정작 자신이 주목하려 했던 (영주법으로부터) '촌법'의 자율
성은 별다른 호응을 얻지 못한 채, "국법에 저촉되지 않는 범위 내에서"
또는 "원칙법을 보충하는 의미" 정도로 평가절하되고 말았다. 촌락규
약에 대한 평가가 이처럼 소극적이었던 것은 1970년대 촌락규약 연구
를 주도했던 법제사가들의 문제의식에서 비롯된 결과라 할 수 있다.
이들은 "근대 유럽법이 탄생하기 위한 매개가 되었던 중세적 세계가
일본에서는 근세적 세계의 성립으로 말미암아 근본적으로 부정되었
고", "근세적 세계의 성립이란 일체의 자율적 권력을 '사'적 권력으로
부정하는 '공'적 국가권력의 성립"이란 점에서 "일본의 근대는 국가권
력에 대항하는 개인의 자유·기본권의 개념을 결여"하는 문제점을
드러내게 된다고 보았다.3) 이러한 인식 하에서 근세 촌락은 중세의
자치적 성격을 띤 '총촌惣村'과 비교해, 영주 권력이 설정한 지배의
말단기구이며, 촌락규약은 단지 영주법을 보완하기위한 것에 불과하

162

다고 평가되고 말았다.4)

촌락규약에 대한 새로운 이해는 1970~80년대 촌락사 연구의 진전을 계기로 1980년대 중반 이후에 가서야 비로소 가능해졌다.5) 예를 들어 미즈모토 구니히코水本邦彦는 영주법과 촌락규약의 관계를 상호 대립적인 것으로 이해하던 종래의 연구시각에서 벗어나, 오히려 양자가 상호의존적인 관계에 있던 것으로 파악할 것을 주장하였다. 그에 따르면 영주법은 영주의 위광威光을 보여주는 것이 최대 관심사였기 때문에 공공연한 사건으로 발전하지 않는 한 촌락 내의 결정과 처벌을 묵인해 주었으며, 근세의 촌락규약은 이러한 묵인 하에 공의의 법과 형벌을 주체적, 부분적으로 활용함으로써 기능할 수 있었다.6)

미즈모토의 문제제기 이후 촌락을 단순히 영주 지배의 말단기구 또는 생산과 생활의 자치공동체라는 양자택일적 시각에서 바라보기보다는 영주와 농민 사이를 매개하는 중간단체로 설정하고, 영주 지배와 촌민생활에서 나타나는 지배와 자치의 양면이 촌락행정에 어떻게 통합적으로 나타나는지를 규명하려는 일련의 연구가 이루어졌다.7) 이후 촌락규약 역시 이러한 입장에서 연구시기의 경우 근세 초기로부터 근세 중·후기까지, 연구지역 역시 일본 각지로 점차 확장되는 추세다.

하지만 이러한 진전에도 불구하고 연구자의 문제 의식이 지배와 자치의 틀에서 완전히 벗어났는지에 대해서는 여전히 의문이다. 예를 들어 광역적인 규모의 촌락규약이라 할 수 있는 「군중의정郡中議定」에 관한 최근 연구에서도8) 이를 제정한 조직체의 성격 파악을 놓고 영주제 혹은 지연적 원리에서 파악할 것인지를 둘러싸고 연구자의 견해가

팽팽히 나뉘어져 있는 상태다. 이처럼 촌락규약을 바라보는 연구자의
문제의식이 지배와 자치의 틀에서 벗어나지 못하는 까닭에, 촌민의
일상 생활과 촌락사회의 다양한 정보가 담겨 있음에도 불구하고 이를
적극적으로 활용해 촌락 운용의 구체적인 양태를 살펴본 연구 성과는
그리 많지 않은 실정이다.9)

이러한 점에서 근세 중기 이후의 촌락규약에 나타나는 변화에 주목
할 필요가 있다. 좀더 구체적으로 말하자면 17세기 후반 이후 제정된
촌락규약 가운데 '사치금지와 검약'에 관한 조항이 대거 포함된 사실
을 확인할 수 있다. 즉, 일상 생활의 검약을 강조하면서 사치는 물론
제례, 여행, 오락을 금지하였을 뿐만 아니라 봉공인奉公人·일용日用의
임금상승을 제한하는 등, 상층농민의 경제적 이해관계를 우선하는
조항이 담긴 경우 또한 적지 않았다.

촌락규약은 형식적으로 촌민 모두의 연서를 받아 작성된 까닭에
촌민 전체의 총의가 반영된 촌락자치의 결과물로 이해되어 왔다. 하지
만 사치금지를 명목으로 한 일상 생활에 대한 통제는 봉공인과 일용의
임금상승을 억제하는 등 사실상 촌락구성원의 이해관계가 상충되는
부분이 적지 않았다. 따라서 촌락규약은 단지 촌민의 총의總意에 따른
결과물로서가 아니라 경제적 이해관계를 달리하는 촌락 내부 구성원
간의 갈등과 경쟁 속에서 만들어진 산물로 바라볼 필요가 있다. 이러한
문제의식을 가지고 촌락규약에 관한 사료가 비교적 체계적으로 정
리·간행된 바 있는 기나이畿內 지역10)을 대상으로 에도 시대 촌락운
용의 일단을 살펴볼 것이다.

촌락규약의 제정과 쇼야庄屋의 부상

근세 이전에 작성된 촌락규약은 기나이와 그 주변지역에서 제한적으로 발견될 뿐이다. 이에 반해 17세기 후반 이후가 되면 일본 각지에서 그 존재를 널리 확인할 수 있다.[11] 이처럼 에도 시대에 접어들어 전국에서 광범위하게 촌락규약이 제정된 이유는 무엇 때문일까?

이는 다름 아닌 위로부터의 행정적 필요, 즉 통일권력의 새로운 농촌 지배방식에서 비롯된 결과라 할 수 있다. 오다 노부나가織田信長의 뒤를 이어 일본 전국의 통일을 지향했던 도요토미 히데요시豊臣秀吉, 도쿠가와 이에야스德川家康는 국가적인 토지조사사업[檢地]을 실시해 중세 말기 자력구제의 상황에서 자치·자율권을 행사해 온 '총촌惣村'을 대신해, 연공年貢 및 제역諸役의 상납을 책임지는 행정촌으로 '무라[村, 이후 촌락]'를 설정하고 이를 농촌 지배의 최소행정단위로 삼았다. 이와 함께 재지在地에 거주하던 무사와 그들의 일가족은 영주의 거주지인 조카마치城下町에 집주시켜 봉록을 받아 생활하게 하는 대신, 영주가 임명한 다이칸代官으로 하여금 농촌 지배의 행정사무를 담당하도록 지시하였다. 에도 막부는 간토關東 지역의 경우 예외적으로 막부의 직신直臣인 하타모토旗本의 영지 지배를 인정해 주었지만, 전국적으로 약 400만 석에 이르는 막부 영지에 관한 행정사무를 불과 50~60명 전후의 다이칸에게 분담시켰다. 이는 다이칸 한 사람당 약 6만~7만 석 정도의 영지를 관리한 사실을 의미한다.[12] 물론 다이칸 밑에는 연공징수 등에 관한 실무행정을 보좌하기 위해 수명의 데다이手代가 있었지만, 이들만으로 관할 영역 내에 산재한 수십여 개의 촌락행정 사무를 처리하는 것은 처음부터 불가능한 일이었다. 따라서 통일권력은 중세 이래 촌촌 자치를 이끌어가던 소추惣中 가운데 문자 해독능력과 경제력을 갖춘 이를 선임해 일종의 행정대리직이라 할 수 있는 '쇼야庄屋・나누시名主'에 임명하고 이들에게 연공수납, 용수관리, 질서유지 등의 촌락행정 사무를 맡아보게 하였다. 이처럼 연공 및 제역의 상납, 토지와 인민에 대한 관리책임을 촌락의 대표자라 할 수 있는 쇼야와 나누시에게 위임하여 청부하는 방식을 '무라우케제村請制'라고 한다.13)

에도 막부는 무라우케제 하에서 효율적인 농촌 지배를 위해 '문서'에 의한 통치를 지향하였다. 에도 막부의 이른바 '문서행정주의'는 연공미 징수를 위한 토지조사사업과 기독교도의 적발을 위한 호적작성사업을 계기로 막부 영지는 물론이고 다이묘 영지에까지 확대되었다. 특히나 1641년의 간에이寬永 대기근은 영주 권력의 입장에서 기근 피해를 최소화하고 조속한 연공수입의 회복을 위해 농민 전체를 대상으로 포괄적인 농정법령을 제정하는 동시에 이를 체계적으로 전달하기 위한 문서행정시스템을 구축하는 중요한 계기가 되었다.14) 예를 들어 가미카타上方 일대의 행정을 책임지고 있던 가미카타군다이上方郡代인 고보리 마사카즈小堀政一와 고미 도요나오五味豊直는 그해 7월, 21개조에 달하는 장문의 기근 대책 법령을 발령하였다. 법령은 기근의 피해를 최소화하기 위해 일차적으로 의식주의 절검을 강제하는 한편 면작과 채종의 경작을 금지(18・19조)하여 최대한의 식량자원을 확보하는 데 그 목적을 두었다. 그런데 문서 말미에는 "이상에서처럼 제정한 법령은 한 통씩 필사해 촌민 중 한 사람도 빠짐없이 그 내용을 알려, 반드시 지키도록 해야 한다. 만약 이를 어기는 자가

그림 2_ 촌민들 앞에서 영주의
법령을 전달하는 쇼야

있으면 당사자는 말할 것도 없고 고닌쿠미 · 쇼야 · 도시요리 역시 처벌받을 것이다. (수령 확인을 위해) 연판[判形]을 찍어 제출할 것"을 지시하였다.[15] 이와 같이 가미카타군다이는 법령 전달에 관한 세부적인 지시와 절차를 통해 막부의 기근 대책이 가미카타 일대의 모든 촌민들에게 빠짐없이 전달될 수 있는 문서행정체계를 정비하고자 했던 것이다.

이처럼 에도 시기 동안에 막부나 번이 발령한 각종 법령은 일차적으로 일선에서 농정을 담당하고 있던 다이칸을 거쳐 농촌 지배를 관할하는 데다이手代에게 전달되었다. 데다이는 다시 관할지역 내의 쇼야를 모두 소집한 자리에서 각 촌락별로 이를 한 부씩 필사하게 하여 법령의 수령을 확인한 후 이를 준수할 것을 맹서하게 했다. 쇼야는 촌락의 대표자로서 이를 베껴 적은 사본을 가지고 돌아와 촌민 개개인에게 회람시킨 다음 법의 준수와 이행에 대한 동의의 표시로 연판連判을 받았다.(그림 2) 영주 측이 제정 · 발령한 영주법은 이러한 과정을 거쳐

법으로 기능할 수 있었다.

결과적으로 농촌 지배에 관한 각종 지시와 법령이 문서의 형태로 전달됨에 따라 농민 역시 자연스레 성문법에 익숙해질 수 있는 사회적 환경이 갖추어졌다. 다시 말해 더 이상 전통과 관습에 의거하지 않고, 성문화된 '촌락 내 사법村內私法'의 제정을 통해 공동체 내부의 질서를 유지해 나갈 필요성을 농민 스스로 공감하고 이를 시행할 수 있는 사회적 환경이 갖추어진 것이다. 바로 이러한 점에서 문서를 통한 농촌 지배는 근세 이후 '성문화'된 촌락규약이 전국으로 확대되는 주된 요인이 되었다고 할 수 있다.

하지만 촌락규약이 전국적인 규모로 제정될 수 있었던 것은 무엇보다 생산과 생활의 영역에서 촌락공동체가 수행하는 역할과 기능이 그만큼 확대되었다는 사실과 매우 밀접하게 관련되어 있다. 마에다前田가 수집한 자료16) 등에 따르면 근세 전기에 작성된 촌락규약의 상당수는 촌락 주변의 산야에서 생산되는 각종 자원의 이용 및 무단채취에 관한 처벌이 주된 내용을 이룬 사실을 확인할 수 있다. 이는 중세시기 총촌의 공유지였던 산야에 대한 이용권이 아직까지 개별 촌락 단위로 분유分有·획정되지 못했음을 반증하는 것이다. 하지만 17세기 이후에 접어들면 이 같은 내용의 촌락규약은 그다지 많이 발견되지 않는다. 이는 농업경영에 필수적인 산야 및 용수의 이용권이 17세기를 거치면서 촌락 단위로 사유화되어 갔기 때문이다.(그림 3) 다시 말하자면 촌락은 복수의 촌락이 관계하는 산야 및 용수의 공동이용에 관한 협정을 체결하는 과정에서 촌민 모두의 이해관계를 대변하는 공동체인 동시에 촌락규약의 제정 주체로 등장하게 되었던 것이다.

그림 3_ 서로 자신의 논에 물을 대기 위해 싸우는 농민의 모습. 하천과 저수지의 용수를 확보하는 것은 농민의 입장에서 사활이 걸린 문제였다. 따라서 부족한 용수의 이용을 둘러싸고 이웃한 촌락 사이에서는 심심치 않게 분쟁이 발생하기도 했다. 하지만 근세 이후 용수 이용에 관한 촌락 간의 공동협약이 작성되면서 이 같은 분쟁은 점차 감소하였다. 『야마토 경작회초大和耕作繪抄』(17세기 후반)에서.

　그런데 산야와 용수의 이용에 관한 협정에서 한 가지 주목해야 할 점은 근세 초기까지 '소추惣中'라는 이름으로 제정된 촌락규약 상에 점차 쇼야 혹은 쇼야로 추정되는 인물이 빈번히 등장하고 있다는 사실이다. 다시 말해 촌락규약의 제정 주체가 더 이상 중세 말 이래의 '소추'가 아니라 쇼야 혹은 쇼야로 추정되는 인물로 대체되는 현상이 벌어지기 시작한 것이다. 비와 호琵琶湖 동편에 위치한 수개 촌락을 대상으로 근세 초기에 작성된 촌락규약을 조사한 요코타 후유히코橫田冬彦에 따르면 1650년대를 계기로 촌락규약의 수령자가 종전의 '소추'에서 '쇼야庄屋·기모이리肝煎'로 전환되어 갔음을 알 수 있다. 촌락규약은 일반적으로 제목, 본문, 작성 일자, 작성자 순으로 내용을 기록한 다음, 맨 마지막에 문서를 최종 수령하는 이를 명기하였다. 문서 수령자는 단지 문서를 수령하는 인물일 뿐만 아니라 문서의 이행을 맹서하

는 존수자이기도 했다. 이러한 사항을 염두에 두고 촌락규약에 나타나
는 형식 변화를 고찰하면 다음과 같은 결론을 추론할 수 있다. 즉,
초기의 촌락규약은 소추에 의해 작성되어 촌민에게 동의를 구한 다음,
다시 소추에게 법률의 이행을 맹서하는 형식을 취했다. 하지만 1650
년대를 계기로 촌락규약의 수령자는 종전의 '소추'에서 '쇼야'로 전환
되어 갔다. 이는 촌락규약이 비록 사전에 소추의 양해를 얻는다 할지라
도 쇼야의 주도 하에 제정되었던 상황을 반증한다고 추정할 수 있
다.17) 다시 말해 영주법의 전달과 시행 과정에서뿐 아니라 촌민 모두
가 참여하는 촌락규약의 제정에서도 점차 쇼야의 비중과 역할이 증대
되었음을 알 수 있다.

　앞에서 살펴본 바와 같이 근세 이후 촌락규약이 광범위한 지역에서
제정될 수 있었던 것은 일차적으로 문서를 통한 농촌 지배가 제도화됨
에 따라 촌민들이 성문법 제정에 익숙해질 수 있는 사회적 환경이
마련되었기 때문이다. 하지만 이와 동시에 촌락의 역할과 기능이 확대
된 것 역시 중요 요인이었다. 근세 전기 촌락 주변 산야에 관한 이용권
및 촌락간의 분쟁에 관한 촌락규약이 제정되는 과정에서 근세 촌락은
중세 총촌을 대신해 촌민생활과 농업생산의 기본 단위로서뿐만 아니
라 촌민의 이해관계를 대변하고 조정하는 한편 촌내의 질서를 유지하
는 주체로 성장해 갔다. 이러한 과정에서 촌락의 대표자인 쇼야의
역할과 중요성이 증대됨에 따라 중세 총촌이 보유한 자치의 전통은
쇼야를 비롯한 촌락행정인에게 수렴되어 결국 이들에 의해 촌락자치
가 주도적으로 행사되었던 것으로 보인다.

농촌의 사회·경제적 변화와 검약규약의 작성

17세기 후반 이후 에도·오사카·교토의 삼도三都를 중심으로 전국적인 상품유통체계가 정비되면서 도시는 물론 농촌에까지 상품경제의 영향력이 확대되었다. 상품경제가 진전됨에 따라 '미곡, 약종藥種'과 같은 생활필수품 이외에 '금은, 의복, 여타 도구류'에 이르는 다양한 사치·기호품의 생산과 유통이 활성화되어 서민의 소비생활은 한층 성숙되었다. 하지만 이와 동시에 농촌사회의 계층분화 역시 더욱 가속화되었다. 상품경제에 재빨리 적응해 재화획득의 기회를 포착한 이들 중에는 소농 신분에서 새로이 부를 축적해 일신을 일으키는 자도 생겨났다. 그러나 이와는 반대로 중세 말 이래 오랜 명망과 가계를 이어온 구舊 상층농민 중에는 이에 적응하지 못해 몰락하는 경우도 적지 않아, 농촌사회의 지배층 내에서 '신구' 교체 현상이 빈번히 일어났다.

이 같은 농촌의 사회·경제적 변화는 촌락규약의 내용과 제정에 직접적인 영향을 끼쳤다. 그러한 변화의 모습을 자료를 통해 직접 확인해 보도록 하자.

황공스럽게 한 통의 문서를 올리는 바입니다.

> 하나, 우리 마을 소백성小百姓들의 곤궁함이 날로 더해만 가니, 이번에 모두가 모여 모임을 가졌습니다. 만사에 검약하고 경작에 온 힘을 다하여 백성의 신분이 계속되어야 한다는 취지에서 세세히 지시하신 사항을 전달받고 촌민 모두가 그에 대해 감사히 생각하는 바입니다. 이에 올해부터 다가오는 묘년卯年(1723)까지 5년간 절검에 관한 법도를 제정한 사실을 말씀 드리며 감사할 따름입니다.【제1조】(중략)

교호享保 4년 해亥   사카다 군坂田郡 지쿠마 촌筑摩村

주베忠兵衛 (인印) 외 68인

쇼야庄屋 한에몬半右衛門 (인印)

고부교사마御奉行様(막부 행정관) 요코메横目 쇼베지小兵次 (인印)

구미카시라組頭 기치자에몬吉左衛門 (인印)

이상과 같이 앞서 분부하신 내용을 가지고 검약에 관한 규약을 정해 촌민 모두가 상담하고 납득한 연후에 연판連判을 찍은 서면의 내용에 따라 처자는 물론 집안 내의 모든 이들에게 그 내용을 전달하여 한 치의 어긋남도 없이 이를 지켜야 한다. (중략) 만약 이를 위반하는 이가 있을 경우에는 신속하게 보고해야만 할 것이다.

해亥년 12월 중순

위 사료는 1719년(享保 4) 12월 오미 국近江國 사카다 군坂田郡 지쿠마 촌筑摩村에서 제정한 촌락규약 가운데 일부 내용이다.[18] 제1조에서 알 수 있듯이 영주 권력은 경지면적이 얼마 되지 않는 소농의 경제적 궁핍이 계속됨에 따라 연공납부의 책임을 지는 햐쿠쇼百姓 신분이 몰락하여 연공미의 수입이 줄어들 것을 우려해, 그에 대한 대책으로서 만사에 절검하고 경작에 전념할 것을 촌락 측에 당부한 것으로 보인다. 이에 대해 지쿠마 촌에서는 5년간 한시적으로 촌락 내 각종 제례와 축제를 간소화하는 것은 물론 인형극, 가부키 같은 흥행공연마저 금지하는 등, 검약을 주된 내용으로 삼는 촌락규약을 제정하여 영주에게 제출하였다. 위 문서는 영주의 지시에 따라 규약을 작성할 경우, 2부를 작성해 이 중 한 부는 영주에게 제출하고 다른 한 부는 촌락에서 보관하는 관행에 따라 지쿠마 촌에서 보관해 온 것이었다.

그런데 위에서 주목하고 싶은 점은 문서 말미에 "촌민 모두가 상담

172

그림 4_ 1767년 11월 야마시로 國山城國 오토쿠니 군乙訓郡 이노우치 촌井ノ內村에서 작성한 검약규약. 규약 말미에 촌민 전원이 인장을 찍어 준수를 맹서한 사실을 확인할 수 있다.

하고 납득한 연후에 연판連判을 찍은" 사실을 부기해 놓은 것이다. 근세의 촌락규약은 촌락의 자발적인 필요성에서뿐만 아니라 영주의 지시에 따라 작성되는 경우도 또한 적지 않았다. 하지만 이는 어디까지나 촌락규약의 법적 실효성은 촌민 모두의 동의를 얻은 후에 발효된다는 점에 유의할 필요가 있다. 다시 말해 영주의 지시에 따라 촌락규약이 작성되었다 하더라도, 촌락 내에서 규약의 실효성은 어디까지나 부교奉行의 지시가 아닌, 촌민 모두의 동의로부터 구해졌다는 점이다. **(그림 4)** 지쿠마 촌에서와 같이 촌민의 의식주는 물론이고 관혼상제, 축의행사, 오락 등에 관한 절검을 강제하는 촌락규약(이하 '검약규약'으로 약칭)은 18세기 이후 전국 각지에서 광범위하게 작성되었다. 검약규약은 흔히 자연재해나 기근, 경제적 궁핍에서 벗어나기 위한 목적에서 영주의 지시에 따라 혹은 촌락행정을 책임지는 쇼야나 나누시名主의 주도 하에 제정된 것으로 이해되고 있다. 하지만 18세기 이후가 되면 단지 재해나 기근에서 벗어나기 위한 대책을 일시적으로 마련하기 위해서가 아니라, "근년 들어 우리 마을은 괜찮을 정도의 수확을 얻고 있음에도 불구하고 생활이 곤궁한 자가 눈에 띄는데, 이는 남들에게 체면을 세우느라 의례 행사뿐만 아니라 만사에 필요 이상으로 예의를 베풀고 의복과 신발 등에 제각기 분수를 넘어 사치를 하니,

모든 일에 (사치) 풍속이 조장되고 있기 때문"[19]에 검약규약을 제정하는 경우가 빈번해졌다. 다시 말해 검약규약의 제정 동기가 이전과 달리 사치풍속을 억제하기 위해서였음을 알 수 있다.

이처럼 촌락에 따라서는 단순한 기근 대책의 차원을 넘어서, 사치풍속을 억제하거나 신사재건, 부채상환 등에 소요되는 경비를 마련하기 위해 검약규약을 제정한 경우가 적지 않았다. 예컨대, 가와치 국河內國 사라라 군讃良郡 호리미조 촌堀溝村에서는 1795년 1월, 「우지카미 재건을 위한 검약규약[氏神再建=付倹約定書]」을 제정하였다.[20] 그 내용을 살펴보면 마을 사람들은 우지카미氏神, 즉 조상신을 모신 신사를 재건하기 위해 5년간 한시적으로 "혼례 축하행사를 마을에서 성대히 치르는 것을 금지"하는 대신, "(혼례행사 시의) 축하행사비는 최저 은 15몬메匁 이상으로 정하되 자신의 처지에 맞게 신사에 바치도록" 정하였다. 혼례뿐만 아니라 출산, 절구節句와 같이 촌민들이 서로 성의를 주고받는 축하행위 역시 한시적으로 그만두는 대신 축의금을 모아 이를 신사재건자금에 충당하도록 정하고 서장 말미에 촌민 전원이 인장을 찍어 이를 맹서토록 했다.

심지어 일부 촌락에서는 의례행사 때 주고받는 과분한 예물이 사치를 조장한다는 이유에서 "삼월절구三月節句(3월 3일의 연중행사)의 첫 히나마쓰리雛祭에 근처 이웃을 막론하고 온 마을 사람이 (여자아이에게 장난감으로) 커다란 인형을 보내고, 오월절구五月節句(5월 5일의 연중행사)에 (사내아이에게 장난감으로) 창과 장도를 보내는" 축의행사를 그만두는 대신, "(고쿠다카[石高]가) 상上이면 금전 80문文을, 하下면 30문을 각기 하한으로 삼고 그 사이는 알아서 정하되, 돈주머니에 축의祝儀라고 써서 보내도록" 정하였다. 즉, 허례허식의 선물을 주고받는 구례의 풍습을 그만두는 대신 '축의'라고 쓴 돈주머니에 각기 형편에 맞게 약간의 축의금을 넣어 주고받도록 정하였다.21) 이러한 사례에서 알 수 있듯이 검약규약은 기근이나 재해와 같은 일시적인 곤궁을 견디기 위해서뿐만 아니라 신사재건을 위한 자금이나 사치풍속의 억제 등과 같이 촌락 내부의 다양한 요구와 필요성에 따라 제정되었다.

절검의 이득과 촌민의 동의

18세기 이후 검약규약의 전국적인 제정은 단지 기근이나 재해 등의 일시적인 경제적 궁핍 상태에서 벗어나기 위해서가 아니라 사치스런 "도시 풍속을 따라하는" 풍습이 농촌에까지 확산되면서 생겨나는 허례허식을 방지하고 낭비로 인한 가산 탕진을 막기 위한, 다시 말해 상품경제의 부작용을 최소화하려는 촌락 측의 자구적인 노력에서 비롯된 조치였다고 할 수 있다. 하지만 그렇다 하더라도 촌민들이 당장 자신의 일상 생활에 대한 통제와 간섭을 수반하는 검약규약을 제정하는 데 동의한 이유는 무엇 때문일까?

종래 연구에서는 검약규약이 영주의 지시에 따라 명목상 작성된 것에 불과할 뿐 실제적인 효력을 갖지 못한다고 보았기 때문에 이에 대해서는 별다른 언급이 이루어지지 않았다. 그런데 여기서 주의해야 할 것은 검약규약이 단지 촌민의 일상 생활에 대한 통제와 절검을 강조하는 조항만으로 구성되어 있지 않다는 점이다. 예를 들어, 검약

규약의 조항 중에는 출산·혼례·장의와 같은 축의행사 때 촌민이
촌락에 납부해야 할 적립금을 적어놓는 경우가 적지 않았다. 그리고
이렇게 정한 적립금은 개인의 경제력, 즉 경작면적에 따라 그 액수를
차등적으로 설정한 경우가 일반적이었다. 그렇다면 검약이란 명목
하에 촌민들에게서 징수한 적립금은 어디에 사용하였을까?

　가와치 국河內國 이시카와 군石川郡 고후키 촌小吹村의 경우를 통해
이에 대한 사례를 구체적으로 살펴보도록 하자. 고후키 촌에서는
1746년 1월 7일 검약규약을 제정하면서 혼례잔치를 검소하게 치르는
대신 그렇게 해서 절약한 혼례잔치비용[婚禮嫁取振舞代]은 마을에 상납
하도록 정하였다. 좀더 구체적인 내용을 살펴보면, '(검지장에 등재
된) 고쿠다카石高 5석石 이상을 대가大家', '1석에서 5석까지를 중가中
家', '1석 이하를 소가小家'로 나누어 각기 고쿠다카에 상응하는 혼례잔
치비용의 절감분을 정한 다음, 절약하기로 한 잔치 비용의 절반을
마을에 상납하여 마을 운용경비로 사용하도록 정하였다. 예를 들어,
고쿠다카가 5석 이상의 대가인 경우에는 "쌀 1석을 (잔치) 비용으로
정하되 (그 절반인) 5두斗를 감하고, 남은 5두 가운데 검약하기로
한 2두 5승升은 마을에 납부해"야 했다. 즉 혼례잔치비용으로 정해둔
쌀 1석 가운데 절반인 5두는 절약하고 나머지의 절반인 2두 5승을
검약이란 명목 하에 마을 공동경비로 징수함으로써 실제 혼례잔치비
용은 본래 인정한 금액의 사분의 일에 불과한 2두 5승만 사용토록
정했던 것이다.[22]

　몇 가지 경우를 좀더 살펴보도록 하자. 1769년 2월 셋쓰 국攝津國
부고 군武庫郡 모리베 촌守部村에서는 오절구五節句의 예물교환에 관한

풍속을 개정하는 내용의 검약규약을 제정했다. 이에 따르면 모리베 촌에서는 지금까지 오절구에 촌민들이 서로 예물을 교환하던 풍습을 그만두는 대신 석고 1석당 은 2몬메씩을 예물비용으로 정해 이를 마을에 상납하였다. 그리고 촌락행정인과 촌민 대표는 이 자금의 운용 을 재력가에게 위탁해서 거기서 나오는 수익을 마을공동의 비상금[村 方用意銀]으로 사용하도록 정하였다.23)

또 다른 예로 1792년 1월 이즈미 국和泉國 오시마 군大島郡 신 촌新村 에서는 "이전까지 혼례 시 향응을 벌여 왔지만 이후로 향응을 그만두 는 대신, 그 비용으로 고쿠다카 8승 이상에서 3석까지의 농민은 은 40몬메씩을, 3석 이상에서 8석까지는 은 60몬메씩, 8석 이상인 자는 은 80몬메씩을 마을에 납부하여 이를 촌락행정인에게 맡겨두고, 매년 12월 촌민의 입회 하에 장부를 조사한 다음 마을이 지고 있는 부채 이자를 갚는 데" 쓰도록 약속하였다.24) 당시 신촌은 연공상납의 책임 을 지고 있던 촌락행정인이 연이어 파산, 몰락하여 이들이 지고 있던 다액의 부채를 마을 전체가 갚아야 할 처지에 놓여 있었다. 당시 신 촌의 부채는 은 4관貫 60몬메에 달해, 부채 변제가 마을 전체의 급무로 인식되고 있던 상황이었다.25)

이상에서 살펴본 바와 같이 검약규약 중에는 단순히 촌민에게 절검 을 강요하거나 사치를 금지하는 것에 머물지 않고, 검약을 통해 얻어진 이득을 신사 건물의 수리비, 촌락의 부채 상환 등과 같이 촌민 모두가 검약의 이득을 공유할 수 있는 형태로 구체적인 사용처를 명기해 둔 경우를 적지 않게 찾아볼 수 있다. 검약규약에 기록된 적립금은 허례허 식의 축의행사를 간소화하는 대신 이것으로 절약된 금전을 마을에

상납하여 긴급히 필요한 마을공동경비에 충당함으로써, 결과적으로
마을 전체의 공동이익에 부합하는 측면을 가지고 있었다. 근세 중기
이후, 축의행사의 간소화를 주된 내용으로 삼는 검약규약이 촌민의
자발적인 참여에 의해 전국 각지에서 널리 제정된 것은 바로 이처럼
검약을 통해 얻어지는 이득을 마을 전체 구성원이 공유할 수 있었기
때문이 아닐까?

한편 촌락 입장에서는 검약을 통해 얻어진 이득을 촌민 모두가
공유함으로써 자칫 있을지도 모를 (검약에 대한) 촌민의 반발을 무마
하고 자발적인 참여를 유도하는 한편 마을 전체의 결속도 강화시켜
나갈 수 있었을 것이다.

검약 위반자에 대한 제재

촌민들이 제정한 검약규약에는 검약을 위반한 자에 대한 실질적인
제재 규정을 담고 있었다. 에도 막부나 다이묘 측에서 제정한 검약령은
일상생활의 세세한 부문에까지 촌민의 절검을 요구하지만 정작 위반
자에 대한 처벌은 무사와 햐쿠쇼百姓·조닌町人 간의 신분적 차이를
드러내는 의복규정에 제한되었다. 하지만 이 또한 거의 유명무실화되
어 실행되지 않았던 사실과 비교해 본다면 이는 이례적이라 할 수
있다.[26]

예를 들어 야마시로 국山城國 오토구니 군乙訓郡 이노우치 촌井ノ内村
에서는 에도 시대 동안 다수의 검약규약을 작성했는데 그 가운데 검약
위반자에 대한 처벌 조항을 여러 곳에서 찾아볼 수 있다. 우선 1770년

(明和 7)에 작성된 검약규약 중에는 위반자가 발생했을 경우 촌락행정 인에게 금전 1관문貫文의 벌금을 지불하도록 규정하였다. 또한 1791 년(寬政 3)의 검약규약에서는 "만약 위반한 자가 있다면 촌민들이 서로 평의한 후, (촌민과) 교류하지 못하도록 할 것"이라 하여 검약 위반자 와 촌민간의 교류를 금지하도록 결정하였다. 더욱이 1802년(享和 2)에 는 마을의 곤궁을 이유로 3년간 만사에 검약하고 축의행사 비용을 마을공동의 적립금으로 납부할 것을 결정하면서, 만약 이를 지키지 못하는 자가 있으면 1년간 마을산림을 이용하는 권한을 빼앗는 것은 물론 마을 모임에도 참석하지 못하게 하는 등, 사실상 촌민으로서의 자격을 정지시키는 엄중한 제재를 가하였다.

한편 1836년(天保 7) 12월에 제정한 검약규약 중에는 검약 위반자의 처벌에 대한 권한을 언급한 부분이 있어 주목된다. 이곳에서는 먼저 검약의 존수와 도박 금지를 기술하고 나서 문서 말미에 "만약 (이를) 어기는 자가 있으면 죄의 규명, 경중은 촌민들이 정한 바에 따라 법[法 掟]대로 처벌하도록 한다."고 규정하였다. 즉 촌민들은 검약 위반자에 대한 처벌의 근거를 막부나 영주의 검약령이 아닌 어디까지나 '촌민들 이 정한 바', 다시 말해 촌락규약에서부터 구한 사실을 확인할 수 있다. 검약 위반자에 대한 처벌은 그 밖에도 1740년(元文 5) 8월 단바 국丹波國 구와타 군桑田郡 가와라지리 촌河原尻村[27]과 1768년(明和 5) 11 월 야마시로 국山城國 오토쿠니 군乙訓郡 엔묘지 촌円明寺村,[28] 1791년(寬 政 3) 12월 셋쓰 국攝津國 도요시마 군豊島郡 사쿠라쓰카 촌櫻塚村,[29] 1813 년(文化 10) 11월 셋쓰 국攝津國 무코 군武庫郡 구로토 촌藏人村에서[30] 작성한 검약규약에서도 찾아볼 수 있다. 이상의 촌락에서는 검약 조항을 위반한 이에게 각기 쌀 1되, 금전 1관문, 술 3되, 은 30몬메를 과료로 부과할 것을 명기하였다.

위에서처럼 촌민들이 제정한 검약규약에는 '추방, 마을사람들과의 교류금지, 과료 징수' 등의 제재가 담겨 있었다. 이처럼 검약규약에 실려 있는 다양한 제재 조항은 이전의 법령을 반복적으로 발령해, 시간이 흐름에 따라 "조닌의 의류衣類에 관한 조항은 근래 들어 처벌이 없는 상태"라는 풍설이 나돌 정도로[31] 점차 현실성을 잃고 유명무실화되어 버린 막번 영주의 검약령과 비교되는 점이라 할 수 있다.

단기봉공인과 일용의 임금 및 처우에 관한 조항

촌락규약이 언제나 촌민 모두의 공익을 지향하거나 혹은 계층분화의 진전을 억제하는 방향으로 제정된 것은 아니다. 오히려 검약을 명분으로 삼아 촌락 행정과 재정을 실질적으로 책임지는 촌락행정인과 상층농민들의 이해관계를 우선시하는 경우 또한 적지 않았다. 예를 들어, 촌락규약 중에는 일반 촌민과 '먹고 살 만한 자[身體能者]'의 의복 규정을 달리하는 경우도 있었다.[32] 뿐만 아니라 봉공인과 일용의 임금과 처우를 제한하는 등 상층농민의 이해를 우선하는 조항이 대거 포함되었다. 이처럼 촌민 모두의 동의를 받아 작성되는 촌락규약에 특정 계층의 이해를 우선시하는 조항이 실린 것은 근세 중기 이후 농촌사회의 유동화 및 계층화 현상과 적지 않게 관련되어 있을 것으로 생각된다.

17세기 후반에서 18세기 초에 걸쳐 가미카타 지역의 고용노동 형태

에 많은 변화가 생겨났다. 종전까지 농촌의 고용노동인은 사실상 예속
민에 가까운 형태로 주가主家에 종속되어 있던 '후다이게닌譜代下人'이
나 빚을 갚지 못해 예속인으로 전락한 '시치봉공인質奉公人'이 일반적이
었다. 하지만 이들을 대신해 '장기[長年季]' 혹은 '일년[一年季]' 단위로
계약을 맺는 봉공 형태가 점차 많아졌다. 장기계약 봉공은 주로 유소년
층을 대상으로 낮은 임금을 미리 지급하는 대신 2년 이상의 장기계약
을 맺어 부농층의 자작 경영에 보조·잡무적 역할을 수행하다 성인이
되면 해방되는 것이 일반적이었다. 이에 반해 일년계약 봉공은 성인을
대상으로 소정 기간 동안 고용되는 노동형태를 말한다. 일년계약 봉공
인은 성인 노동력의 재생산에 필요한 일급을 지급받아야 했기 때문에
장기계약 봉공인과 질적으로 구분되는 높은 임금을 보장받았다.33)

이처럼 미성년과 성인이라는 서로 다른 노동계층을 대상으로 한
장기계약과 일년계약은 고용주 역시 달리했다. 즉, 에도 시대 농업경
영에서 가족노동의 한계를 넘어선다고 생각되는 고쿠다카石高 20석을
기준으로 그 이상의 상층에서는 거의 예외 없이 일년계약 봉공인을,
그 이하에서는 장기계약 봉공인을 고용하였다.34) 다시 말하자면 일년
계약 봉공인은 고임금을 받는 대신 숙련된 노동력을 요구하는 부농경
영을 기반으로 성립된 고용노동형태였던 것이다.

그런데 일년계약 봉공인들은 더 높은 임금수입과 더 나은 노동조건
을 찾아 고용주를 선택·변경하면서 점차 새로운 노동시장을 만들어
갔다. 이처럼 근세 중기 이후 일년계약 봉공이 농촌 고용노동의 주된
형태로 자리잡게 되면서 개별 촌락은 이들의 임금인상과 고용조건의
개선 요구에 골머리를 앓게 되었다. 상황이 이렇게 되자 가미카타

지역에서는 검약을 명목으로 일년계약 봉공인의 임금과 처우를 제한하는 검약규약을 제정하여 봉공인의 요구에 개별 촌락들이 공동으로 대처하려는 움직임을 보이기 시작했다.

1714년 야마토大和 지역은 우박과 태풍으로 인해 "전대미문의 흉작으로 연공 상납마저 어려울 뿐만 아니라 보리작황 역시 전년에 이어 흉작인 관계로 부식夫食 확보까지 곤란해진 상황"에 처하였다. 이를 극복하기 위해 여러 촌락에서 검약규약을 제정하였는데 그 가운데 눈에 띄는 내용이 봉공인의 임금과 처우에 관한 조항이다.35) 그해 11월에 작성된 촌락규약 가운데 봉공인의 임금과 처우에 관한 내용을 싣고 있는 조항을 자세히 살펴보도록 하자.

> 하나, 봉공인들은 근년 들어 예절이 없어 계약을 맺을 시, 이전에 일하던 주인에게 폐가 되는지 아닌지의 여부도 물어보지 않고, (전 주인 모르게) 은밀히 계약을 맺거나 또는 봉공을 다하지 않은 채 그만두고 나와 주인이 해고하지도 않았는데 안팎으로 봉공할 곳을 구하여 묻고 다니는 무리가 있는가 하면 그러한 사정을 대강 전해듣고도 임금 등을 더 주고 데려가려는 행태가 있으니, 더욱 더 봉공인들이 방자하게 굴게 되었다. 앞으로는 모두가 작법作法을 준수해야 할 것이다. 【제11조】
>
> 하나, 근년 들어 봉공인의 임금과 식사 등이 어지러워진 것은 필경 주인의 잘못에서 시작되었거나 아니면 계약을 맺을 시, 다른 곳에서 봉공하고 있는 이에게 은밀히 임금을 더 주고 데려가려는 행태, (에서 비롯된 것이니) (중략) 이러한 이유에서 식사는 10년 전의 수준으로 되돌리고, 정규 임금은 그해의 상황에 따라 정하도록 한다. 작년과 올해의 임금은 남자 장정

의 경우에는 120몬메에서 130몬메를 상한으로 삼되, 여자는 60몬메에서 78몬메 사이로 정한다. (하략) 【제12조】

위의 자료를 통해 알 수 있듯이 가미카타 지역 농촌은 봉공인과 계약을 맺을 때 "타지에서 봉공하러 온" 봉공인을 "은밀히 임금을 더 주고 데려가려는" 고용주들 간의 경쟁 때문에 임금과 식사의 수준이 점점 높아지는 상황이 계속되었다. 이처럼 날로 "방자하게" 구는 봉공인의 움직임에 대처하기 위해 촌민들은 이들의 식사를 10년 전 수준으로 되돌리고 임금의 경우 남자에 한해서는 120몬메에서 130몬메까지, 여자에 한해서는 60몬메에서 78몬메까지로 제한한 것을 알 수 있다. 위의 자료에는 신분적 예속에서 벗어나 고용주를 자유롭게 선택·변경 할 수 있었던 일년계약 봉공인의 모습뿐만 아니라 이들의 요구에 고민하는 상층농민의 고충이 잘 나타나 있다.

당시 가미카타 지역은 경지 확대가 포화 상태에 이른 반면 면포나 담배 같은 상품작물의 재배가 확대되면서, 단위 면적당 생산력을 증가시키기 위한 노력을 경주하였다. 이에 따라 농업노동력에서 숙련된 기술을 보유한 일년계약 봉공인의 수요가 늘어났고, 결과적으로 이들의 임금과 대우는 점점 높아질 수밖에 없었다. 봉공인의 임금 상승 요구에 대응하기 위해 이들을 고용하는 부농들은 "농민百姓이 부리는 봉공인 임금에 대해, 상남上男은 쌀 1석까지를 상한으로 정하고, 상녀上女는 쌀 8두 정도를 상한으로 정"하여 임금 수준을 제한하는 동시에 "앞으로 밤놀이에 나가지 못하게 하고 그 대신 야간작업을 시키게" 하여 노동생산성을 높이기 위한 방안들을 강구하지만,36) 이미 신분적 예속에서 벗어난 봉공인과의 계약관계에서 불리한 쪽은 오히려 부농 자신들이었다. 따라서 이들은 개별 촌락을 넘어서 공동의 이해관계에 기초한 광역적인 범위에서 검약규약을 체결하려는 시도를 하게 된다. 이에 대해선 뒷장에서 좀더 자세히 살펴보도록 하자.

더욱이 농촌사회의 계층분화로 인해 부·중농경영이 확대되고 이에 따라 농번기의 임시노동 수요가 증가하면서 일단위로 고용하는 일용日用의 임금을 제한하는 검약규약 역시 다수 작성되었다. 예를 들어 1724년 12월 야마토 국大和國 헤구리 군平群郡 이오이 촌五百井村에서는 "연이어 흉작이 계속되는 가운데 특히 올해는 작황이 근래 보기 드물 정도의 흉작인 관계로 연공 상납마저 힘들고, 이제 와서 무엇을 가지고 상납할 것인지 방편조차 없으니 이러한 이유에서 검약"할 것에 합의해 23개 조로 구성된 검약규약을 제정하였다.37) 여기서는 봉공인의 임금을 10퍼센트 삭감하는 한편 일용에 대해서는 "일용 임금은 5월의 경우 한 사람당 6분分씩, 10월도 마찬가지로 하되 그 이외(기간)에는 한 사람에 3분씩"으로 정하였다. 이오이 촌의 촌락규약에 규정된 일년계약 봉공인과 일용 임금을 비교해 보면 전자의 경우 남자는 1석 6두, 여성은 은 40몬메로 정해진 데 반해, 일용은 농번기인 5·10월의 2개월 동안 일할 경우 약 150몬메(한 달에 25일간 노동할 경우)의 수입을 얻을 수 있었다. 다시 말해, 노동력의 가치에서 일용이 일년계약 봉공인보다 높게 평가받았음을 알 수 있다.

앞에서 살펴본 바와 같이 근세 중기 이후 가미카타 농촌에서는 "다카모치햐쿠쇼高持百姓(검지장에 등록되어 연공 납부의 의무와 용수 이용 등의 권리를 가진 농민)는 부리고 있는 사역인[下男·下女]의 임금을 낮추고 싶어하는 마음을 모두 갖고 있다."38)고 한 대목에서 알 수 있듯이, 봉공인의 임금인상 요구에 고심하던 '다카모치햐쿠쇼'는 날로 "방자하게" 구는 봉공인의 풍기문란과 임금인상 요구에 공동으로 대응할 목적에서 봉공인과 일용의 처우 및 임금을 제한하는 검약규약을 적극 제정하고자 했다. 이는 총촌 자치에서 시작된 촌락공동체가 점차 형해화하면서 이를 대신해 이해관계에 기초한 촌락 내 새로운 계층 및 집단의 형성을 시사하는 대목이라는 점에서 주의 깊게 살펴볼 부분이다.

촌락행정인의 신구 교체와 촌락행정의 동요

1792년 1월 이즈미 국和泉國 오토리 군大鳥郡 신 촌新村에서는 촌락재정의 악화를 이유로 검약규약을 작성하면서 당시 촌락이 처한 경제적 위기 상황을 비교적 상세히 적어 놓았다. 기록에 의하면 신 촌은 높은 산지에 위치하여 수리 시설을 갖춘 전답이 얼마 되지 않을 뿐더러 가뭄 피해마저 빈번히 발생하였다. 그러던 와중에 당시로부터 19년 전인 1773년 대대로 쇼야 직을 맡아보던 쇼베庄兵衛라는 이가 연공상납과 행정사무를 위해 마을 밖에서 7관 400문에 이르는 빚을 끌어다 쓰고 병사해 버리는 사건이 일어났다. 촌락행정을 책임지던 쇼베의 갑작스런 죽음으로 그가 남겨놓은 부채는 고스란히 촌민 전체가 나누어 떠맡게 되었다. 당시 촌민들은 토지보유 정도에 따라 1석당 37문文 8분分 4리厘씩을 분담하게 되었다. 하지만 특별히 모아놓은 돈이 있는 것도 아니고 해서 가지고 있던 옷이나 가재도구를 팔아 빚을 갚을 수밖에 없었지만 이마저 여의치 않았다고 한다. 쇼베의 뒤를 이어 도쿠사부로德三郎란 이가 이어 12년간 쇼야를 맡아 보았지만, 그 역시 가산이 기울어 연공체납과 각종 부채를 남긴 채 쇼야 직에서 물러났다. 도쿠사부로가 남긴 4관 60문의 부채를 또다시 촌민들이 떠안게 되었고 이로 인해 신 촌에서는 매년 이자로만 508문씩을 갚아야 하는 형편에 놓이게 되었다.[39)]

18세기 이후 면화, 채종 등의 상품작물 가격의 등귀와 폭락, 연이은 자연재해와 기근에 의한 피해로 말미암아 소농은 물론이고 중세 말 이래 촌락 내에서 쇼야·나누시 등을 맡아보며 연공수납과 촌락행정을 책임져온 특정 가문이 연이어 몰락하는 사태는 비단 신 촌만의 상황이 아니었다. 이즈미 국 신 촌에서 얼마 떨어지지 않은 오미 국近江國 가모 군蒲生郡 가가미 촌鏡村에서는 촌락행정인의 잇단 경제적 몰락으로 말미암아 미곡과 어비魚肥의 상품유통을 통해 부를 축적한 다마오 가玉尾家의 가주가 도시요리年寄를 거쳐 1814년에 쇼야 직에 오르게 되었다.[40)] 이처럼 중세 말 이래 지체 높은 가계와 명망을 바탕으로 쇼야 직을 세습해 온 특정 가문이 몰락함에 따라 이들을 대신해 촌락행정과 연공수납을 감당할 수 있을 정도의 경제력을 갖춘 신흥 부농이 쇼야를 맡게 되면서 촌락행정인의 위상과 역할은 물론이고 이들의 선출방식에도 많은 변화가 생겨났다.

1814년 2월 야마시로 국山城國 사가라 군相樂郡 오카자키 촌岡崎村에서는 촌락행정 사무를 규정한 촌락규약이 제정되었다. 규약의 표지에는 「촌락의 각종 업무에 대한 감독当村方諸事取締書」이라는 표제가 달려 있지만, 실제 내용은 쇼야를 포함한 촌락행정인이 지출하는 행정경비의 간소화에 관한 조항들로 가득차 있었다.[41)] 예를 들어 쇼야의 출장비에 관한 조항의 경우, 연공상납을 위해 교토에 상경할 시에 출장비용은 3일치만 인정하고 공무가 끝나면 즉시 돌아오도록 규정하였다. 또한 쇼야의 주재 하에 열리는 모임의 회식에 제공되는 찬의 종류 역시 엄격히 제한되었다. 이처럼 촌락행정을 담당하는 쇼야와 도시요리의 자의적인 경비 유용을 방지하는 조항들은 촌락행정에 관한 촌민의 참여와 감시가 강화되어 가는 것을 반영하는 대목이란 점에서 흥미롭다.

더욱이 위 규약에서는 쇼야 직을 더 이상 특정 가문의 세습에 의해서가 아니라 일반 촌민 가운데 선임하는 '가시라햐쿠쇼頭百姓'가 교대로 맡을 것을 규정하였다. 앞에서 언급한 바와 같이 상품경제의 진전에 따라 유서 깊은 소수의 특정 가문이 촌락행정을 책임질 수 있을 만한 경제력과 실력을 계속 유지하기 힘든 상황이 전개됨에 따라 근세 후기가 되면 종래와 같은 세습제를 포기하고 교대로 촌락행정인을 선출하는 촌락들이 하나둘씩 늘어가기 시작했다. 오카자키 촌처럼 세습제가 아닌 교대제를 통해, 또는 가가미 촌처럼 구래의 특정 가문이 아니라 새로 부를 축적한 부농이 쇼야 직을 맡게 되면서 쇼야의 권위와 특권은 이제 더 이상 촌민들로부터 절대적인 용인을 받을 수 없게 되었다.

쇼야를 비롯한 촌락행정인에게 검약을 요구하는 사례는 비단 오카자키 촌뿐 아니라 이웃한 가와하라 촌河原村에서도 찾아볼 수 있다. 가와하라 촌에서는 1825년 5월 18일 전체 22개 조에 이르는 검약규약을 작성하였다. 제1조의 내용에 따르면 "예전부터 검약에 관한 촌락규약을 작성해 촌민 모두가 이를 수락하는 뜻에서 도장을 찍었음"에도 불구하고 검약을 지키지 않은 자가 있어 촌락 전체가 날로 곤궁해짐에

따라 "이번에는 촌락행정인[村役人]도 가능한 데까지 검약을 다해 촌락
운용에 필요한 소소한 경비까지 절감"하는 것은 물론이고, 촌락행정인
의 회식 모임(제2조)과 출장경비 사용(제3조) 역시 간소화하도록
규정하였다.42)

　이처럼 촌락행정의 간소화라는 명목으로 촌민들이 연공징수나 행
정비용의 지출 과정에서 있을 수 있는 쇼야의 부정과 자의를 방지하고
감시하기 위해 검약의 이행을 요구할 수 있었던 것은 쇼야 직이 점차
비특권화되는 과정에서 나타난 현상이라고 할 수 있다. 이러한 측면에
서 촌락행정인의 업무 수행에 관련된 행정비용의 간소화를 규정한
촌락규약의 제정은 일면 촌락행정에 대한 촌민 측의 적극적인 참여와
개입에 따른 결과라 할 수 있다. 다시 말해 촌락행정인에 대한 절검의
요구는 표면상 (촌민에 의한) 촌락행정의 참여 내지 촌락자치의 확대
로 해석해 볼 수 있다.

　그러나 촌락행정인에 대한 검약의 요구와 촌민의 감시로 인해 쇼야
직의 비특권화가 진전되었다고 하더라도 이 자체를 촌락자치의 증대
로 보기는 힘들 것이다. 사실상 촌락행정을 이끌어 가던 쇼야의 지배력
은 단순히 연공납부를 책임질 수 있는 경제력뿐만 아니라 촌락자치를
이끌어 나갈 수 있는 사회적 역량, 이를테면 촌민 사이의 분쟁을 해결
할 수 있는 중재능력 등을 갖추어야 했다. 다시 말해 쇼야 직을 수행하
려면 단순히 경제력만이 아니라 촌락 내의 각종 문제를 해결하고 중재
할 수 있는 사회적 명망이 요구되었다. 이러한 점에서 쇼야 직은 중세
말 이래의 각별한 내력과 유서를 가진 집안에게 기대되는 일종의 '노블
리스 오블리제noblesse oblige'의 측면을 갖고 있었다. 예를 들어 앞서

살펴본 다마오 가는 상품유통 과정에서 부를 축적해 쇼야 직에 오르고 나서 촌락행정에 필요한 공적 비용의 일부분을 '기부寄附'란 형식으로 부담하였다. 촌락행정에 관한 다마오 가의 기부행위는 마을신사의 개보수 비용을 비롯해서, 촌내 사원인 진조사眞照寺의 각종 행사 비용의 부담 등으로 이어졌다.43) 이처럼 경제력을 바탕으로 쇼야 직에 오른 다마오 가의 가주가 마을 안팎에서 벌어지는 여가와 종교 활동에 많은 기부를 한 것은 쇼야 직을 수행하기 위해 자신에게 부족한 요소, 즉 촌락 내외의 사회적 명망을 획득하려는 동기에서 비롯된 행위로 이해할 수 있다.

결과적으로 쇼야 직의 교체, 교대제의 실시 등으로 쇼야를 비롯한 촌락행정인의 비특권화가 지속적으로 진행됨에 따라 촌락사회에서 쇼야의 지도력은 이제 더 이상 예전 수준으로 회복되지 못했다. 따라서 촌락 내에 분쟁이나 갈등이 발생하면 이에 대한 중재와 처리가 쇼야의 책임 하에 해결되지 못하고, 이를 영주 권력에 의뢰하여 처리하려는 경향이 현저히 증가하게 된다. 결국 촌락 내에서 쇼야가 가진 중재 기능이 약화됨으로써 영주법에 대한 촌민의 의존도는 날로 심화되었고44) 이에 따라 촌락자치는 점차 형해화하면서 이를 극복하기 위한 방안을 새로이 모색해야 했다.

촌락행정의 광역화와 촌락자치의 새로운 모색

에도 시대의 촌락은 농업경영과 치안유지를 위해 개별 촌락의 영역을 넘어 다양한 촌락연합체를 결성하였다. 촌락연합체의 구체적인 양태는 1714년 야나기 촌柳村 이하 11개 촌락이 맺은 협약을 통해 구체적인 모습을 확인해 볼 수 있다. 당시 11개 촌락의 대표는 "전대미문의 흉작으로 곤궁에 처한 나머지 연공 상납마저 어려운 처지에 놓여 햐쿠쇼 생활의 검약에 관한 조목"을 결성하였다. 전체 12개 조로 구성된 협약은 혼례와 축의, 신사 제례의 간소화와 함께 봉공인의 임금과 처우, 모집 등에 관한 것들로 이루어져 있었다. 또한 1730년 가와치 국河內國 가타노 군交野郡과 사라라 군讚良郡에 속한 하타 촌秦村 이하 15개 촌락의 쇼야는 도적이나 거동이 수상한 자를 발견할 시에 이를 잡아 영주에 신고하되, 이에 소요되는 인력과 비용은 공동으로 부담할 것을 맹서하였다.45) 이처럼 산야와 용수의 공동이용 및 관리, 하천 준설과 수해 방지 등과 같이 농업경영의 재생산 및 안정성 확보를 위해 필요하지만 개별 촌락 단위로 수행하기 힘든 사업의 경우, 지역 내 여러 촌락들이 함께 참여해 추진하는 사례를 적지 않게 찾아볼 수 있다.

그런데 18세기 후반에 접어들면 농촌 지배의 기초단위인 개별 촌락의 영역을 넘어서 일개 '군郡'을 단위로 지역 내의 촌락들이 연합체를 결성해 당면 과제를 해결해 나가려는 움직임이 더욱 가시화되었다. 1781년 교토와 오사카 인근의 우타 군宇陀郡에서는 경제적으로 곤궁한 상황 속에서도 "조닌町人의 풍속을 모방하는 이"가 증가하는 등, 일상 생활에서의 사치가 점차 문제시됨에 따라 검약규약을 제정해 이에 대처하고자 했다. 하지만 위반자에 대한 처벌이 따르지 않아 별다른 실효성을 발휘하지 못했다고 한다. 이러한 상황을 개선하기 위해 군내 120여 개 촌락은 지역 내 촌락을 20개씩 하나로 묶어

'사치를 일삼고 농사를 게을리하는 등의 악습을 단속하고 적발하는 이[倹約幷農業無情等吟味之役]'를 각기 한 명씩 두어 사치를 적발하고 농업을 권장하는 업무를 맡게 하는 것은 물론, 농민의 풍속개량을 위해 영주 권력 측에서도 노력해줄 것을 요구하는 탄원서를 '군내 일동의 뜻[惣郡中一統之義]'으로 막부에 제출하였다.46)

탄원서에 따르면 "우리 마을은 신사神事·불사佛事·도시하지메年始·오절구五節句의 축의祝儀에 관한 법도를 시행하고 있지만 이웃 마을에는 이러한 것이 없고, (막상) 이웃 마을에서 법도를 시행할 시에 우리 마을에서는 그 일을 그만두는" 경우가 있으니, "가업에 온 정성을 다하고 모든 일에 검약을 다하여 자손이 계속되기를 바라는 마음과 같은 좋은 일은 행하기 힘들고, 분수에 맞지 않는 사치와 같이 나쁜 일은 옮겨가기 쉽기" 때문에 이를 제대로 시행하려면 "막부의 위광[御威光]을 빌어 촌락마다 한 사람씩 단속하고 (중략) 지시를 따르지 않는 자는 단속자가 막부에 신고해" 처벌을 받게 함으로써 악습을 바로잡고자 했다.47) 이처럼 18세기 이후 농촌사회에서는 검약과 권농의 풍속개량, 봉공인·일용의 임금, 비료를 포함한 각종 상품가격의 제한 등을 실현하기 위해 일개 군을 단위로 그 지역 내에 산재한 촌락의 대표자들이 모여 회합을 열고 여기서 의결된 사항을 영주에게 청원하는 이른바 「군중의정郡中議定」이 제정되었다.

주로 가미카타上方와 데와 국出羽國, 간토關東 일부 지역을 중심으로 제정된 「군중의정郡中議定」은 ① 햐쿠쇼百姓 신분의 상속을 위협하는 도시적 풍습, 사치적 생활을 강력히 통제하는 '억상抑商', '권농勸農' 조항과 함께 ② 비료, 고용노동 등과 같이 농업경영에 부담으로 작용하는 제 비용의 경감 등을 주된 내용으로 삼았다. 하지만 개별 촌락이 속한 지역의 사회·경제적 상황에 따라 작성 경위와 내용을 조금씩 달리했다. 여타 지역에 비해 면화, 채종 등과 같은 환금작물의 재배가 일찍부터 성행하여 상품경제의 침투도가 높았던 가미카타 지역에서는 면화, 채종, 비료의 가격 및 상품유통을 독점하는 유통기구와 규제의 타파를 요구하는 내용을 담고 있었다.48) 이에 반해 험준한 산지로 둘러싸인 데와 국에서는 기근 피해를 극복하기 위한 식량의 확보와 검약의 강제를 위해 주로 영주 권력의 주도 하에 군 단위의 촌락협약이 작성된 사실을 확인할 수 있다.49) 촌락협약의 내용이 지역에 따라 조금씩 달랐던 것은 이를 제정하는 지역사회의 공간적 차이를 반영한 것이기에 당연한 결과로 생각된다. 이처럼 18세기 후반 이후 촌락사회는 '군郡' 내의 개별 촌락들이 연합하여 서로의 공동이해에 따라 촌락협약을 작성하는 등, 개별 촌락의 상위에 '지역'을 놓고 당면 문제를 해결하려는 경향을 보이기 시작했다.

하지만 복수의 촌락 간에 작성된 촌락협약은 지역 내 거주민의 이해관계를 균등하게 대변하기보다는 봉공인奉公人이나 일용日用 등을 고용해 토지를 경작하는 중상층 이상에 해당하는 부농의 입장이 강하게 반영되었다는 점에 유의할 필요가 있다. 근세 중기 이후 농촌사회는 계층분화에 따라 토지를 잃고 소작인의 지위로 전락하는 이가 생겨나는 반면, 이들을 고용해 대토지경영을 실현해 가는 부농층이 생겨났다. 이에 따라 고용노동의 수요와 시장이 확대되면서 봉공인 중에는 "근년 들어 예절이 없어 계약을 맺을 시, 이전에 일하던 주인에게 폐가 되는지 아닌지의 여부도 물어보지 않고, (전주인이 모르게) 은밀히 계약을 맺거나 또는 봉공을 다하지 않은 채 그만두고 나와 주인이 해고하지도 않았는데 안팎으로 봉공할 곳을 구하여 묻고 다니는 무리" 가 생겨나는가 하면 "다른 곳에서 봉공하고 있는 이에게 은밀히 임금을 더 주고 데려가려는 행태"로 인해 이들의 임금과 처우는 계속 높아져 갔다.50) 이처럼 날로 "방자하게" 구는 봉공인의 풍기문란과 임금인상 으로 말미암아 "다카모치햐쿠쇼高持百姓가 부리고 있는 사역인[下男・下 女]의 임금을 낮추고 싶어하는 마음"51)을 갖는 것은 공통된 현상이었다. 이에 따라 봉공인을 고용하는 측에서는 "마을에 일손이 부족하다 해서 다른 마을에 간 봉공인을 불러들이는 일이 있다면 촌락행정인에게 확인을 받은 다음 반드시 되돌려보내도록"52) 정하는 등의 조치를 마련 해, 봉공인 고용과 처우에 대해 공동으로 대처하고자 했다.

앞에서 살펴본 바와 같이 「군중의정」을 포함해 촌락 간에 맺어진 협약은 촌민 개개인과 개별 촌락의 영역을 넘어서 지역을 염두에 두고 농촌사회의 갖가지 현안들을 고민하고 해결해 나가려는 촌락행정의 새로운 지향점을 내포한 것이었다. 하지만 봉공인・일용의 임금에 관한 조항에서 알 수 있듯이 촌락 내 상층농민과 하층민 사이의 격심한 이해관계의 대립을 내포하는 등, 그 속에는 강한 배타성과 계층성이 동시에 내재되어 있었다. 바로 이러한 점에서 개별 촌락의 지역적 결합 움직임을 단순히 촌락자치의 확장 내지 권력의 상대화라는 입장 에서 보는 것은 실제 현실의 다양성을 간과할 위험성이 있다. 결국 촌락간의 협약은 농촌사회의 유동화와 계층화에 고심하던 농촌사회 가 개인과 촌락의 영역을 넘어 자력으로 대응할 수 있는 마지막 종착점 이었다고 할 수 있다.

1) 일본에서는 에도 시대 촌락 내에서 자치적인 의사결정을 통해 제정한 규약을 '무라오키테(村掟)', '무라사다메(村定)', '촌법(村法)' 등의 다양한 사료용어를 사용해 부르고 있다. 이처럼 동일한 자료를 두고 서로 다른 용어를 사용하는 것은 이를 바라보는 연구자의 문제의식이 상이하기 때문이다. 다시 말해 '무라오키테'는 촌민에 대한 처벌, 제재(水本邦彦, 「公儀の裁判と集團の掟」, 『日本の社會史(第5 卷)』, 岩波書店, 1986. 후에『近世の鄕村自治と行政』, 東京大學出版會, 1993에 수록)에서 촌락자치의 의의를 찾는 반면, '무라사다메'는 촌민의 총의에 의해 규약이 제정된 점(富善一敏, 「近世中後期の村落と村定-信州高島領乙事村の事例から」, 『史料館硏究紀要』27号, 1996. 후에『近世中後期の地域社會と村政』, 東京大學日本史學硏究叢書4, 1996에 수록)에, '촌법'은 영주법에 대한 촌락법의 자치 내지 자율에 주목하려는 경향(前田正治, 『日本近世村法の硏究』, 有斐閣, 1950)을 갖는다. 이러한 점을 염두에 두고 이 글에서는 촌락이 제정주체인 동시에 시행단위였다는 점에 주목하여 촌락이 제정한 자치규약이란 뜻에서 '촌락규약'이란 용어로 번역, 사용하고자 한다.

2) 前田正治, 『日本近世村法の硏究』, 有斐閣, 1950, 7~10쪽.

3) 橫田冬彦, 「近世村落における法と掟」, 『文化學年報』3, 神戶大學大學院文化學硏究科, 1986, 141쪽.

4) 하지만 모든 연구자들이 이러한 입장을 견지한 것은 아니다. 예를 들어 야마나카 에이노스케(山中永之佑)는 다양한 형식을 가진 촌락규약 중에는 영주법화된 것뿐만 아니라 '잇키(一揆)'적 전통과 정신을 계승한, 그야말로 영주 권력과 영주법에 대항하려는 의지를 가진 것이 내재되어 있으며, 이는 영주 권력이 점차 약체화되기 시작하는 막말 시기에 집중적으로 작성되었을 것이라고 보았다. 이에 따라 촌락규약은 영주 또는 영주대리인의 역할을 수행한 촌락행정인(村役人)의 주도 하에 지배수단으로 작성된 '영주법화된 촌락규약'과 영주 지배에 대항하는 '자치적인 촌락규약'의 두 가지 계열로 나누고, 후자의 것을 분류해내는 작업이 필요하다고 주장했다. 이처럼 야마나카는 '자치적인 촌락규약'을 분류해냄으로써 '영주법화된 촌락규약'이 대세를 이룬 가운데서도 중세 이래의 촌락자치의 전통이 계승·유지될 수 있었던 공간을 찾아내고자 하였다. 결과적으로 그는 근세의 지방자치 역량이 메이지 유신(明治維新) 이후 정·촌(町·村)지방행정제도의 개편 과정 속에서 어떻게 근대국가로 흡수·통합되어 가는지를 고찰하고자 한 것이다. 하지만 그 역시 영주 권력과

농민 사이를 지배와 저항이라는 상호 대극적인 관계 속에서 파악하던 방식에서 벗어난 것은 아니었다(山中永之佑, 『日本近代國家の形成と村規約』, 木鐸社, 1975, 26~32쪽). 이처럼 촌락규약은 촌민생활에 상당한 영향력을 행사했음에도 불구하고 주로 영주법과의 관련성 속에서 논의되어 왔다. 이는 촌락에 관한 문제의식과 연구방법에서 비롯된 결과라 할 수 있다. 다시 말해, 촌락규약은 지배와 자치의 관점에서 근세 촌락의 역할과 의의를 '영주의 지배 기구' 혹은 '농민의 자치 조직'으로 입증하기 위한 자료란 점에서 연구자들의 주목과 관심을 받아왔다고 할 수 있다. 촌락규약에 대한 두 가지 연구시각에 대해서는 富善一敏, 富善一敏, 「近世中後期の村落と村定-信州高島領乙事村の事例から-」, 『史料館研究紀要』 27, 1996 참조.

5) 근세 권력은 통일적인 법 적용을 통해 개인을 직접 장악하기보다는 지연공동체나 신분집단 등의 중간단체를 매개로 삼아 통치하고자 했다. 이를 테면 농민에게 지우는 연공과 부역은 농민 개개인이 아니라, 촌락 단위로 전체 총량을 할당하여 이를 촌락구성원 모두가 연대책임을 지고 상납하게끔 했다. 이처럼 연공과 부역의 상납을 농민 개인이 아닌 촌락 전체에 위탁하여 청부하는 방식을 '무라우케제(村請制)'라고 한다. 무라우케제 하에서 근세촌락은 연공상납의 의무를 다하는 한, 영주로부터 별다른 제재와 간섭을 받지 않고 자치를 보장받아 농업경영을 위한 생산 및 생활 공동체로 기능할 수 있었다. 다시 말해 근세촌락은 무라우케 제 하에서 영주 지배의 말단기구인 동시에 생산·생활 공동체로 기능하는 양면성을 가지게 되었다. 종래 연구에서는 무라우케 제 하에서 근세 촌락이 갖는 양면성 가운데 어느 한쪽만을 중시하여 '농민의 자치조직' 혹은 '영주의 지배 기구'란 측면에서 이를 살펴보려는 경향이 강했다. 이 같은 연구경향은 촌락규약의 연구에도 그대로 적용되어, 앞에서 언급한 바와 같이 고닌쿠미초마에가키(五人組帳前書)와의 비교·검토를 통해 영주 지배권의 연장으로 평가하려는 입장이 주류를 이루는 가운데 중세 총촌(惣村) 이래 촌락자치의 전통에 따른 자치법으로 이해하려는 견해가 제기되었다.

6) 水本邦彦, 「公儀の裁判と集團の掟」, 『日本の社會史(第5卷)』, 岩波書店, 1986.

7) 병농분리(兵農分離)의 과정 속에서 영주 지배를 위한 행정관리조직으로 변질된 근세 촌락이 산림·용수의 이용을 둘러싼 촌락간의 분쟁, 촌락 내부의 치안과 질서 유지 등의 방면에서 어떻게 촌락자치 기능을 발휘해 왔는지에 대한 구체적인 분석이 이어졌다.

8) 최근 들어 촌락규약의 연구는 개별 촌락 단위를 넘어서 '지역'에 대한 관점에서 「군중의정(郡中議定)」 등에 연구자의 관심이 집중되고 있다. 군중의정은 18세기 후반부터 이른바 '비영국(非領國)지역'에서 '군(郡)'을 단위로 하여 다수

의 촌락이 연합해 제정한 협약을 말하는데, 그 내용 중에 영주, 도시상인, 농촌봉공인 등을 대상으로 지역농민의 요구사항이 담겨 있어 '지역적 공공성'의 기원과 형성이란 점에서 관심의 대상이 되고 있다. 하지만 군중의정을 제정한 조직체의 성격을 영주제적 원리와 지연적 원리의 관점에서 파악하려는 양자의 견해가 팽팽히 대립된 채 논의가 진행되고 있다. 이에 대한 개략적인 연구 성과는 「郡中議定になぜ注目するのか」(靑木美智男・保坂智 編, 『新視点日本の歷史(第5卷) 近世編』, 新人物往來社, 1993) 참고.

9) 종래의 연구는 주로 개별 촌락의 촌락규약을 분석 대상으로 삼았기 때문에, 촌락의 영역을 넘어서 촌락 외부의 사회・경제적 변화와 촌락규약 사이의 관계에 주목한 연구는 그렇게 많지 않다. 예컨대, 간자키 나오미(神崎直美)는 간토 지역의 각 국(國)을 대상으로, 특정 지역의 촌락규약을 수집하여 그것의 내용을 분석하는 일련의 연구성과를 발표하였다(「相模國の村法」, 『大和市史』16, 1990 ; 「上野國の村法」, 『群馬文化』225, 1991 ; 「武藏國の村法」, 『多摩のあゆみ』65, 1991). 간자키의 연구는 특정 지역의 촌락규약을 수집・분석했음에도 불구하고 세부 조항을 상세히 소개하는 것에 중점을 두어, 촌락규약에 반영된 지역성을 규명하는 데는 별다른 관심을 기울이지 않았다.

10) 기나이(畿內)란 왕이나 황제가 거주하는 수도 주변지역을 뜻하는 말이다. 일본에서는 고대 율령제 이래 야마시로(山城), 야마토(大和), 가와치(河內), 이즈미(和泉), 셋쓰(攝津)의 5개 국을 기나이로 지칭해 왔다. 이 지역은 오늘날의 교토 시(京都市)와 교토 부(京都府) 남서부, 나라 현(奈良縣), 오사카 부(大阪府) 일대에 해당한다. 이 책에서는 기나이 지역의 지방자치단체에서 출간한 지방사 사료집을 중심으로 약 200여 점에 이르는 촌락규약을 수집・정리하고 이를 토대로 연구를 진행하였다. 기나이 지역에서 출간된 지방사 사료집에 관해서는 교토 부의 경우 『資料館紀要』29(京都府立綜合資料館, 2002), 나라 현의 경우 『奈良縣の縣史郡史市町村史類刊行狀況一覽』(奈良縣立奈良圖書館 鄕土資料室, 2001), 오사카 부의 경우 『大阪府立圖書館所藏大阪府內市町村史誌目錄』(大阪府立圖書館, 2003)을 참고하면 대강의 목록과 소재지를 확인할 수 있다.

11) 농민 생활의 규범이자 촌락행정의 기본법이라 할 수 있는 촌락규약이 일본의 모든 농촌 지역에서 균질적으로 제정된 것은 아니다. 영주법에 기반을 두고 촌락 지배를 관철시키고자 노력한 도자마다이묘(外樣大名)의 영지에서는 촌락규약이 작성된 사례가 그다지 많이 확인되지 않는다. 이러한 점을 고려할 경우, 촌락규약은 영주 권력이 상대적으로 미약했던 이른바 '비영국(非領國)' 혹은 일정 정도 촌락자치가 허용된 막부영지 내에서 활발히 제정되었다고 볼 수 있다. 服藤弘司, 『幕府法と藩法』, 創文社, 1980.

196

12) 에도 막부의 직영지인 덴료(天領)와 이에 관한 지배를 책임진 다이칸의 행정에 대해서는 柏村哲博, 『寬政改革と代官行政』, 國書刊行會, 1985 참조.

13) 지배와 자치의 측면에서 근세 촌락이 가진 이면성 및 무라우케제(村請制)의 연구 성과에 대해서는 鈴木ゆり子의 「村社會と村請制」(村上直 編, 『日本近世史研究事典』, 東京堂出版, 1989) 참조.

14) 간에이(寬永) 기근 당시 막부의 기근 대책에 대해서는 藤井讓治, 『德川家光』, 吉川弘文館, 1997, 136~145쪽.

15) 가미카다군다이의 법령이 다이칸 오노초사에몬(小野長左衛門)과 스에키치 사마고사에몬(末吉孫左衛門)을 거쳐 기나이 일대에 전달된 사실은 각기 『藤井寺市史(第6卷) 史料編(4上)』, 1983, 6쪽 ; 『羽曳野市史(第5卷)』, 1983, 38쪽을 통해 확인할 수 있다.

16) 前田正治, 『日本近世村法の研究』, 有斐閣, 1950, 附錄 村法集.

17) 촌락규약의 제정 주체가 소추(惣中)에서 쇼야로 이동하게 된 원인에 대해 요코타(橫田)는 중세 이래 소추의 상층 구성원이 가지고 있던 명망가적 권위가 동요함에 따라 촌락행정에서 쇼야의 헤게모니가 상대적으로 강화되었을 가능성을 제시했다. 橫田冬彦, 「近世村落における法と掟」, 『文化學年報』 3, 神戶大學大學院文化學研究科, 1986.

18) 『米原町史 資料編』, 1999, 756~758쪽.

19) 『城陽市史(第4卷)』, 431쪽.

20) 『寢屋川市史(第4卷)』, 580쪽.

21) 『城陽市史(第4卷)』, 431쪽.

22) 『千早赤阪村誌 資料編』, 562쪽.

23) 『尼崎市史(第6卷)』, 624쪽.

24) 『高石市史』, 690쪽

25) 『高石市史』, 689쪽.

26) 막부법의 경우, 검약령의 위반자에 대한 제재를 구체적으로 명기한 곳을 찾지 못했다. 번법(藩法)의 경우, 오카야마 번(岡山藩)에서는 착용하고 있는 의류의 압수, 또는 유치처분을 가하거나 사치의 정도가 심한 여성은 머리를 깎아 추방하는 형벌을 마련해 두었다. 또한 구마모토 번(熊本藩)에서는 "絹類幷上方染帷子"를 착용한 자의 경우 남녀를 불문하고 50일간의 감옥형에 처하

는 처벌을 규정한 사실이 확인된다(原田信男, 「衣・食・住」, 『日本村落史講座 第7卷 生活Ⅱ 近世』, 雄山閣, 1990, 127쪽). 이처럼 검약위반자에 대한 처벌은 주로 의복에 한정되어 있었으며 그나마 오카야마 번과 구마모토 번을 제외하면 검약령 위반자에 대한 처벌조항을 찾아보기 힘들다. 따라서 막번 영주의 검약령이 단순히 서민의 사치를 금지하는 데 목적을 두고 있었는지 아니면 서민 생활의 안정이란 보다 거시적인 목적을 가지고 시행된 것인지에 대해서는 앞으로 좀더 많은 검토가 이루어야 할 것으로 생각된다.

27) 『新修龜岡市史 資料編(第2卷)』, 952쪽.

28) 『大山崎町史 史料編』, 305쪽.

29) 『新修豊中市史 古文書 古記錄』, 604쪽.

30) 『兵庫縣史 史料編 近世2』, 803쪽.

31) 『江戶町觸集成(第5卷)』, 6707호.

32) 촌락규약에는 촌락 운영을 실질적으로 주도한 상층농민의 이해관계를 대변하는 조항이 적지 않게 담겨 있었다. 그 일례로 경제력의 상하에 따라 의복착용을 달리하는 조항을 들 수 있다. 1690년 시오에 촌(潮江村)의 촌락규약에서는 쇼야와 도시요리의 촌락행정인 외에 '먹고 살 만한 자[身體能者]'와 '그렇지 못한 자[身體不成者]'의 구별을 두어 의복 착용에 차이를 두었다(『尼崎市史(第6卷)』, 614쪽). 또한 1860년 우에다시리 촌(上田尻村)에서는 일률적인 의복규정을 대신해 촌민의 임의에 따른 의복착용을 허용함으로써 사실상 경제력에 의한 의복차이를 인정하기도 했다(『能勢町史(第1卷)』; 640쪽).

33) 藪田貫, 「元祿・享保期畿內の地域經濟-商業的農業と地域經濟-」, 松本四郎・山田忠雄 編, 『講座日本近世史 元祿・享保期の政治と社會』, 有斐閣, 1980, 123~128쪽.

34) 山崎隆三, 「攝津における農業雇傭勞動形態の發展」, 市川孝正・渡辺信夫・古島敏雄 他 著, 『封建社會解體期の雇傭勞動』, 靑木書店, 1961, 205~207쪽.

35) 『田原本町史 史料編(第2卷)』, 17쪽.

36) 『新訂大宇院町史 史料編(第2卷)』, 371・372쪽.

37) 『斑鳩町史 續史料編』, 212쪽.

38) 『久御山町史 史料編』, 340쪽.

198

39) 『高石市史(第3卷)』, 688~691쪽.

40) 다마오(玉尾) 가의 역대 가주가 1744년(寬保 4)에서 1878년(明治 12)까지 약 130년에 걸쳐 매해의 주요 사건만을 기록한 연대기 형식의 일기 기록은 國立史料館 編의 『近江國鏡村玉尾家永代帳 史料館叢書(10)』(東京大學出版會, 1988)로 정리·공간되었다.

41) 『加茂町史(第5卷) 資料編(2)』, 332·333쪽.

42) 『加茂町史(第5卷) 資料編(2)』, 338~341쪽.

43) 다마오 가의 가업 형태와 촌락행정인으로서의 활동에 대해서는 박진한, 「에도 시대 상층농민의 여가와 여행」, 『역사학보』 189, 2006을 참조.

44) 근세 후기 이후 촌락 내에서 발생한 절도 등의 범죄행위에 대한 처벌을 자체적으로 규정하지 않고 영주 측에 의뢰하는 경향에 대해서는 水本邦彦, 「村の掟と制裁」, 『近世の郷村自治と行政』, 東京大學出版會, 1993, 28쪽 참고.

45) 前田正治, 『日本近世村法の研究』, 有斐閣, 1950, 47·48쪽.

46) 『新訂大宇院町史 史料編(第2卷)』, 331쪽.

47) 『新訂大宇院町史 史料編(第2卷)』, 331쪽.

48) 藪田貫, 『國訴と百姓一揆の研究』, 校倉書房, 1992.

49) 靑木美智男, 『近世非領國地域の民衆運動と郡中議定』, ゆまに書房, 2004.

50) 『田原本町史 史料編(第2卷)』, 17쪽.

51) 『久御山町史 史料編』, 340쪽.

52) 『枚方市史(第6卷)』, 13쪽.

제 6 장

19세기 막부 지배의 동요와 검약의 강화

그림 1_ 아사마 산의 화산 폭발 모습. 『덴메이 3년 아사마 대폭발도 天明三年淺間大燒之圖』에서.

덴메이天明 기근과 도시폭동, 그리고 다누마田沼 정권의 붕괴

에도 시대는 간에이寬永(1640~1642), 교호享保(1732), 덴메이天明(1783~1786), 덴포天保(1832~1836) 시기에 이른바 '4대 기근'으로 불리는 대기근을 비롯하여 크고 작은 기근이 끊이지 않았다. 기근 피해가 이렇게 상시적이었던 것은 기후조건에 크게 좌우되는 전근대 농업경제의 한계와 더불어 영주 권력의 기근 대책 때문이었다.1) 기근구제를 책임져야 할 막부와 번은 만성적인 재정적자 때문에 구휼미, 연공감면 등과 같은 실질적인 도움을 줄 수 있는 구황대책을 실시하기보다 미곡의 영외 반출을 금지하거나 술제조 금지령[酒造禁止令], 검약령 등을 통해 미곡소비를 줄이는 데 더 많은 관심을 기울였다. 더욱이 에도 시대 중기 이후에는 재정수입을 늘리기 위해 막부뿐 아니라 여러 번에서도 쌀값 인상을 목적으로 연공미 이외에 시중의 풀린 쌀을 사모아 주요 소비지인 에도와 오사카로 반출하는 이른바 '가이마이買米' 정책을 경쟁적으로 실시함에 따라, 심지어 풍년이 든 다음 해에도 번 내에 쌀이 남아 있지 않아 흉년이 들면 곧바로 기근으로 이어지는 경우가 비일비재하였다.

자연재해가 곧바로 기근으로 이어지는 상황에서 1783년 7월 나가노 현長野縣과 군마 현群馬縣 경계에 위치한 아사마 산淺間山에서 대규모 화산 폭발(그림 1)이 일어났다. 폭발과 함께 북쪽 급사면을 타고 흘러내린 용암은 토사, 암석과 뒤섞인 화쇄류가 되어 15킬로미터 아래에 위치한 마을 세 곳을 뒤덮어 그곳 주민 597명 가운데 466명의 목숨을 순식간에 앗아갔다. 더욱이 용암과 함께 분출된 방대한 양의 화산재는 인근 도호쿠東北 지방과 간토關東 일대로까지 날아가, 심지어 130여

그림 2_ 기근으로 인해 아사의 위기에 처한 농민의 모습.『덴메이 기근도 天明饑饉圖』에서.

킬로미터나 떨어진 에도 시내에도 3센티가 넘는 화산재가 쌓였다. 이로 인해 당시 도호쿠·간토 일대의 경작지는 녹색을 찾아볼 수 없을 정도였다고 한다.[2]

　더욱이 화산폭발과 함께 분출된 미세 먼지가 성층권을 뒤덮어 일사량이 줄어드는 냉해로 인한 흉작 때문에 도호쿠와 간토 일대는 기록적인 기근을 경험하였다. 특히나 지형적인 요인으로 여름철 편동풍인 야마세やませ에 의해 냉풍 피해를 주기적으로 경험했던 쓰가루津輕·난부 번南部藩 일대는 그 다음 해 들어서도 상황이 나아지질 않아 풀뿌리나 나무열매는 물론 길가에 쓰러져 있는 시체와 "자기 아이를 잡아먹

는 자"도 있어, 마치 사람이 "귀신과 같다"고 할 정도의 엄청난 참상을 겪게 된다.(그림 2)

이처럼 아사마산의 화산 폭발로 시작된 이른바 '덴메이 대기근天明大飢饉'은 1783년부터 1786년까지 도호쿠·간토 일대를 중심으로 막대한 인명 피해를 안겨 주었다. 화산 폭발의 피해는 이것으로 그치지 않았다. 화산폭발 이후 수년 동안 기근이 계속되면서 쌀값이 폭등하자, 이를 견디다 못한 도시 하층민들은 1787년 5월부터 6월 동안 에도를 비롯한 전국 주요 도시에서 동시다발적으로 폭동을 일으켰다. (그림 3) 특히나 그해 5월 에도에서 발생한 도시폭동은 미곡의 염가 판매를 바라는 하층민들의 요구를 미곡상들(미곡 도매상, 중개상, 소매상)이 거부한 것이 화근이 되어, 쌀집과 술집, 식료품점을 주 목표로 삼아 이들의 가옥과 가재도구를 파괴하고 미곡 등을 강탈하기에 이르렀다.

전국에서 동시다발적으로 발생한 도시폭동은 전대미문의 사건으로 일반 민중은 물론 무사 집단 내에서도 "하늘이 명한 것으로 두려워해야 할 일"로 인식될 만큼 엄청난 충격을 주었다. 이 같은 충격과 놀라움은 제10대 장군 이에하루家治의 총애 속에서 절대권력을 휘두르던 로주老中 다누마 오키쓰구田沼意次에 대한 비난으로 이어졌다. 세간에서는 오키쓰구의 실정 때문에 막정幕政이 "정당성을 잃었기" 때문에 폭동이 일어났다는 비난의 목소리가 공공연히 터져나왔다.

도시폭동 당시 모든 이들로부터 지탄의 대상이 되었던 오키쓰구는 사실 에도 시대를 통 털어 그리 흔치 않은 벼락출세의 주인공이었다. 제9대 장군 이에시게家重의 일개 시동侍童에 불과했던 그는 이에시게의

204

그림 3_ 에도 시내에 발생한 도시민의 폭동. 『막말 에도시중 소동기幕末江戶市中騷動記』에서

두터운 신임을 받아 장군의 의사를 막각에 전달하는 소바요닌側用人의
요직에 임명되었다. 이에하루가 이에시게의 뒤를 이어 장군에 오른
이후에도 그에 대한 신임은 변함이 없어, 1769년 시종侍從을 거쳐
1772년 막각의 최고 책임자인 로주에까지 오르게 된다. 하지만 자신
의 아들을 와카도시요리若年寄에 임명하고 막부 재정담당 부서에 자신
의 인맥을 심는 과정에서 뇌물을 받아 챙겨 세간으로부터 많은 원성을
샀다. 특히나 막부의 실권을 쥐고 있던 후다이다이묘들은 보잘것없던
일개 시동에서 로주에까지 초고속으로 승진한 오키쓰구에게 강한 시
기심과 적대감을 가졌다. 이처럼 많은 이들에게 비난과 원성을 산
오키쓰구는 실각과 동시에 '악정惡政'의 대표적인 인물로 비난받았다.

하지만 최근 들어 그에 대한 평가가 조금씩 달라지고 있다. 즉,
오키쓰구야말로 막부재정의 안정이라는 당면 과제를 해결하기 위해
실제적인 조치를 강구한 인물이라는 긍정적인 재평가가 이루어지고

그림 4_ 난료니슈긴南鐐二朱銀

있는 것이다.3) 오키쓰구는 철, 놋쇠, 유황, 장뇌樟腦, 진사辰砂, 인삼 등의 물산을 독점적으로 취급하는 특권상인조합인 좌座를 인정하고 유통독점을 보장하는 상공인 동종조합의 가부나카마株仲間를 결성하도록 유도하는 대신 이들로부터 묘가

킨冥加金·운조킨運上金이라는 영업세를 받아 부족한 막부재정에 충당하고자 했다. 또한 지역에 따라 금(에도 주변의 간토 경제권), 은(오사카 주변의 간사이 경제권)을 달리 사용하는 이원적인 통화체제의 불편을 해소하기 위해 통일적인 화폐를 발행하는 등, 이전에 볼 수 없었던 새로운 화폐정책을 실시하고자 했다. 예를 들어 1765년(明和 2)에는 무게를 달아 가치를 측정하는 칭량화폐인 은을 사용할 때 생기는 번거로움을 해소하기 위해 중량을 표시한 '메이와고몬메明和五匁'(약 18.75그램)의 주조를 지시했다. 더욱이 1772년에는 은을 소재로 하면서도 금의 화폐단위인 '니슈二朱'에 해당하는 순도 높은 은화 '난료니슈긴南鐐二朱銀'(그림 4)을 만들어 유통시켰다. 난료니슈긴의 뒷면에는 "8장으로 금화 고반小判 1량兩과 교환할 수 있다"는 문구를 새겨넣었는데, 지역에 따른 금·은의 이원적 통화사용을 지양하고 교환비율을 고정한 점에서 획기적인 화폐였다고 할 수 있다. 오키쓰구가 실시했던 이상의 정책들은 미가의 하락에도 불구하고 연공미 수입에 재정을 의존할 수밖에 없었던 막부재정을 개선하기 위해 상품경제에 적극 대응하려

는 시도였다고 평가할 수 있다.

그러나 합리적인 의도에도 불구하고 그의 정책들은 여러 계층으로부터 심한 반발을 샀다. 무엇보다 상품생산을 통해 얻어지는 이익을 가부나카마와 같은 특정 상인조직을 통해 장악함으로써 실제 면화나 채종 등의 상품작물 생산을 담당하는 호농 층의 거센 반발을 샀다. 아울러 연공 증징으로 말미암아 농촌사회의 계층분화가 촉진되었고 이 과정에서 몰락농민이 대거 도시로 유입되면서 도시 하층민이 증가하는 등 농촌과 도시 모두의 황폐화가 진행되었다.

이처럼 오키쓰구에 대한 불만이 커지면서 고산케御三家를 중심으로 시라카와白河의 번주인 마쓰다이라 사다노부松平定信를 로주에 취임시키려는 반 다누마 세력이 형성되었다. 1786년 8월 25일 오키쓰구를 후원하던 장군 이에하루의 사망을 계기로 양 세력의 갈등은 점차 표면화되었다. 특히나 에도의 도시폭동은 양 세력 간의 정치투쟁을 결말짓는 중요한 계기가 되었다. 반 다누마 세력의 지원을 받은 마쓰다이라 사다노부는 오키쓰구의 실정 때문에 도시폭동이 일어난 것이라고 책임을 물어 실각시키고, 1787년 6월 오키쓰구를 대신해 로주의 지위에 올랐다.

마쓰다이라 사다노부松平定信의 간세이寬政 개혁과 검약정책의 두 가지 기조

오키쓰구의 뒤를 이어 로주 직에 오른 마쓰다이라 사다노부는 요시무네의 아들이자 영명한 군주로 이름 높았던 다야스 무네타케田安宗武

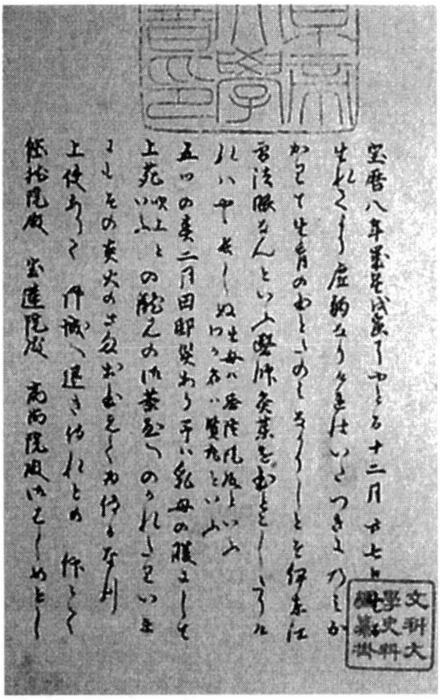

그림 5_ 도쿄 대학 사료편찬소에 보관중인 『우케노히토고토 宇下人言』의 본문 중 일부.

의 아들로 태어났다. 무네타케의 뒤를 이어 시라카와 번白河藩의 번주에 오른 그는 덴메이天明 기근의 위기 상황에 기민하게 대처해 오히려 이를 번정개혁藩政改革의 기회로 삼았다. 이러한 업적이 널리 알려져 그는 오키쓰구에 반감을 품은 개혁적 성향의 후다이다이묘들로부터 폭넓은 지지를 얻을 수 있었다.

도시폭동에 대한 책임을 물어 오키쓰구를 실각시키고 로주에 오른 사다노부에게 가장 중요한 급무는 무엇보다도 도시폭동이 재발하지 않도록 대책을 마련하는 일이었다. 이에 따라 로주 취임과 함께 막정 개혁의 기본 방향은 도시사회의 안정과 농촌경제의 회복에 모아졌다. 이처럼 도·농 양쪽 모두의 사회안정과 경제회복을 꾀하기 위해 사다노부를 필부로 한 막각幕閣에서 전면에 내놓은 개혁정책이 다름 아닌 '검약령'이었다. 사다노부는 그의 저서 『우게노히토고토宇下人言』4)(그림 5)에서 전국적으로 도시소요 사태가 발생하기 직전인 덴메이天明 말기의 사회 정황에 대해 다음과 같이 기술하였다.

덴메이 우년天明午年(天明 6, 1786) 전국적으로 인구대장을 조사한 결과 이전 자년子年(安永 9, 1780)에 비해 제국諸國에서 140여만 명이 감소했다. (장부상) 감소된 사람들이 모두 사망한 것은 아니고, 단지 장부에서 누락되었거나 아니면 출가해 수행자가 되거나, 무숙인無宿人이 되었을 것이다. 그도 아니면 에도로 흘러들어 인구대장에도 기록되지 않은 채 방황하며 떠도는 무리가 되었기 때문일 것이다.

140여만 명이란 숫자는 다소 과장된 것일지 모르겠으나 기근이나 흉년으로 농촌에서 방출된 이들의 상당수가 에도를 비롯한 도시로 흘러들어 도시 하층민이 되었다는 지적만큼은 비교적 정확한 현실인식이었다. 그리고 농촌에서 도시로 많은 이주민이 발생하게 된 이유에 대해 다음과 같이 기술하였다.

마을 마을마다 예전에 없던 값비싼 우산을 받쳐 쓰거나 또는 (머리에) 기름을 바르거나 이발을 한다. 이런 것 모두가 사치를 조장하고 있으니 도박 등이 성행하여 농사에 힘쓰는 무리 또한 점차 줄어 수확 역시 줄어드니, 결국에는 고향을 떠나 에도로 흘러 들어와 에도 인구는 점점 늘어만 가고 농촌은 쇠락해 간다.

즉, 사다노부는 농촌지역에 확산되는 도시의 사치적인 소비풍속이 농민을 타락시키고, 도박 등으로 가산을 탕진한 이들이 에도로 흘러들어와 에도 인구가 증가하게 되었다고 생각한 것 같다. 그런데 도시의 사치적인 소비풍속이 농촌사회를 타락시키는 주된 요인이라는 인식은 비단 로주인 사다노부뿐 아니라 농촌 지배의 제일선에서 활약하던 다이칸代官과도 일맥상통하는 것이었다. 무쓰 국陸奧國 가와마타川俣의 다이칸인 미즈타니 미쓰오水谷充央는 1786년 4월에 식사와 의류, 가택,

혼례 등의 절검을 지시한 9개 조의 검약령을 발령하였다. 그 내용
중에는 "근래 들어 도시[町場] 또는 다카모치햐쿠쇼高持百姓의 생활을
흉내내서 소백성小百姓까지 툇마루를 깔고", "근래 들어 대・소 백성을
막론하고 시가지[町場]에 나가서는 목면으로 겉감과 안감을 대고 그
사이에 기름종이를 넣은 비옷[木綿合羽]・뱀눈 모양의 문양을 넣은 우
산[蛇目傘]・칠을 한 나막신[塗下駄] 등을 사용하는 이도 있다."5)고 하
여, 농민들이 도시의 생활풍습을 흉내내어 분수를 넘는 사치를 일삼고
있다고 기술한 부분을 찾아볼 수 있다. 이처럼 분수를 넘어선 사치생활
로 인해 몰락농민이 생겨나고 이들의 일부가 에도로 흘러들어 도시
하층민으로 전락, 이들의 숫자가 증가함으로써 잠재적으로 도시사회
의 안정을 해칠 수 있다는 인식은 당시 막각의 최고책임자인 사다노부
로부터 일선 행정을 담당한 다이칸에 이르기까지 지위 고하를 막론하
고 무사 사이에 널리 공유되고 있었던 것으로 보인다.

이에 대한 대책으로 사다노부는 "예로부터 치세의 제일로 삼은 것은
사치[花奢]를 내치고, 말단을 수습하여 근본을 다잡는 것"이라고 하여,
사치적 생활습관을 근절하기 위한 검약정책을 치세의 제일로 삼았다.
검약령을 발령한 이유에 대해선 비교적 자세히 언급하였는데,

> 농촌마을에서 에도로 나와도 생계가 어렵다면 고향을 떠나 도망쳐
> 나온들 (도대체) 어디로 가야 할지 주저하는 마음을 갖게 되며,
> 에도에 살고 있는 자들도 농사짓고 사는 것이 살기 편하다 한다면
> (오히려) 귀농歸農하는 편이 좋다고 생각하게 될 것이다. 이를 위해
> 여성복 가격을 정하고 또한 완구에 금金・은박銀箔의 사용을 금하는
> 등을 명한 것이니

라고 언급한 대목에서 검약령에 대한 그의 기대를 알 수 있다. 요컨대, 검약령으로 에도 시내가 인위적인 불황 상태에 빠져 먹고 살기 힘들어지면 당장 생계가 힘든 하층민들은 도시에 살기보다 농촌에 귀향하는 길을 택할 것이라 생각한 것 같다. 더욱이 "에도의 (일시적인) 쇠락은 제국諸國이 윤택해지는 바탕이 되어 마침내 부내府內(에도마치부교쇼의 관할구역)의 시가지 역시 그러한 혜택을 입게 될 것이다."고 밝힌 대목에서처럼, 검약령에 의해 설령 에도 시내가 일시적으로 쇠락에 빠지더라도 하층민의 귀농이 촉진된다면 점차적으로 농촌의 연공미 수입이 증가할 것이고 그렇게 되면 무가의 지출도 늘어나 결과적으로 에도 상인의 영업도 좋아질 것이라는 낙관적인 기대를 품고 있었던 것 같다.

이상에서 간세이 개혁 당시 강력한 검약정책을 추진하고자 했던 사다노부의 검약관에 대해 살펴보았다. 그의 이러한 검약정책은 다음과 같은 사실에서 이전과 구분되는 특징을 가지고 있었다. 무엇보다 그의 검약령은 단지 사치금지를 목적으로 삼은 것이 아니라, 도시주민의 소요사태를 막고 도시와 농촌사회의 안정을 회복하기 위한 대민지배책의 일환으로 추진되었다는 점이다. 다시 말해 도시와 농촌사회를 안정시키기 위해서는 무엇보다 도시 하층민의 감소와 농촌인구의 회복이 절실하며, 이를 위해 "지금 당장 절용節用에 전념하여 귀농권본歸農勸本을 제일로 삼아 부화浮花를 물리"쳐야 한다고 생각했기 때문이다. 즉, 간세이 개혁의 검약정책은 단지 사치스런 풍속의 교화나 검약의 강제가 아닌, 하층농민의 도시유입을 억제함과 동시에 귀농을 촉진하기 위한 '데카세기手稼 금지령' 및 '귀농장려책'과 깊은 관련을 맺으면

서 시행되었다는 점에서 중요한 특징을 갖는다.6)

　이와 함께 검약으로 인한 '에도의 (일시적인) 쇠락'을 '제국諸國의 윤택함'으로 이어가기 위해, 에도뿐 아니라 전국을 시야에 넣어 광범위하게 검약령을 시행하고자 했다는 점에서 주목할 필요가 있다. 이를 위해 막부는 개혁 초기, 각지의 다이칸에게 빈번히 훈령을 내려 이들에게 지배지역 내에서 검약에 관한 교유敎諭나 법령을 발령토록 지시함으로써, 말단 지방에 이르기까지 막부의 검약정책이 철저히 추진될 것을 기대하였다.

　이러한 막부의 지시 때문인지 간세이 개혁기에는 후세에 '명관[名代官]'으로 칭송받는 다이칸들이 다수 등장하였을 뿐만 아니라 이들이 발령한 검약령과 사치풍속에 대한 교유를 여러 곳에서 찾아볼 수 있다. 예를 들어, 무쓰 국陸奧國 하나와塙 다이칸인 데라니시 구니모토寺西封元,7) 미마사 국美作國 구제久世 다이칸인 하야카와 마사노리早川正紀,8) 시모쓰케 국下野國 모오카眞岡 다이칸인 다케가키 나오아쓰竹垣直溫,9) 신노 국信濃國 미카게御影 다이칸인 사토 시게노리佐藤重矩,10) 빗주 국備中國 구라시키倉敷 다이칸인 노구치 노오가타野口直方,11) 고쓰게 국上野國 이와하나岩鼻 다이칸인 고토 가즈시로近藤和四郎12) 등은 각자의 임지에서 촌락 운용경비의 절검과 사치풍속의 단속 등을 주된 내용으로 삼는 검약령을 제정해 농촌 부흥의 방향을 제시하고자 했다. 다음 장에서는 각지의 다이칸들이 발령한 검약령을 토대로 농촌 부흥을 위해 실시한 구체적인 정책들과 그 내용에 대해 살펴볼 것이다.

전국적인 다이칸 검약령의 제정과 촌락 운용경비의 절감

개혁 초기, 사다노부는 '덴메이 기근'으로 피폐해진 농촌경제를 재건하고, 감소한 농업인구를 회복하기 위해 400만 석에 이르는 막부영지를 관리·감독하던 간죠쇼勘定所와 지방행정을 담당하던 군다이郡代·다이칸의 재정비에 많은 노력을 기울였다. 즉, 1788년 6월부터 1789년 2월에 걸친 1년 반 동안 근무 태만, 또는 데다이手代(다이칸을 도와 잡무를 처리하던 하급관리)의 부정을 방임하며 공조貢租를 유용했다는 등의 이유를 들어 아홉 명의 군다이·다이칸에게 '근신' 등의 처분을 내리고 열아홉 명을 교체하는 대신, 질록과 신분에 상관없이 다양한 경력의 인재를 기용하는 인사 혁신을 단행하여 농촌행정기구를 개혁하고자 하였다.13)

또한 막부는 1788년 5월 다이칸에게 내린 훈령을 통해 "다이칸과 아즈카리쇼야쿠닌預所役人(막부로부터 막부직할지를 위임받아 통치하는 관리)은 신분을 중히 여겨, 데다이·시타야쿠下役(잡무를 맡아보는 하급관리) 등에게 (행정을) 일임하여 관할 하에 있는 촌락의 형세, 주민들의 동태 등도 알지 못하는 면면들도 있으니 (이는) 필경 신분에 대한 교만함에서 비롯된 소업으로 당치도 않은 일이다. 이상과 같아서는 자연스레 상하의 사이가 벌어지는 까닭에 농민들도 가업에 소홀해져 무익한 잡비에 금전을 써버리게 될 것이다."라고 지적하였다.14) 즉, 연공징수 및 행정업무의 책임을 지고 있던 다이칸과 아즈카리쇼야쿠닌이 실제 업무를 데다이나 시타야쿠 등의 하급관리에게 위임하는 관행을 질책하면서, 앞으로는 다이칸이 직접 나서서 관할 지역의 민심을 파악한 후 민정업무를 돌보라고 지시하였다. 또한 같은 해 8월에는

「데다이 지침서[手代共御掟書]」를 내려[15] 데다이 등이 농민에게 모범을 보이기 위해 솔선해서 수수한 의복을 착용하도록 지시하는 한편, 12월에는 농촌 쇄락의 원인으로 농민의 사치생활을 지적하고 그 대책으로 장문의 훈령을 다이칸에게 하달하였다. 그 내용을 살펴보면 본디 "수수한 옷을 입고 머리도 볏짚으로 묶어야" 할 신분의 농민들이 "근래 들어 언젠가부터 사치가 조장되어 신분의 분수를 망각한 채 과분한 물품을 착용하는 무리도 있고 머리에 기름을 발라 머리끈을 매는" 등 신분에 맞지 않는 사치와 치장으로 말미암아 지출이 늘어 결국에는 "마을 형세도 쇄락해져 흩어지게" 된다고 하였다. 그리고 그 대책으로 먼저 다이칸과 데다이가 모범을 보여 수수한 의복을 착용하는 한편 "농민들은 더더욱 조금이라도 사치스러운 일이 없도록 예전의 (수수했던) 풍속을 잊어버려서는 안 될 것이며 농민(의 신분)으로 여업餘業인 상업에 종사하거나 또는 마을마다 이발소 등이 있는 것은 당치 않은 일이니 앞으로 사치하지 않도록 조심하고 아무쪼록 질소하게 생활하고 농업에 힘써야 한다."는 내용의 검약에 관한 사항을 촌락 구석구석에까지 숙지시킬 것을 지시하였다.[16]

이러한 막부의 지침 하에 각지에 파견된 다이칸들은 사치풍속을 규제하고 실제적으로 절검을 촉진시킬 수 있는 내용의 법령을 제정해 자신의 관할지역 내에서 이를 시행하였다.[17] 이에 따라 간세이 개혁 당시 다이칸이 발령한 검약령 중에는 농민부담을 실질적으로 경감시키기 위한 대책을 마련하기 위해 촌락 운용경비의 절감을 지시한 경우가 적지 않았다.

사실 17세기 중반까지 촌락 운용경비에 대한 막부의 정책은 운용경비를 촌민에게 공정하게 할당하고 이에 관한 내용을 장부에 정확히 기재하도록 하여, 혹시나 있을지 모를 촌민 사이의 분쟁을 미연에 방지하는 데 중점을 두었다. 그리고 17세기 중반 이후에는 '촌락 운용 경비에 관한 장부[村入用帳]'를 빠짐없이 작성하는 것은 물론이고 부정을 행한 촌락행정인의 처벌과 함께 경비의 공정한 할당을 위해 다카가카리高掛(연공징수의 기준인 고쿠타카를 기준으로 비용을 할당하는 방식)의 준수를 지시하였다.18) 이러한 사실을 감안할 때 검약정책의 일환으로 촌락 운용경비의 비용절감을 명한 것은 사실상 간세이 개혁 당시가 처음이었다.19)

1790년 8월, 막부는 비용을 절감하지 않았음에도 촌락 운용경비에 관한 장부를 거짓으로 꾸며 촌민에게 여전히 높은 비용 부담을 요구하는 촌락이 적지 않은 점을 지적하면서, 마을 운용경비의 상당 부분을 차지하는 촌락행정인의 출장경비, 예를 들어 공무상의 이유로 다이칸쇼를 방문할 때 드는 여행경비 등을 줄이기 위해 "공사公事나 분쟁해결 등을 이유로 촌락행정인이 에도 또는 먼 곳에 위치한 다이칸의 행정사무소[陣屋]를 찾아가더라도 일이 끝나는 대로 즉시 마을로 돌아와야 함은 물론이고 출발하기 전날 여행 및 체제중의 잡비를 자세히 적어 관련기관에 제출하여 확인도장을 받은 후, 고향에 돌아와서 (이를) 촌락행정인의 집 앞에 붙여놓아 촌민에게 보이도록" 지시하였다. 이처럼 출장기간의 단축, 출장경비명세서의 제출 및 공개를 명하여 촌민이 부담하는 촌락행정인의 출장경비의 사용을 투명화함으로써 결과적으로 농민부담의 감소를 기대했던 것으로 보인다.20)

한편 사다노부는 '무익한 잡비'를 줄여 「촌락 운용경비 절감령[村入

用節減令]」의 성과를 충분히 올리기 위해서는 무엇보다 다이칸을 도와
일선에서 농촌행정을 담당하던 데다이에 대한 통제와 감독을 강화해
야 한다는 인식 하에, 1793년 다이칸에 대한 훈령이라 할 「마음가짐에
관한 전달문[心得方申渡]」을 하달하였다. 이곳에는 "필경 (농민에 대한)
데다이의 보살핌이 두루 미치지 못한 것은 다이칸의 보살핌이 두루
미치지 못한 것이니"라고 하여 데다이에 대한 다이칸의 관리·감독
부족을 지적하였다. 더욱이 여기서는 단순히 다이칸 측의 관리·감독
부족을 지적하는 데 그치지 않고 마을 운용경비의 부담이 되고 있는
데다이에 대한 뇌물공여가 다이칸이 데다이에게 직무상 필요로 하는
경비를 제대로 지급하지 않아서 발생한다는 점을 강조하였다. 그리고
경비를 제대로 지급받지 못한 데다이는 이를 보충하기 위해 각 마을별
로 부족한 경비를 나누어 분담시키는 방식으로 데다이의 부정이 이루
어지고 있다는 점을 기술하였다. 이처럼 데다이에게 공여하는 뇌물이
마을 전체의 공동비용으로 산정되어 결국 촌민 개개인에게 할당됨으
로써 농민에게 커다란 부담이 되고 있다는 사실을 지적하였던 것이다.
그리고 이러한 문제를 해결하기 위해 앞으로는 행정업무에 소요되는
경비를 데다이에게 충분히 지급할 것을 다이칸에게 지시했다.[21] 이와
같이 막부는 데다이에 대한 관리·감독의 강화 및 이들에 대한 충분한
경비 지급을 다이칸에게 지시하여 데다이의 부정을 방지하는 동시에
농민에게 전가되는 부담을 경감시켜 촌락 운용경비의 실질적인 절감
을 기대한 것으로 보인다.

각지의 다이칸들 역시 막부의 지시에 따라 '무익한 잡비'를 줄이기
위해 구체안을 만들어 이를 시행하고자 했다. 예를 들어 간토 다이칸[關

東代官인 오누키 미쓰토요大貫光豊는 1792년 6월의 법령에서

> 하나, 데다이가 공무상 농촌 마을로 파견될 때 (이미) 정해진 땔감
> 경비와 쌀값을 현재의 시세대로 지급했기 때문에, 이러한
> 가격을 기준으로 그 값을 받게 하고 달리 촌락 운용경비에
> 산정해서는 안 된다. 만약 술과 안주 그 밖에 근사한 대접,
> 또는 뇌물 같은 것을 바랄 경우에는 심사숙고한 다음 반드시
> (이를) 보고해야만 한다. (하략)
>
> 하나, 촌락행정인이 공무상 어떤 곳에 가야 하더라도 (일이) 끝나는
> 대로 재빨리 돌아오도록 신경을 써야 하며, 무익한 체류 이외
> 에도 쓸데없이 촌락 운용경비가 지출되지 않도록 배려하고
> 바른 길에 서서 근무해야 할 것이다.

라고 하여[22] 데다이에게는 직무상 필요한 모든 경비를 지급했기 때문
에 만약 데다이로부터 향응이나 뇌물 등을 부탁받는다면 즉시 관청에
신고하도록 지시하는 동시에 "촌락 운용경비를 쓸데없이 사용하지
않도록" 촌락행정인의 출장경비를 절감하도록 명하였다.

또한 미카게御影 다이칸인 사토 유고로佐藤友五郎는 1789년 8월의
법령에서 지배지역 내의 촌락들에 할당되는 진야陣屋(다이칸의 행정사무소)
의 수리비와 다이칸쇼代官所 관리의 출장비용 등을 절감하도록 지시하
면서, 진야의 짚장판[疊]이 낡아서 더 이상 쓸 수 없을 때까지 새것으로
교체하지 않도록 정하는 등, 다이칸 스스로 절검을 솔선하는 자세를
보여주었다.[23]

에도 및 타국으로의 데카세기出稼 금지와
도시 하층민의 귀농 권장

농한기 동안 고향을 떠나 타지에서 벌이를 하고 돌아오는 것을 '데카세기出稼'라 한다. 에도 시대 농민들은 농한기를 이용해 조카마치나 숙역지에서 허드렛일 등의 봉공에 종사하는 경우가 적지 않았다. 막부는 생계를 위한 농민의 데카세기를 묵인해 주었지만 18세기 중엽 이후 농촌의 황폐화와 하층민의 도시유입이 가속화됨에 따라 이를 제한하였다. 1777년 5월 막부가 내린 법령에는 "근년 들어 농촌마을마다 경작을 등한시하면서 오히려 곤궁 등을 이유로 내세워 타지로 돈 벌러 나가는 이가 많은데, (이들 중에는) 소지하고 있는 전답을 황폐하게 내버려두는 경우도 있으니"라고 하여 경작을 그만둔 채 벌이를 위해 봉공을 찾아 떠나는 이들이 증가하는 현상을 지적하면서, "이후로 마을 전체 고쿠타카[村高]·사람 수에 따라 몇 사람까지 봉공을 떠나더라도 남은 이들이 경작은 물론 촌락 모두(가 부담해야 할 연공납부)에 지장을 끼치지 않은 것인지 그 여부를 촌락행정인이 조사할 것"을 지시하였다. 즉, 촌락 전체의 경작과 연공납부에 지장이 가지 않도록 농민의 데카세기를 제한하고자 했다.[24] 그리고 1780년(安永 9) 9월 역시 같은 취지의 법령을 내려 "(벌이를 위해) 다른 곳으로 떠나지 않으면 안 되는" 이들은 다이칸의 판단 하에 그 여부를 결정하되, 남은 이들이 "농업에 오로지 힘쓸 수 있는" 조치를 마련하라고 지시하였다.[25]

더욱이 간세이 개혁 초기인 1788년 12월 막부는 여타 지역에 비해 에도로 봉공을 찾아 떠난 이들의 비율이 높았던 '무쓰陸奧·히타치常

陸・시모쓰케下野의 여러 촌락'을 대상으로 '데카세기'를 제한하는 법령을 하달하였다. 이에 따라 앞으로 돈을 벌기 위해 마을을 떠나 타지에 가려면 농민들은 다이칸을 비롯한 영주로부터 반드시 사전에 허가를 받아야 했다.26)

이 같은 막부의 지시로 말미암아 각지의 다이칸들은 농촌부흥을 위해 데카세기를 제한하거나 금지하는 조치를 취하였다. 예를 들어 1789년 8월, 시나노 국信濃國 미카게御影의 다이칸인 사토 시게노리佐藤重矩는 여행이나 봉공을 마치고 에도에서 고향마을로 돌아온 젊은이들 가운데 "고향[國]에 돌아와 농업에 종사하는 것을 고된 일로 여겨, 부모의 명령도 지키지 않고 나중에는 (이를) 본 체 만 체 하는 무리가 있어, (농삿일은) 배우지 않고 제일의 능사로 막일꾼[仕事師]・차부[車挽] 등과 같이 단순히 힘을 써 보행步行하는 외형을 배우는" 이가 있다고 하여 에도에서 고향에 돌아온 이후에도 여전히 도시생활의 편리함을 잊지 못한 채 고된 농삿일을 꺼리고 부모 말도 듣지 않으면서 차부와 같이 편한 도시의 일자리를 구하려는 이가 있다고 지적한 다음, 이들 중에 "풍속이 날로 악화되는 부류도 있는 까닭에 에도 구경[見物]은 물론이고 봉공 등을 허가해서는 안 된다."고 하여 에도로 여행을 떠나거나 봉공을 구하러 가는 행위를 금지시켰다.27)

또한 1791년 12월 무사시武藏・시모우사 국下總國에 내려진 두 통의 검약・풍속교정에 관한 법령 중에도 "여러 곳의 풍속이 사치에 물들고 유정遊情에 흘러, 연극・인형놀이・스모・도박 등을 행하여, 농업은 게을리하면서 상행위를 즐겨하고 연공이야 힘써 일해 금은으로 납부하면 그만이라고 생각하는" 무리가 있음을 지적하고 이들이 "에도를 왕래하면서 손으로 가지고 노는 장난감 정도의 것을 팔러" 다니며 생계를 연명하면서 정작 경작은 방기하는 탓에 곳곳에 "버려둔 땅[荒地]이 생기고 있다."고 언급하였다. 그리고 이처럼 고향을 떠난 농민의 데카세기야말로 '지극히 도리에 어긋난 소치'로 평하면서 이를 억제하고자 노력하였다.28)

한편 1794년 12월 에치고 国越後國 와키노 정脇野町의 다이칸쇼代官所에서는 "마을 농민들이 설중雪中에 일자리가 없다는 이유로 돈벌이를 위해 타국이나 에도에 봉공을 구하러 떠나면서 촌락행정인에게 (이를) 알리지도 않고 멋대로 떠나는 것은 도리에 어긋난 행위로, 마을의 인구대장[人別帳]에 등재된 이가 (타지로) 떠나려면 쇼야에게 미리 양해를 구하여 승낙을 얻고 왕래승인서[往來切手]를 건네받고 (고향으로) 돌아온 다음에는 위의 서류를 반환한 연후에 당사자의 이름을 관청[役所]에 제출"할 것을 지시하였다. 즉, 행정당국은 마을을 떠나 타국 혹은 에도로 봉공을 떠나는 이들이 사전에 촌락행정인의 승인을 얻어 '왕래승인서'를 교부받고 귀향한 다음에 이를 반환하게 함으로써 촌민의 데카세기를 제도적으로 관리, 통제하고자 했다.29)

막부는 농촌인구의 유출을 막기 위해 에도나 타국으로의 데카세기를 통제하는 것뿐 아니라, 재해나 기근으로 고향을 떠나 에도에 흘러들어와 도시 하층민이 된 자들 역시 농촌으로 귀향시키기 위해 적극적인 귀농책을 추진하였다. 이를테면 1790년 11월부터 92년까지 3회에 걸쳐 에도에 거주하는 농촌 유입민 가운데 고향으로 돌아가고 싶지만 여비와 농사를 짓기 위한 정착금 등이 없어 주저하는 이들에 한해 무상으로 금 3량의 지원금을 제공하는 귀농장려책을 공포하였다. 막

부는 이러한 조치를 통해 도시사회의 잠재적인 불온세력이자 도시폭
동의 주역인 하층민의 인구를 줄이는 동시에 농촌인구가 증가하기를
기대했지만 실제로 귀농을 신청한 이는 그리 많지 않았다. 막부의
귀농장려책은 이후 덴포 개혁기 동안에도 실시되지만 큰 성과는 얻지
못하였다고 한다.

촌락의 휴일에 대한 통제

간세이 개혁 당시 다이칸 검약령의 중요한 특징 중의 하나는 휴일에
대한 통제다. 사실 간세이 개혁 이전까지 막부가 촌락의 휴일에 직접
개입하거나 규제를 가한 경우는 거의 찾아볼 수 없다. 막부가 촌락의
휴일에 직접 개입하지 않은 것은 촌락이 연공 납부의 책임을 지는
대신 촌락 운영의 자율권을 행사한다는 무라우케제村請制의 원칙 하에
가급적이면 촌락 운영에 개입하지 않으려는 입장을 견지했기 때문이
라 할 수 있다.[30] 하지만 18세기 후반 이후 와카모노若者라 불리는
혼례 전의 젊은이들과 봉공인을 중심으로 촌락 내 관행을 무시하고
휴일을 늘리도록 촌락행정인에게 압력을 행사하거나 또는 임시로 축
제를 벌여 촌락의 휴일이 증가하는 현상이 나타나게 된다. 그럼 먼저
에도 시대 촌락의 휴일에 대해 간단히 살펴보도록 하자.

에도 시대 농민들이 바쁜 일상에서 벗어나 오락을 즐기며 휴식을
취할 수 있는 가장 중요한 기회는 연중행사였다. 연중행사는 지역과
촌락의 사정에 따라 조금씩 달랐으나, 중세 이래 모든 촌락에서 정월
초하루와 오본お盆은 거의 예외 없이 중요한 행사로 간주되었다. 새해

가 시작되는 정월에는 보통 정월 초하루부터 삼일을 쉬고, 우리의
정월 대보름에 해당하는 고쇼가쓰小正月 동안에도 십오일을 전후로
삼일을 쉬는 것이 일반적이었다. 정월 초하루 각 가정에선 신단에
가가미모치鏡餅와 신주神酒를 마련해 일 년 동안의 가내안전家內安全과
무병식재無病息災를 기원하였다. 이에 반해 고쇼가쓰 동안에는 촌민들
이 우지카미氏神 신사에 모여 정월의 장식물을 모아 불태우며 액막이
를 하는 행사가 진행되었다. 이와 함께 태양의 움직임에 따라 계절감을
느낄 수 있도록 구분된 절기節氣와 달의 움직임에 따른 초하루나 보름
역시 중요한 연중행사였다.

　연중행사와 함께 각 촌락공동체에서 모시는 신사의 제례행사 역시
종교적 측면에서뿐만 아니라 휴일로서도 중요한 역할을 수행하였다.
신사의 제례행사는 한창 농삿일로 바쁜 농번기에도 빈번히 거행되었
다. 이는 신사의 제례가 단지 신불의 가호加護를 바라는 종교적 갈구뿐
만 아니라 노동에서 벗어나 휴식을 취하고 일상의 복귀를 꾀하는 오락
적 기능을 동시에 수행했기 때문이다. 예컨대 오늘날 시가 현滋賀縣에
위치한 가가미 촌鏡村에서는 촌내에 위치한 다섯 신사 가운데 비를
내리게 하는 데 영험하다고 소문난 류오 궁龍王宮의 제례가 가장 중시
되었다. 오늘날 류오 궁의 제례행사는 수리시설의 근대화로 기우제로
서의 본래 목적을 상실한 채 단지 마을축제로서 매년 7월10일 정해진
날짜에 벌어지고 있다. 하지만 에도 시대는 5월 말에서 7월 초 사이
가뭄이 들어 농사에 지장이 발생할 경우 임시로 개최되었는데, 수리시
설의 미비로 말미암아 기우제는 사실상 거의 연례행사처럼 치러졌다
고 한다.31)

기록에 의하면 가가미 촌의 기우제는 1754년(宝曆 4) 7월경부터 시작된 것으로 확인된다. 기우제는 먼저 쇼야庄屋를 비롯한 마을의 몇몇 대표자가 마을 서쪽 가가미 산鏡山 정상에 위치한 류오 궁에 들어가 외부와의 관계를 단절한 채 가뭄 해갈을 위해 비를 구하는 기도로부터 시작되었다. 비가 내리지 않아 마을 대표자의 기도가 한 달 이상 계속되는 경우도 적지 않았다. 이렇게 기도가 장기간 지속되면 촌민 일동은 진조사眞照寺에서 모임을 갖고 촌민 전체가 참여하는 기우제를 계획한 다음, 각자가 맡을 역할을 상의해 정했다. 각자의 역할이 정해지면 모두 모여 백기白旗를 앞세우고 큰북과 징을 치면서 가가미 산에 올라 교대로 류오 궁을 지키며 기도를 계속했다. 그리고 비를 내려주는 용왕신을 기쁘게 하기 위한 목적에서 십시일반으로 비용을 모아 사사오도리笹踊り나 교겐狂言 등의 축제행사를 준비하였다. 사사오도리와 교겐과 같은 축제행사는 주로 마을 청년들이 중심이 되어 준비했다. 촌민 전원이 참여하는 축제가 계속되는 가운데 마침내 기다리던 빗방울이 떨어지기 시작하면 촌민들이 모두 몰려나와 춤을 추고 이를 축하하였다. 그리고 비가 온 다음 날은 그동안의 노고를 치하하고 본격적인 농삿일을 시작하기에 앞서 사전준비를 위해 하루를 쉬었다. 이처럼 주로 모내기철을 전후한 시기에 거행되었던 가가미 촌의 기우제는 비를 갈구하는 종교적 신심을 바탕으로 촌민의 마음을 하나로 묶어내는 통합의 기능은 물론이고 사사오도리나 교겐 등의 축제행사를 통해 단조로운 일상의 노동에서 벗어나 기분을 전환하는 오락의 기능을 수행하였다.

에도 시대 촌락의 휴일에 관한 후루카와 사다오古川貞雄의 연구에 따르면 휴일은 막부가 아닌 촌락이 주체가 되어 결정하였다. 즉, 단혼 소가족 중심의 촌락공동체가 성립한 17세기 후반 이후 농업경영에 필수적인 용수·산림 등을 공동으로 이용하기 위해 합의에 기초한 촌정村政 운영이 자리잡는 과정 속에서 자연스레 촌락을 단위로 하는 휴일 관행 역시 정착하기 시작하였다고 한다. 일반적으로 촌락의 휴일은 연중행사와 촌락 내 신사 제례를 포함해 보통 20일에서 30일 이내가 일반적이었다고 한다. 하지만 18세기 후반에 접어들어 상품경제의 진전에 따라 몰락 농민이 봉공인화하고 이들이 고용노동의 기반을 이루게 되면서 이들의 요구에 따라 임시로 쉬는 휴일이 점차 늘어나게 되었다.[32] 이처럼 농사에 직접적인 영향을 끼치는 휴일 수가 계속 증가하게 되자, 영주 측은 검약령 또는 풍속단속령을 제정해 촌락의 휴일에 직접적으로 개입하려는 태도를 취하게 된다. 특히나 간세이 개혁 당시 각지의 다이칸이 발령한 검약령 중에는 촌락의 휴일과 축제에 개입해, 이를 제한하거나 줄이는 등의 통제를 가한 조항을 여러 곳에서 찾아볼 수 있다.

간세이 개혁 직전인 1786년(天明 6) 4월, 무쓰 국陸奧國 가와마타川俣 다이칸인 미즈타니 미쓰오水谷充央는 흉작으로 연공 감소가 예측되는 상황에서 검약령을 제정해 발령하였다. 검약령에서 미즈타니는 타 지역에 비해 과도한 휴일 일수로 말미암아 촌민들이 농삿일을 등안시하게 되었다고 지적하면서, "촌중村中의 합의"를 통해 종래의 휴일을 절반으로 경감시키는 한편 촌락행정인과 고닌쿠미五人組에게 촌민의 근로의욕을 고취시키도록 요구하였다.[33] 검약령에서는 휴일을 제정하는 주체가 '봉공인·차남·삼남 등의 와카모노'라는 사실을 지적하

면서, 이들이 휴일 동안 흥청망청 유흥비를 써가며 노는 것은 물론이
고 유흥비 마련을 위해 주인과 형제, 부모의 눈을 속이고 수확물을
훔치는 경우도 발생하고 있다는 문제점을 지적하였다. 이에 따라 앞으
로는 휴일 일수를 경감하는 대신, 이들의 근로의욕을 고취시키기 위해
수확의 풍흉에 따라 포상과 수당을 지급하는 방법을 촌락 측에 제안하
였다. 미즈타니의 검약령에서 알 수 있듯이, 영주 입장에서 과다한
휴일은 농민의 근로의욕을 저해시키는 것은 물론 봉공인과 와카모노
의 사치풍속을 조장하는 원인으로 인식되었다. 따라서 이에 대한 통제
가 필요했던 것이다. 그러나 여기서 주의해야 할 사항은 "도리에 어긋
난 촌법村法", 즉 과도하게 휴일을 지정한 촌락규약을 대상으로 휴일의
반감을 지시하지만, 이것의 시행 여부는 어디까지나 촌락 측의 자율에
맡겨져 있어, 근세 시기 동안 촌락의 휴일에 영주가 직접적으로 개입
하지 않는다는 원칙은 여전히 유지되고 있음을 확인할 수 있다.

하지만 간세이 개혁 이후인 1796년(寬政 8) 8월, 같은 무쓰 국陸奧國
하나와塙 다이칸인 데라니시 구니모토寺西封元는 검약령을 통해 예전과
달리 촌락의 휴일에 권력이 직접 개입, 이를 규제하고자 했다는 점에서
주목할 필요가 있다. 다음의 자료를 살펴보도록 하자.

정해진 휴일

정월삭일朔日, 이일, 삼일, 칠일, 십오일, 삼월삼일, 오월오일, 칠월
칠일, 십사일, 십오일, 십육일, 팔월삭일, 구월구일
우지카미氏神의 제례일은 일년에 이틀로 제한한다.
이 이외에 신사神事는 한 달에 하루로 제한해야만 한다. 봉공인奉公人
에 관한 사항은 주인의 의향에 따르도록 한다.34)

위의 사료에서 알 수 있듯이 데라니시 다이칸은 지배지역 내의
전체 휴일 수를 제한하는 동시에 신사神社의 제례는 일 년에 이틀,
신사神事는 한 달에 하루로 정하고, 봉공인의 휴업일은 주인의 의향에
따라 결정하도록 지시했다. 무쓰 국에서는 막부 다이칸이 파견된 여타
지역과 달리 앞서 살펴본 가와마타川俣 다이칸 미즈타니水谷의 검약령
등을 비롯해 촌락의 휴일에 대해 다이칸이 직접 규제를 지시한 경우를
적지않게 찾아볼 수 있다. 그렇다면 기나이畿內나 규슈九州 등지에 비해
상대적으로 생산력이 열악했던 오우奧羽(혼슈의 동북부 지역으로 무
쓰陸奧・데와出羽를 포함) 지방에서 휴일을 제한하려는 조치가 적극적
으로 취해진 이유는 무엇 때문일까?

이에 대한 해답을 얻기 위해서는 무엇보다 에도 시대 촌락의 휴일에
관한 후루카와 사다오古川貞雄의 연구가 좋은 참고가 될 것으로 생각된
다. 즉, 후루카와에 따르면[35] 지역에 따라 촌락의 휴일은 조금씩 차이
를 갖는데, 오우 지방은 여타 지역에 비해 촌락의 정례 휴일이 비교적
많은 지역 중의 하나였다. 그 이유는 만성적인 노동력 부족 상태에
허덕이던 이 지역의 경우 농민들이 타 지역의 봉공인을 유치하기 위해
보다 높은 임금, 많은 휴일, 낮은 강도의 노동이라는 호조건을 제시해
야만 했기 때문이다. 따라서 타 지역의 봉공인을 유치하기 위해 이들
의 요구를 들어주면서 늘어난 봉공인의 휴업일이 점차 촌락 전체의
정례 휴일로 변질되면서 여타 지역에 비해 휴일 수가 많아진 것으로
보인다.

이 같은 후루카와의 주장을 참고로 위 사료의 내용을 재검토해
보도록 하자. 데라니시 다이칸이 촌락의 휴일 수를 제한하도록 지시하

면서 "봉공인에 관한 사항은 주인의 의향에 따르도록" 지시한 것은 봉공인의 휴업일이 촌락의 정례 휴일 중에 상당 부분을 차지하던 이 지역의 특성을 반영하지 않을 수 없었기 때문이다. 다시 말해 봉공인의 휴업일에 대한 예외를 허용해 주인의 의사에 따르도록 지시한 것은 휴일의 확대를 요구하는 봉공인의 요구를 억제하면서도 한편으로 사용자의 고용 사정을 참작하지 않을 수 없는 고육지책에서 나온 조치였다. 이처럼 촌락의 휴일에 대한 규제는 단순히 축제나 휴일 그 자체를 축소시키기 위한 목적에서가 아니라 축제일을 일상의 노동과 삶에서 벗어난 하나의 해방공간으로 즐기려 했던 촌락 내의 와카모노, 봉공인에 대한 노동통제책의 일환이자 대응책에서 비롯된 것이라 할 수 있을 것이다.

이상에서, 간세이 개혁 당시 각지의 다이칸들이 발령한 검약령의 내용과 특징에 대해 검토해 보았다. 간세이 개혁의 농촌행정은 "교호 개혁으로의 복귀라는 개혁정치 담당자의 주관적 의도를 넘어서서 교호 개혁 이후 추가지대의 징수 강화에 중점을 두었던 데 비해 오히려 이에 선행하여 우선적으로 연공부담자 수의 확보와 부담능력의 향상에 농정의 중점이 두어졌던 점에 주목해야 한다."는 평가가 내려졌듯이,36) 연공부담자인 소농민의 경영 부활과 존속을 꾀하기 위해 다양한 대책을 마련해 시행한 점에서 그 특징을 찾을 수 있다. 그 결과 교호 개혁의 검약정책이 겐로쿠기 이래 성숙기에 접어든 도시주민의 소비풍조를 제어하고 물가조정을 통해 영주재정을 보진補塡할 목적에서 에도를 중심으로 막부직할도시에서 '신제품'의 제조금지라는 구체적인 방향으로 시행되었던 데 비해, 간세이 개혁의 검약정책은 비록 교호 개혁의 검약령을 모델로 삼았지만 실제로는 농민의 경영복귀와 부담경감을 주된 목표로 삼아 각지의 다이칸에 의해 에도 및 타국으로 의 데카세기 금지, 마을 운용경비의 절감, 휴일에 대한 규제 등과 같이 전국적인 범위에서 각 지역의 현안과 특성을 반영한 다이칸 검약 령이 시행되었다.

덴포天保의 내우외환

1833년 지독한 냉해와 함께 대홍수가 간토 및 동해 연안의 도호쿠 지방을 강타하였다. 이로 인해 이 지역은 기록적인 대흉작과 함께 연공미 감소는 물론 아사로 인한 인명피해가 속출하였다. 냉해 피해가 연이어 계속되는 가운데 1836년에는 또다시 대홍수가 일어나 일본 전역에서 기근이 발생하였다.

이상기후로 말미암은 대기근의 발생으로 그 전에 비해 도시와 농촌 의 주민폭동이 눈에 띄게 증가하였다. 특히나 흉작으로 인한 기근 피해가 절정에 달했던 1836년은 과거 어느 때보다 많은 67건의 농민 소요가 발생하였다. 그 가운데 8월과 9월, 지금의 야마나시 현山梨縣과 아이치 현愛知縣에 해당하는 고슈甲州 지방의 동부 산간지대인 군나이郡 內와 미카와 국三河國 가모 군加茂郡에서는 지역 하층민이 대거 참가한 폭동이 일어났다. 양 지역의 민란은 지배영주에 따라 수개의 촌락 내지 소규모 지역에서 산발적으로 전개되던 종전과는 달리 개별 지배 영주의 관할영역을 넘어서 일 개 군 또는 더 넓은 지역의 농민들이 조직적으로 참가하였다.(그림 6) 영주에게 기근발생으로 인한 생계의

228

그림 6_ 18세기 후반 농민운동은 개별 촌락이나 영주 지배를 넘어서 점차 광역화되어 갔다. 1840년(天保 11) 쇼나이 번庄內藩 농민들이 일으킨 농민소요의 모습을 그린 『유메노우키하시夢浮橋』에서.

어려움과 대책마련을 요구하는 '강소强訴' 운동에 지역 농민들이 조직적으로 참가한 것은 그만큼 영주 지배의 모순과 농업경영의 어려움이 심각했기 때문이다.

　예컨대 일찍부터 목면 등의 상품작물 재배가 성했던 가모 지역에서는 18세기 중엽부터 양조업이나 제지업 등과 같은 농산물 가공업으로 부를 축적한 호농과 재향상인이 나타나기 시작했다. 이들은 재정난에 허덕이는 중소영주들, 특히나 하타모토 영주들에게 연공선납을 받아 이들의 빚을 변제해 주는 대신 연공미를 압류해, 영주와 농민 사이에서 상품유통의 과실을 독점하면서 부를 축적하였다. 이들은 영주의 빚을 인수한 대가로 압류한 연공미를 시장에 내다파는 동시에 영주미의

그림 7_ '구민救民'이라고 쓴 깃발을 앞세우고 오사카 시내 부호의 거택에 불을 지르며 시작된 오시오 헤이하치로의 난. 『출조인석간적문집기出潮引汐奸賊聞集記』에서.

매각입찰에도 참가해 실질적으로 지역 내 쌀시장을 독점, 지배하였다. 호농과 재향상인의 시장 지배력이 개별 영주나 번 차원을 넘어서게 되자, 농민들은 점차 자신들이 개별 영주의 지배관계를 넘어서 광역적 인 시장경제에 편입되어 있다는 사실을 깨닫게 되었다. 뒤집어 말하자 면 바로 이 같은 자각이야말로 농민들로 하여금 개별 촌락을 넘어선 광역적인 지역공동체를 결성케 하는 원동력이 되었다.

이처럼 영민 지배의 근간을 뒤흔드는 광역적인 농민폭동이 빈번히 발생하는 가운데 1837년 오사카에서 유학자이자 청렴한 막부 관리로 활동하던 오시오 헤이하치로大塩平八郎가 막부 타도를 기치로 내세우고 반란을 일으켰다.(그림 7) 오시오는 1830년까지 오사카마치부교쇼에서 하급관리로 일하다가 부패한 관료사회에 환멸을 느껴 사직하고 고향으로 돌아와 호를 '주사이中齋'라 하며 '센신도洗心洞'라는 사숙을 열어 인근 자제들을 가르쳤다. 지행합일을 주장하는 왕양명王陽明의 양명학에 심취해 있던 오시오는 1836년 덴포 기근 당시 농촌에서 유입된 기민들이 오사카 시내에 넘쳐나자 이들을 구제하기 위해 자신의 장서를 모두 팔아 나누어준 다음, "사해가 곤궁해지면 하늘의 은혜도 오래 갈 수 없고, 소인에게 나라의 통치를 맡기면 재해를 낳는다."는 내용의 격문을 인근 농촌에 배포하고 거병을 호소하였다.

1837년 2월 19일 자신의 집에 불을 지르면서 시작된 오시오의 반란은 자신의 추종자와 인근에서 몰려든 궁민들이 더해져 300여 명으로까지 숫자가 늘어나지만, 얼마 지나지 않아 막부에게 진압당하고 만다. 오시오 자신은 40일 동안 시내에 은신해 있다가 생포되기 직전 불을 질러 아들과 함께 자살하고 만다. 오시오의 반란은 단순히 막부에 연공미 감소나 기민대책을 호소하는 수준을 넘어서, 청렴한 막부관리이자 사무라이 출신인 자가 막부의 실정을 지적하면서 "천명에 따라 천벌을 내리"고자 했다는 점에서 막부는 물론 일반 대중에게 큰 충격을 주었다.

반란 당시 오시오가 배포한 격문은 일본 전역으로 신속히 퍼져나가 권력자들의 위기감을 증폭시키는 한편, 권력에 대한 민중의 대항의식을 자극하는 계기가 되었다. 히로시마 현 동부에 해당하는 빈고備後와 니가타 현新潟縣에 위치하는 에치고越後의 가시와자키柏崎, 오사카 북부에 위치하는 셋쓰攝津, 노세能勢 등지에서 '오시오의 잔당', '오시오의

문도'를 기치로 내건 저항운동이 꼬리를 물고 발생하였다.[37]

한편 오시오의 반란이 일어난 지 얼마 지나지 않은 1840년 아편전쟁에서 청나라가 대패한 소식이 네덜란드와 중국 상선을 통해 막부 각료들에게 알려졌다. 기근으로 인한 민란에다 체제전복을 꾀한 오시오의 반란으로 '내우'의 깊이가 더해지는 가운데 "바다 너머의 근심거리"인 '외환'의 파고가 몰려오면서, '내우외환'의 위기적 상황을 극복하기 위한 개혁의 필요성이 막부와 번 모두에게 대두되었다. 하지만 개혁을 주도해야 할 에도 막부는 해방海防과 재정의 산적한 현안들을 앞에 두고 미적거렸다. 1787년부터 1837년까지 무려 50여 년 동안 장군의 지위에 있던 이에나리家齋가 이에요시家慶에게 장군직을 물려주었지만 여전히 오고쇼大御所로서 정치실권을 장악하고 있었기 때문이었다.

'내우외환'의 위기적 상황을 타개하기 위한 막부의 노력은 1841년 윤1월 이에나리가 사망하고 난 이후에야 비로소 가능해졌다. 장군 이에요시의 전폭적인 신임을 바탕으로 개혁의 주도권을 쥐게 된 이는 로주인 미즈노 다다쿠니水野忠邦였다. 미즈노를 필두로 한 막각에서는 "교호와 간세이 시대의 정치로 복고한다."는 슬로건을 내세우고 교호와 간세이 당시의 개혁정치를 이상으로 삼아, 이를 실현하기 위해 검약과 사치금지 등의 개혁안을 내놓았다. 하지만 개혁의 추진자인 다다쿠니가 얼마만큼 구체적인 현실인식을 가지고 개혁을 추진하고자 했는지는 의문이다. 다다쿠니는 당장 눈앞의 현안들, 이를테면 물가상승으로 인한 생활고, 신분질서의 동요, 장군 권위의 추락, 외압의 위협 등의 내우외환에 대처하려면 무엇보다 장군을 정점으로 한 막부 권력의 재확립이 우선되어야 한다고 생각했던 것 같다. 이에 따라 개혁은 실제적인 현안의 처리보다 막부 권력의 재확립을 위한 조치들에 우선순위를 두고 시행되었다.

1841년 9월 하순 다다쿠니는 장군 이에요시에게 개혁을 추진하기 위한 조치에 관해 자문을 듣고 이를 보고하였다. 그런데 장군에게 상신한 문서 중에는 막부의 개혁정치, 그 가운데 검약정책에 대한 그의 입장을 비교적 분명하게 밝힌 대목을 찾아볼 수 있다.[38]

> 교호와 간세이 개혁 당시에도 교사驕奢를 금했는데, 모든 조항에서 이 같은 취지가 분명했다. 백년, 오십년 이전에도 이미 사치로 인한 폐해가 있었으나 분세이文政 이래로 교만한 풍습이 그 극에 달했기 때문에 이번 기회에 이를 만회하여 씻어낼 수 있다면 세상의 면목을 일신할 수 있으며 또한 삼, 사십 년 간은 (그 같은 취지가) 지켜질 수 있을 것이다. 설령 에도 시중이 (검약령에 의해) 쇠락에 빠져 현재의 가직家職을 유지하기 힘들어 상인들이 떠나버린다 하더라도 조금도 괘의치 말고 검약의 조치를 이, 삼 년 간 두루 시행하면, 자연스레 적당한 명분도 서게 될 것이다.

여기서 다다쿠니는 사치가 현재의 문제만이 아니라 이미 백년, 오십 년 전인 교호·간세이 당시에도 문제가 되었음을 지적하고 나서, 강력한 검약정책을 통해 사회기강을 재확립하겠다는 의지를 분명하게 밝혔다. 즉, 사회기강을 바로잡기 위해 검약의 강제로 인한 일시적인 쇠락은 감수해야 한다는 정도를 넘어서, 강력한 검약령의 시행으로 말미암아 상인의 영업에 지장이 생겨 에도 시중이 쇠락한다 하더라도 괘의치 말라고 주장하였다. 다다쿠니의 입장에선 권력 이완, 재정

위기 등을 초래한 요인이 다름 아닌 사치와 풍속퇴폐, 기강문란에 있었으며 따라서 이에 대한 강력한 단속과 통제를 통해서만 이 개혁을 달성할 수 있다고 판단한 것이다. 다소 과격하게까지 보이는 다다쿠니의 견해는 검약을 주축으로 삼은 자신의 개혁방침에 비판적 내지 소극적인 입장을 보이는 막부 관료들의 반대로 개혁의 전도가 위험해지지는 않을까 하는 판단에서 장군에게 법령의 시행을 재촉할 요량으로 개진된 것으로 보인다. 따라서 전체적으로 다소 과장된 어법을 사용한 측면도 없지 않지만 개혁에 관한 그의 입장이 사실적으로 잘 드러나 있다. 그런데 여기서 주목하고 싶은 점은 사치에 대한 강력한 단속이 가져올 사회적 파장에 대한 그의 입장이다.

사실 18세기 이후 막부재정이 만성 적자에 시달리는 상황에서 기근이나 자연재해, 재정난 등으로 인한 위기적 상황을 극복하기 위해 막부가 개혁정치를 수행하고자 할 때는 검약과 사치금지를 기치로 내걸고 개혁의 제일보를 내딛어 왔다. 그러한 점에서 검약과 사치금지를 명목으로 내세워 사회기강을 바로잡겠다는 다다쿠니의 주장 자체는 그다지 새로울 것이 없었다. 앞서 살펴본 바와 같이 간세이 개혁 당시 개혁의 주도자였던 마쓰다이라 사다노부 역시 검약령으로 에도 시내가 일시적으로 쇠락에 빠지더라도 이로 인해 도시빈민의 귀농이 촉진된다면 점차적으로 농촌의 연공미 수입이 증가하여 무가의 지출이 증대됨으로써 결과적으로 에도 상인의 영업도 좋아질 것이라는 낙관적인 견해를 펼친 바 있다. 하지만 다다쿠니는 여기서 한 걸음 더 나아가 강력한 검약정책과 사치에 대한 통제로 에도 시중이 쇠락하고 상인 영업이 어려워진다 한들 이를 조금도 괘념치 않겠다는 입장을

234

표명하였다.

지금 당장 검약으로 인해 조닌이나 상인이 피해를 보더라도 나중에 가서는 결과적으로 그들에게도 득이 될 것이라는 사다노부와, 조닌이나 상인의 피해는 괘념치 말고 검약과 사치에 대한 강력한 단속을 통해 사회기강을 바로잡으려는 다다쿠니의 입장 차이는 막부가 처한 상황과 이에 대한 현실인식이 얼마만큼 달라졌는가를 여실히 보여주는 대목이라 할 수 있다. 덴포 개혁 당시 막부는 이제 더 이상 사민과 천하를 위해서가 아니라, 무가와 막부 스스로의 존립을 위해 상인과 시중의 경제적 쇠락 정도는 괘념치 않을 정도로 시급한 처지에 놓였던 것이다.

덴포天保 개혁 당시의 검약정책

후지타 사토루藤田覺의 연구에 따르면 사치풍속의 강력한 단속을 기저에 둔 미즈노 다다쿠니의 개혁방침은 막부 내 일부 관리로부터 반발을 초래하였다고 한다. 즉, 에도 기타마치부교北町奉行인 도야마 가게모토遠山景元는 사치풍속을 강력하게 엄금할 경우 이에 종사하는 도시 하층민의 생계가 어려워질 수 있다는 이유를 들어 부분적으로 반대의견을 개진하였다.[39] 도야마는 다다쿠니가 주장하는 것처럼 질소와 검약만 강제한다면 "에도는 점차 쇠락하여 막부 슬하에 걸맞지 않는 광경을 보이게 될 것이며, 이로 인해 세상에 좋지 않은 소문이 횡횡할 것이기에 검약 위반자의 단속에 재량을 두어 에도의 번영을 유지해 가야 한다."고 주장하였다. 이처럼 검약과 사치금지, 풍속통제

그림 8_ 검약령의 주된 규제 대상이었던 사치스러운 장신구.

에 관한 법안을 입안하는 과정에서 추진자이자 계획자인 다다쿠니와 시행자인 실무관료 사이에 법령의 효과를 두고 적지 않은 대립이 생겨 난 것은 사치와 풍속에 관련된 도시 하층민의 일자리와 생계가 권력 측에서 일방적으로 무시할 수 없을 정도로 막부 내 실제 행정관료들에 게는 중요 문제로 인식되었기 때문이다.

하지만 가게모토의 반발에도 불구하고 다다쿠니의 개혁방침은 별 다른 수정 없이 강행된다. 1841년 5월 22일 에도 시중에는 교호, 간세이 당시에 발령된 동문의 검약령이 원문 그대로 공포되었다. 그리 고 이를 토대로 사치금지와 풍속단속을 어긴 자를 강력히 처벌할 것임 을 천명하였다. 사치금지와 검약에 의해 상품수요가 감소하면 덴포 기근으로 촉발된 물가 등귀 현상을 어느 정도 잠재울 수 있을 것으로 기대했기 때문이다.(**그림 8**) 더욱이 다다쿠니는 검약을 통한 풍속단속과 물가안정의 효과를 극대화시키기 위해, 에도 시정을 담당하는 기타 北·미나미南 양 마치부교의 업무를 나누어, 기타부교인 가게모토에게 는 시정을 단속하게 하는 대신 새로 임명한 미나미부교 도리이 요조鳥

居耀藏에게는 시중의 물가를 조사하도록 지시하였다. 이에 따라 가게모토의 기타마치부교쇼에서는 요리키与力 3인과 도신同心 6인으로 구성된 '시중단속관[市中取締役]'을 두어 서민들의 사치와 검약령의 이행 여부를 감시하였다. 한편 도리이 요조가 부교를 맡은 미나미마치부교쇼에서는 시중 물가를 조사하기 위해 '제물가조사담당관[諸色調掛]'을 두어 실제 물가를 조사하고, 상품가격의 인하를 유도하도록 지시하였다. 더구나 다다쿠니로부터 중용된 도리이 요조는 검약령을 어기고 고가의 사치품이나 상품을 판매하는 이들을 붙잡아 처벌하고 이들의 상품을 압수하는 등 강경책을 고수하여 많은 이들부터 원성의 대상이 되었다.40)

사치금지와 검약을 기축으로 삼는 막부의 개혁조치는 풍속산업에 대한 단속으로 이어져 예능과 출판의 검열로까지 확대되었다. 이로 인해 당시 일반인들에게서 높은 인기를 누리던 다메나가 슌스이爲永春水나 류테이 다네히코柳亭種彦 등의 인기작가 역시 필화를 입게 되었다. 또한 풍속교정을 명목 삼아 예전까지 당연시되던 남녀혼욕의 습속을 금지하였을 뿐만 아니라 화재로 소실된 연극 공연장 역시 시외로 이전을 지시하는 등, 서민 오락에까지 엄격한 통제가 가해졌다. 개혁이 가진 제일의 목적이 막부 권력의 회복과 사회질서의 재확립인 이상, 소비와 풍속을 넘어서 서민생활의 일상에까지 엄격한 통제와 감시가 가해졌던 것이다.

또한 막부는 서민을 포함해 상인과 무사, 모든 계층의 경제생활에 악영향을 끼치는 물가상승을 억제하기 위해 1841년 12월 「가부나카마株仲間 해산령」을 발령하였다. 교호 개혁 당시 검약령의 일환으로 사치품을 포함한 제 상품의 가격을 통제하기 위해 내려진 「가부나카마 결성령」이 한 세기를 조금 넘어 이번에는 물가상승을 억제하기 위해 파기된 것이다. 막부는 상품별 동종상인조합이 독점하는 유통체제로 말미암아 물가가 상승한다고 보았다. 따라서 이들을 해체하고 상인의 자유경쟁에 의해 상품이 거래되면 물가가 떨어질 것이라고 기대하였다.

하지만 동종상인조합의 해체는 오히려 종래의 상품유통기구를 급작스레 해체해 시장의 혼란만 가중시켰을 뿐, 당초 의도한 소기의 성과를 거두지 못한 채 실패로 끝나고 말았다. 이에 막부는 직접 상품의 소매가격 인하를 지시하는 동시에 지대·임대료·일용의 임금 등을 강제로 억제하는 조치 등을 취해 물가상승을 억제하고자 하였지만 그럴수록 경기는 더욱 위축되고 서민의 거센 반발만 초래하였다. 이처럼 당초 계획했던 개혁의 효과는 나타나지 않고 오히려 부작용만 커지자, 불과 2년도 지나지 않아 다다쿠니의 실각과 함께 덴포 개혁은 별다른 성과를 거두지 못한 채 끝나고 만다.

238

1) 에도 시대 기근 발생의 원인과 기민에 대한 영주 권력과 민중의 대응책에
관해서는 菊池勇夫, 『飢饉の社會史』, 校倉書房, 1994 참조하기 바람.

2) 賀川隆行, 『日本の歷史(14) 崩れゆく鎖國』, 集英社, 1992, 47쪽.

3) 大石愼三郎, 『田沼意次の時代』, 岩波書店, 1991.

4) 松平定信, 松平定光 校訂, 『宇下人言・修行錄』(岩波文庫), 岩波書店, 1942.

5) 『福島縣史(第9卷)』, 776・777쪽.

6) 竹內誠, 「旧里歸農奬勵令と都市の雇用勞働」, 『德川林政史硏究會硏究紀要』
昭和51年度, 1977, 235~239쪽.

7) 金澤春友 編, 『寺西代官民政資料』, 柏書房, 1972.

8) 永山卯三郎, 『早川代官』, 巖南堂書店, 1971.

9) 村上直 編, 『竹垣・岸本代官民政資料』, 近藤出版社, 1971.

10) 佐藤重矩는 1789년(寬政 1) 8월, 검약과 풍기단속 등을 내용으로 삼는 두
통의 법령을 발령했다. 이 중 한 통은 「信濃國陣屋・郡中取締申敎方請書」
全19條(『長野縣史 近世史料編 第2卷 (1) 東信地方』, 324쪽), 다른 한 통은
「取締申敎方請書帳」全37條(『群馬縣史 資料編9 近世1』, 18쪽)에 수록되어
있다.

11) 『倉敷市史 第3冊』, 名著出版, 1973, 49~53쪽.

12) 『群馬縣史 資料編12 近世4』, 25・26쪽.

13) 柏村哲博, 『寬政改革と代官行政』, 國書刊行會, 1985.

14) 『御触書天保集成(下卷)』, 4634호.

15) 『御触書天保集成(下卷)』, 4640호.

16) 『御触書天保集成(下卷)』, 4641호.

17) 막부는 1680년(延宝 8) 윤8월 3일의 법령(『御触書寬保集成』, 1312호)에서
다이칸이 수행할 주요 업무 중에 막부영지 내의 농민에 대한 검약과 풍기단속
을 규정한 이래, 1713년(正德 3) 4월(『御触書寬保集成』, 1314호), 1736년(元

文 1) 4월(『御触書寛保集成』, 1328호)에 내린 다이칸 훈령에서 연이어 농민 생활의 사치풍속 단속을 지시했다. 즉 사치에 대한 단속은 에도 시대를 통해 지방행정관인 다이칸이 수행해야 할 주요 업무로 인식되어 왔다.

18) 菅原憲二, 「村入用帳の成立-近世村入用の硏究・序說-」, 京都大學近世史 硏究會 編, 『論集近世史硏究』, 1976, 61쪽.

19) 津田秀夫, 「寬政改革」, 『岩波講座 日本通史 近世(4)』, 248쪽.

20) 『牧民金鑑(上卷)』, 256・257쪽.

21) 柏村哲博, 『寬政改革と代官行政』, 國書刊行會, 1985, 128쪽.

22) 『神奈川縣史 資料編(7) 近世(4)』, 315・316쪽.

23) 『長野縣史 近世史料編 第2卷(1) 東信地方』, 736쪽.

24) 『御触書天明集成』, 3014호.

25) 荒井顯道 編, 瀧川政次郎 校訂, 『牧民金鑑(下卷)』, 刀江書院, 1969, 156쪽.

26) 『御触書天保集成(下卷)』, 6555호.

27) 『群馬縣史 資料編(9) 近世(1)』, 20쪽.

28) 『新編埼玉縣史 資料編(17) 近世(8)』, 291~293쪽.

29) 『新潟縣史 資料編(6)』, 395・396쪽.

30) 古川貞雄, 『村の遊び日-休日と若者組の社會史-』, 平凡社, 1986, 180쪽.

31) 가가미 촌의 오락 및 여가 활동에 대해서는 박진한, 「에도시대 상층농민의 여가와 여행」, 『역사학보』 189집, 역사학회, 2006 참조하기 바람.

32) 古川貞雄, 앞의 책, 76~151쪽.

33) 『福島縣史 第9卷』, 776쪽.

34) 金澤春友 編, 『寺西代官民政資料』, 柏書房, 1972, 84・85쪽.

35) 古川貞雄, 앞의 책, 121~123쪽.

36) 津田秀夫, 「寬政改革」, 『岩波講座 日本通史 近世(4)』, 243・244쪽.

37) 賀川隆行, 『日本の歷史(14) 崩れゆく鎖國』, 集英社, 1992, 270쪽.

38) 藤田覺, 『天保の改革』, 吉川弘文館, 1989, 35・36쪽.

240

39) 藤田覺, 『天保の改革』, 吉川弘文館, 1989, 66~84쪽.

40) 藤田覺 編, 『日本の時代史(17) 近代の胎動』, 吉川弘文館, 2003, 73・74쪽.

제 7 장

근대국가의 수립과 '근검저축'의 장려

메이지 유신과 촌락규약

신정부가 수립된 지 10여 년이 지난 1877년 우에키 에모리植木枝盛는 어느 글에선가 메이지 유신의 혁명적 가치에 대해 다음과 같이 언급하였다.[1]

> 메이지 유신 제일의 변혁은 도쿠가와德川 정부를 무너뜨리고 왕실을 일으켜 황제폐하께서 전국의 정치를 모두 관할하게 된 것이다. 봉건에서 군현으로 바뀌었다는 것은 바로 이를 두고 하는 말이다.

요컨대, 우에키에 따르면 메이지 유신이 가져온 제1의 변혁은 에도 막부를 무너뜨리고 정권을 장악한 조정이 판적봉환版籍奉還, 폐번치현廢藩置縣 등을 통해 전국의 통치권을 장악했다는 점에 있다고 할 수 있다. 자유민권론의 입장에서 신정부의 독재를 비판하고 민중의 정치 참여를 주장하던 그에게 메이지 유신은 한낱 에도 막부에서 신정부로의 정권교체에 불과하였을지도 모른다. 하지만 여기서 주목하고 싶은 것은 메이지 유신에 의한 무가정권의 해체 과정을 유교적인 정치사상론의 입장에서 봉건제의 폐기와 군현제의 성립으로 보는 그의 주장이 당시로선 지극히 일반적인 견해였다는 점이다. 이처럼 메이지 유신에 의한 경제적·정치적 통일 과정을 봉건과 군현이라는 전통적인 정치사상론으로 이해하려는 태도는 비단 일본뿐 아니라 강제적으로 세계 자본주의체제에 편입된 동아시아지역에서 공통적으로 나타난 현상이었다.[2]

그런데 중요한 사실은 메이지 유신의 변혁 과정이 비단 인식의 차원에서뿐 아니라 실제에서도 구래의 체제를 전면적으로 부정하면서 성립될 수 있는 것이 아니었다는 점이다. 근대화는 산업화되고 중앙집권화된 국가체제의 수립과 함께 이를 지탱해줄 근대적인 시민계층의 성립을 전제로 한다. 하지만 근대국민국가를 지탱해줄 시민계층의 성숙이 미약했던 일본에선 단지 구체제를 전면적으로 부정하기보다 오히려 구래의 제도와 관습을 적절히 계승·활용하면서 사회의 안정성을 유지하고자 노력하였다. 예를 들어 정촌제町村制(1888)와 같은 지방행정제도가 농촌사회에 정착되기까지 신정부의 지방행정은 사실상 쇼야나 도시요리 같은 이전의 촌락행정인과 촌락공동체를 통해 운용되었다. 이처럼 새로운 체제와 질서가 자리잡기까지 구래의 제도나 관습은 조금씩 그 형태를 달리하며 상당 기간 잔존하였다.

　촌락규약 역시 메이지 유신 이후 촌락의 성격과 의의가 변질되는 가운데서도 촌락공동체의 기본법으로서 그 역할과 기능이 계속되었다. 좀더 부언하자면, 메이지 유신 이후 대구소구제大區小區制(1871~1872), 삼신법三新法(1878), 정촌제町村制(1888)와 같은 새로운 지방행정제도가 실시됨에 따라 촌락의 성격 역시 자치적인 지연공동체에서 근대국가의 지방통치를 위한 행정촌락으로 변질되어 갔음에도 불구하고 촌락행정에 관한 주요 사항은 여전히 촌락규약의 형태로 촌민에게 전달되었다. 촌락규약이 더 이상 촌민의 총의가 아닌, 관선의 호장이나 구장에 의해 작성되는 것으로 변질되었음에도 불구하고 상부의 지시나 명령이 촌민 사이에서 효용성을 발휘하려면 여전히 촌락규약의 형식을 빌어야 했기 때문이다.

　그런데 흥미로운 점은 메이지 유신 이후에 작성된 촌락규약의 상당수가 검약에 관한 조항들로 구성된 '검약규약'이란 사실이다. 마에다 마사하루前田正治가 수집한 227건의 근대 촌락규약 가운데 상당수는 검약규약에 관한 것이었다.[3] 뿐만 아니라 마에다의 자료를 분석한 가미야神谷의 연구에서도 두 개 이상의 촌락이 연합하여 제정한 46건의 촌락규약 가운데 검약에 관한 것은 공유산림의 이용에 이어 두 번째로 많은 비중을 차지하였다.[4] 이러한 점에서 전 시기 촌민들의 일상 생활에 대한 공동체적 규제로 기능해 온 '검약'이 메이지 유신에도 불구하고 촌락규약 내에서 여전히 중시되었음을 미루어 짐작할 수 있다. 본 장에서는 메이지 유신 이후 작성된 근대 촌락규약을 소재로 검약규약이 광범위한 지역에서 제정된 이유와 조항의 변화 과정 등을 살펴보고자 한다. 이를 통해 메이지 유신 이후 국가권력이 촌락과 개인의 경제생활에 개입하는 과정에서 '검약'의 가치관이 어떻게 활용되었는지를 구체적으로 검토해 볼 것이다.

메이지 초기의 기근 대책과 검약규약의 작성

무라우케제 하에서 촌락은 연공상납의 의무를 다하는 한, 영주로부터 별다른 제재와 간섭을 받지 않고 자치를 보장받았다. 영주 또한 연공징수에 별다른 문제가 발생하지 않는 이상 촌락 내부에 개입하지 않고 촌민의 자치를 허용하였다. 이에 따라 자연재해나 기근 같은 비상시에도 기민의 구제에 관한 일차적인 책임은 영주가 아닌 촌락이 져야 했다.

기근이 발생하면 영주는 재정부족 등을 이유로 들어 구휼미 방출이

나 연공감면 등과 같이 실질적으로 도움을 줄 수 있는 기민대책보다
술제조 금지령[酒造禁止令], 검약령 등과 같이 불필요한 곡물소비를 줄
이거나 미곡의 매점매석, 은익 금지 조치를 취해 쌀값 폭등을 막는
데 주력하였다. 하지만 다량의 아사자가 발생해 재생산 기능이 저하되
는 것을 막으려면 영주 입장에서도 최소한의 구제제도는 정비해야
했다. 이에 따라 막부와 번은 일찍부터 재정부담을 최소화하는 가운데
기민구제의 효율성을 높이기 위해 평시부터 기근에 대비하여 미곡을
비축하는 제도를 실시하였다. 에도 시대의 저곡貯穀제도는 유학자 야
마자키 안사이山崎闇齋가 소개한 주자周子의 사창社倉을 1655년 아이쓰
번會津藩의 다이묘인 호시나 마사유키保科正之가 받아들여 시행한 것이
최초의 사례라 할 수 있다. 이후 에도 막부는 사회안정을 위해 1683년
사창과 같은 저곡제도인 '가고이마이囲い米' 제도를 전국에 실시하도록
지시하였다. 그리고 농촌과 도시에서는 민간의 주도 하에 사창을 설립
해 자율적으로 운용하도록 장려하였다.

간세이 개혁 당시 마쓰다이라 사다노부松平定信는 에도 시중의 모든
조町를 대상으로 조 운용경비를 절감하도록 지시하는 검약령을 발령
하였다. 그리고 이렇게 얻어진 절감액의 70%를 적립해 장차의 재해
구제금으로 사용하도록 지시하였다. 조 운용경비의 절감을 통해 얻어
진 금액은 연간 무려 2만 5천 량에 달했다고 한다. 막부는 보조금으로
1만 량을 더해 이를 지원하였다. '시치분킨쓰미다테七分金積立'라 이름
붙은 에도 시중의 구제제도는 막말까지 지속되었는데 메이지 초년
당시 그 금액이 무려 170만 냥에 달했다고 한다. 하지만 재정이 부족
한 메이지 신정부는 시치분킨쓰미다테와 같은 재해구제준비금을 도

쿄 부청사 및 시청사 건설비 등에 사용하도록 그 용도를 전용하였다. 이처럼 메이지 유신의 혼란기 동안 시치분킨쓰미다테는 물론 사창과 같은 민간의 저곡제도마저 사실상 유명무실화되어 버리고 말았다. 그 결과 메이지 유신 이듬해인 1867년부터 3년 연속으로 흉년이 계속되었음에도 불구하고 기민대책에 필요한 충분한 자원을 동원할 수 없었던 신정부는 적지 않은 정치적 난관에 봉착하였다.

　기아에 허덕이는 농민들은 전시대와 마찬가지로 옛 영주들에게 '인정'을 호소하며 세금감면 등의 기근 대책을 신정부에 요구하였다.5) 하지만 가뜩이나 재정이 부족한 신정부 입장에서는 이 같은 요구를 수용할 수 없었다. 그러자 농민의 저항은 더욱 거세져 전국 각지에서 300여 건이 넘는 잇키─揆가 발생하였다.6) 일례로 오늘날의 히로시마 현廣島縣에 속한 구 아사노 번淺野藩의 농민들은 기근과 같은 비상시에 인정을 베풀던 옛 영주가 폐번치현廢藩置縣으로 인해 영지를 떠나 도쿄로 상경한다는 소식을 전해듣자 이를 저지하기 위해 청원운동을 벌이며 폭동을 일으키고 중앙에서 파견한 관리를 공격하는 등, 신정부 정책에 정면으로 대치하는 모습을 보여 주었다. 당시 히로시마 현을 비롯해 전국 각지의 농민들이 벌인 영주에 대한 상경 저지시도는 구체제로의 복귀를 바라는 마음에서라기보다는 '인정'을 베풀지 않는 유신 정부에 대한 불만 내지 불신감의 표현이었다고 보아야 할 것이다.

　흉년으로 인한 농민의 반발이 전국적으로 확대됨에 따라 신정부는 시급히 기근 대책을 마련해야 했다. 이에 따라 1869년 8월 25일 태정관에서 검약조칙을 발령하였다.7) 검약조칙에서는 "올해 궂은비로 농사를 망치는 백성들이 장차 생겨날 것이니, 이를 깊이 근심해

짐이 직접 절검을 실행하고 (절검 분을) 구휼에 충당"할 것임을 밝혔
다. 하지만 구휼에 소요되는 재정을 확보하지 못한 정부의 입장에서
기근 대책이란 기껏해야 "관리들이 관록 범위 내에서 구휼을 시행"하
도록 지시하는 것에 그칠 수밖에 없었다. 그러나 농민들의 반발은
좀처럼 수그러들지 않았다. 그리고 정부의 예상과 달리 기근 피해가
전국적으로 확산되고 장기화되는 가운데 농민들의 저항 역시 더욱
거세지자 신정부는 그해 11월 황급히 「궁민일시구조규칙窮民一時救助規
則」을 제정해 궁민을 구휼하도록 지시하였다. 「궁민일시구조규칙」은
기상이변 등에 따른 기민을 구휼하는 한편 공조를 징수할 요량에서
에도 시대 이전부터 설치되었던 의창義倉, 사창社倉과 같은 저곡貯穀제
도를 되살린 것이라 할 수 있다.8) 신정부는 유신 직후 정치적 혼란이
계속되는 가운데 재정마저 부족한 상황에서 사실상 유명무실화된 저
곡제도를 공적 부조의 형태로 정비함으로써 기근으로 인한 궁민 구제
는 물론이고, 혼란스런 민심을 추스르고 치안을 유지하고자 했던 것으
로 보인다.9) 이처럼 메이지 초기 신정부의 기민대책은 구 막번 영주와
마찬가지로 검약조칙을 발령해 의식주 등에 대한 소비를 줄이거나
유명무실해진 저곡제도를 정비하는 것이 전부였다.

　이 같은 상황은 농촌사회 역시 크게 다르지 않았다. 신정부의 기민
대책이 충분하지 않은 상태에서 촌민들은 예전과 마찬가지로 검약규
약을 제정해 의식주 등을 최소화하여 기근을 극복하고자 하였다. 메이
지 초기 기나이 지역에서는 흉년으로 인한 기근 피해를 최소화하기
위해 촌민들이 자발적으로 검약규약을 작성한 사례를 적지 않게 찾아
볼 수 있다. 일례로 현재의 다카쓰키 시高槻市에 위치한 한 촌락에서는

248

"계속된 흉작으로 지극히 상황이 곤란한 한해를 맞이해" 의식주에 관한 검약을 3년간에 걸쳐 시행하되, 이를 어긴 자에 대해서는 '사죄료' 등을 받아 적립하였다가 생계가 어려운 이에게 나누어주는 내용의 검약규약을 제정하였다.[10] 이 같은 내용의 검약규약은 "근년 들어 곤궁이 계속되고 있는데, 올해는 특히 흉작"인 관계로 검약규약을 작성하였던 에도 시대와 비교해 제정 목적 등에서 그다지 커다란 차이를 갖지 않는다.

학제령의 실시

18세기 후반 이후 일본의 농촌에서는 상품경제의 진전으로 사치스런 "도시의 풍속을 따라하는" 풍조가 확산되는 가운데 "남들에게 체면을 세우느라 의례행사뿐만 아니라 만사에 필요 이상으로 예의를 베풀고 의복과 신발 등에 제각기 분수를 넘어 사치를"[11] 일삼아, 곤궁에 빠지고 가업마저 단절되는 이들이 늘어갔다. 촌락은 연공상납의 지장을 초래하는 촌민의 도산을 막기 위해 "만사에 검약하고 경작에 온힘을 다하여 백성의 신분"[12]을 유지하기 위해 사치를 금하고 절검을 강조하는 내용의 이른바 '검약규약'을 작성하였다. 요컨대, 촌락의 입장에선 ① 촌민생활의 규제, ② 축의행사의 간소화, ③ 봉공인의 임금과 처우 제한 등을 주된 내용으로 하는 검약규약을 제정해, 생활 및 생산 공동체로서의 기능을 유지하고자 했다. 그런데 에도 막부의 붕괴와 메이지 신정부의 출범이라는 급격한 사회변화 속에서도 검약규약은 계속 작성되었다. 촌락을 둘러싼 대내외적인 환경이 일변했음에도 불구하고 검약규약이 이렇게 전국적으로 작성된 것은 무슨 이유 때문일까?

이는 메이지 초기에 작성된 검약규약이 단지 기근 극복의 차원에서뿐만 아니라 신정부가 추진한 신정책들과 더욱 깊은 관련을 맺고 있었기 때문일 것이다. 특히나 1872년 8월 2일 의무교육을 실시할 요량으로 제정한 「학제령 學制令」(태정관포고 제214호)은 농촌지역에서 검약규약을 광범

그림 1_ 학제령 이후 메이지 초기 오사카에 건립된 제8소학교의 모습. 『오사카 신문大阪新聞』 114호에서.

위하게 작성하게 만든 주된 요인의 하나였다. 「학제령」에서는 전국을 8개 대학구로 나누고 각기 그 밑에 32개의 중학구를 두고, 또다시 그 밑에 210개의 소학구를 두어 각 학구마다 대·중·소학교를 설치하도록 규정하였다. 학제 실시와 함께 부현 내 각급학교, 사숙私塾, 데라코야寺子屋 등을 대신해 신학제에 따른 각급학교(그림 1)가 순차적으로 설립되었다.13)

하지만 학제령에서는 학교의 설립과 운영으로 인한 재정 증가를 염려한 대장성大藏省의 반대로 이에 관한 지원안이 명시되지 않았다. 이에 따라 학교의 설립과 운영에 관한 비용은 당장 '민비民費', 즉 교육받는 이가 부담해야 했다. 같은 해 11월 한 사람당 9리厘, 즉 인구 1만 명에 90엔을 보조하는 내용의 재정지원 기준이 마련되지만 실제

250

경비를 충당하기에는 턱없이 부족한 금액이었다. 따라서 학제 실시에 따른 재정부담은 기본적으로 '민비'에 의해 충당되었다. 예를 들어 가와치 국河內國 제21구에서는 전체 학생을 378명으로 예상하여 향학교 1개 소와 출장소(분교) 4개 소를 설치할 것을 결의하였다. 그리고 학교에 근무할 교사 6인을 채용하는 데 드는 연간 300량兩의 인건비는 호구 수에 따라 촌락별로 나누어 각기 분담하도록 정하였다.[14] 이와 같이 학제 실시 이후 각 학교의 설립과 운영에 관한 비용은 실질적으로 지역민이 부담해야 했다.

한편 농촌지역에서는 학교 설립과 운영에 관한 비용을 마련하기 위해 다양한 방법을 강구하였다. 예를 들어 가와치 국 제23구에서는 주민들의 이세 참궁伊勢參宮을 폐지하는 대신, 이세 참궁 비용을 마련하기 위한 공동토지인 '고덴講田'을 팔아 교사 건축비에 충당할 것을 결의하였다.[15] 그러나 촌민의 공동재산마저 갖지 못한 촌락에서는 학교 건립과 운영에 관한 비용을 마련하기 위해 검약규약을 제정하는 경우 또한 적지 않았다. 가와치 국 제8구에서는 1872년 7월 4일 다음과 같은 내용의 촌락규약을 제정하여 학교경비를 마련하고자 하였다.

구내 촌락규정서[區內村々規定書]

바야흐로 향학교 개설에 관한 취지문이 하달되었으니, 문명부국의 기초로서 감사히 그 뜻을 받들어 힘써 행해야 할 것이다. 진실로 필용必用한 일인바, 사람은 배우지 않으면 지혜로울 수 없다. 이미 우리 구내에서도 데구치出口, 이케다池田 두 곳에 학교 개설을 위한 노력을 기울이고 있으니 기쁘기 이를 데 없으나, 제 비용이 적지

않아 반년에 대략 500엔의 경비가 예상된다. 이를 셋으로 나누는 규정[法]을 정해

삼분의 일은 구내 촌락들의 구사타카草高(검지장의 명목 기록이 아닌 실제 촌락의 농업생산량)에 따라 할당하고,

삼분의 일은 호구 수에 따라 나누되, 아주 빈곤한 가구는 제외하며 신원보증인이 도와주도록 하고,

삼분의 일은 촌락 내의 부유한 집富家에서 기부하도록 한다.

이상의 할당법에 따라 각자 자금을 내도록 이전부터 이야기를 나누어 왔지만 어쨌건 출금出金에 관한 일인 관계로 일개인[一己]의 이익에 경도되어 이를 지체하는 것이 보통 사람에겐 당연한 처사인 까닭에 위의 규정을 영속적으로 지키기는 힘들 것이다. 이러한 이유에서 구내에 검약에 관한 법을 세워 종전과 같은 출생·혼사·장례[出·婚·死], 상량上棟, 초절구初節句 시 교사驕奢의 폐단을 없애고 그 비용을 절감해, 남은 여분을 가지고 각자 상응하는 만큼의 기부금을 내도록 한다. 2, 3년간 이렇게 자금을 모아 적립하는 법을 시행한다면 자연스레 구사타카, 호구 수에 따른 할당금과는 상관없이 학교 입학비용의 영속적인 기반이 될 것이니, 각자 마음 깊이 감고勘考해 주길 바랄 따름이다.

하나, 혼례 시에 예물상자가 다섯인 경우는 금전 7엔, 셋인 경우는 5엔, 둘인 경우는 3엔, 하나일 경우는 1엔으로 한다. 아울러 어쩔 수 없이 혼례를 두세 번 치르는 이에 한해서는 이 같은 예를 따르지 않고 당사자와 합의해 정하도록 한다.

(중략)

임신壬申년 7월 4일　　　　　　제8구 부구장副區長 (인印)
전문前文의 내용대로 각 촌락의 동의를 얻어 8월 초하루부터 약정한 규칙을 지켜야만 할 것이다.[16]

위 자료는 오늘날 오사카 부大阪府 히라카타 시枚方市 시립 사다 소학
교市立蹉跎小學校의 전신으로 당시 가와치 국 제8구에 설립된 향학교
운영에 관한 「구내 촌락규정서區內村々規定書」의 일부 내용이다. 제8구
에서는 구내 데구치 촌出口村에 위치한 고젠지光善寺에 임시학사를 두고
향학교를 운영하였다. 위 문서는 말미에 부구장의 직인이 찍혀 있어
부구장이 작성 주체로 보이나 문미에 "각 촌락의 동의를 얻어" 작성된
것에서 알 수 있듯이 구내의 모든 촌민까지는 아니더라도 최소한 촌락
대표자의 동의를 얻어 작성되었음을 알 수 있다. 문두에 「구내 촌락규
정서」라는 제목을 달고 있지만, "(축의행사에 관한) 교사驕奢의 폐단
을 없애고 비용을 절감해, 남은 여분을 가지고 각자에 상응하는 만큼의
기부금"을 내도록 하여 이를 토대로 "학교 입학비용의 영속적인 기반"
으로 삼고자 한 것에서 알 수 있듯이 향학교 설립 이후 학교운영에
드는 비용을 마련하기 위해 작성된, 사실상의 검약규약임을 알 수
있다. 문서의 중략 부분에는 출생・혼사・장례, 상량, 초절구 등과
같은 축의행사 시에 발생하는 교사驕奢의 폐단을 없애고 비용을 절감
하기 위한 사항을 구체적으로 기록하였다. 예를 들어 혼례의 경우
예물상자 수에 따라 기부금 액수에 차등을 두어, 다섯에 7엔, 셋에
5엔, 둘에 3엔, 하나에 1엔씩을 상납하도록 정하였다.

한편 제8구에 속한 촌락 중에는 위 규정서를 토대로 더욱 세부적인
항목과 내용으로 구성된 검약규약을 제정한 경우도 찾아볼 수 있다.
나카부리 촌中振村에서는 「구내 촌락규정서」를 근거로 토지소유에 따
른 연공상납금을 기준 삼아 촌민의 경제력을 상・중・하 3단계로 나누
어, "검약을 정하고 출금에 관한 작법을 만들어 촌내 임시자금으로

그림 2_ 학제령이 발표된 이후 소학교에서 사용한 독본讀本, 즉 국어 교과서의 표지와 내용의 일부.

적립해 둘 것"을 정하였다.17) 나카부리 촌에서 제정한 검약규약은 '구내 촌락규정서'에 토대를 두었지만 검약의 구체적인 내용은 촌민의 경제력에 상응하도록 부분적인 수정이 이루어졌을 뿐 아니라 더욱 세부적으로 명시되었다. 이를테면 혼례의 경우 예물상자의 수에 따라 기부금 액수를 차등화시키지 않고 경제력에 따라 상등에게는 금전 7엔, 중등은 5엔, 하등은 1엔으로 구분하고 하객을 초대하는 행위 또한 금지하였다.18)

앞서 살펴본 바와 같이 학제 실시 이후 학교 신설과 교원 임용에 대한 비용을 정부가 아닌 '민'이 사실상 떠맡게 되면서 학구내 주민들에게 교육비는 커다란 경제적 부담으로 작용하였다. 그럼에도 불구하고 검약규약을 제정하면서까지 교육비를 마련하고자 했던 것은 "문명개화된 사람이야말로 국가를 위한 구내區內의 커다란 경사"19)란 문구

에서 알 수 있듯이 근대교육을 통한 국력과 민력 향상에 대한 농촌사회의 열망 때문이었을 것이다.(그림 2)

대구소구제와 호장제의 시행

학제와 함께 새로운 지방행정제도의 실시에 따른 행정비용의 증가 역시 촌민의 경제적 부담을 증가시키는 주된 요인의 하나였다. 신정부는 폐번치현을 단행하기에 앞서 1871년 4월에 호적법을 공포하였다. (그림 3) 그리고 호적사무를 수행하기위해 4~5개의 정町 내지 7~8개의 촌村을 묶어 '구區'를 설치하고, 각 구에는 '호장戶長'을 두었다. 하지만 촌락 내 행정사무는 여전히 이전의 쇼야, 도시요리가 담당하는 등,

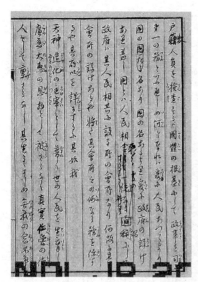
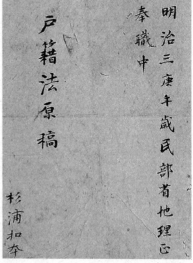

그림 3_ 호적법 공포에 앞서 민부성民部省 지리사地理司에서 작성한 호적법 원본의 표지와 본문 중 일부. 『일본 국립국회도서관』 전자전시회 자료 중에서.

호장과 쇼야 사이의 업무가 명확히 구분되지 않았다. 이러한 지방행정
의 난맥상을 극복하기 위해 이듬해인 1872년 4월 9일 태정관 포고
(117)를 발령해 종전까지의 '쇼야, 도시요리' 등의 명칭을 폐지하고
'호장, 부호장'으로 개칭하는 것은 물론 이들에게 호적사무 및 일반
행정사무 일체를 맡아 처리하도록 지시하였다.[20]

　그러나 이처럼 급격한 지방행정제도의 개편은 이전 촌락행정인들
로부터 적지 않은 반발을 초래하였다. 아래 자료는 호장·부호장제의
실시에 따른 지방행정의 난맥상을 사실적으로 보여주고 있어 흥미롭
다.[21]

약정서 교환에 관한 건

하나, 이번에 우리 세 촌락이 한 개의　지배조합촌으로 개정됨에
　　　따라, 종래 촌락 내의 쇼야, 도시요리를 폐지하고 세 촌락에
　　　호장 한 사람, 부호장 한 사람을 인선하라는 지시가 내려왔다.
　　　이에 서로 합의한 바를 다음과 같이 기록한다.

하나, 세 촌락 가운데 어느 촌락의 누가 호장이 된다 하더라도 종전
　　　의 쇼야, 도시요리와 마찬가지의 균형을 가지고 촌장, 부촌장
　　　을 개별 촌락에 두고, 촌락별로 전답, 산림, 수로, 용수 그
　　　외 조세 상납에 따른 업무 등에 관한 처리는 말할 것도 없고,
　　　호적, 인원, 출생, 사망 그 외 여타 부가세 등, 만사의 업무는
　　　지금까지대로 개별 촌락에서 처리하여 호장, 부호장의 수고
　　　를 줄이는 것은 물론 관청 업무에 지장이 없도록(중략).

이상과 같이 세 촌락이 상담한 끝에 약정을 체결했으니 조금도
불만을 제기하지 않고 준수하는 것은 물론 마음대로 이의를 제기하
지 않고 오랫동안 서로 화목하게 지내도록 한다. 후일 증거로 삼기

위해 약정서를 작성해 교환한다.

메이지 5년壬申　　　　　6월 초하루朔日

다카하마 촌高浜村 전 쇼야元庄屋 오치아이

에이사부로落合英三郎 이하 21명

위 문서는 대구소구제 및 호장제의 실시에 따라 오사카 부 제9대구 제1소구 제3번조에 편입된 세 촌락, 즉 사쿠라이 촌櫻井村, 진나이 촌神內村, 다카하마 촌高浜村의 쇼야, 도시요리, 햐쿠쇼다이百姓代가 호장 제 실시에 즈음해 서로 상의한 내용을 토대로 작성한 규약서다. 위 규약은 "종래 촌락 내의 쇼야, 도시요리를 폐지하고 세 촌락에 호장 한 사람, 부호장 한 사람을 인선하라는 지시가 내려"옴에 따라 혹시나 "세 촌락 가운데 어느 촌락의 누가 호장이 된다 하더라도 종전의 쇼야, 도시요리와 마찬가지의 균형을 가지고" 촌락행정을 수행할 목적에서 작성한 것이다.

주된 내용을 정리해 보면 다카하마 촌을 비롯한 세 촌락은 호장·부 호장제의 실시와 함께 지방행정사무를 이전의 쇼야와 도시요리로부 터 새롭게 통합된 행정촌의 호장에게 일임하라는 신정부의 지시와 달리, 쇼야 직을 폐지하지 않고 "전답, 산림, 수로, 용수 그 외 조세 상납에 따른 업무 등에 관한 처리는 말할 것도 없고, 호적, 인원, 출생, 사망 그 외 여타 부가세 등, 만사의 업무는 지금까지대로 개별 촌락에 서 처리"하는 데 합의하였다.

또한 이전의 촌락행정인을 그대로 유지하는 대신 세 촌락은 새로 선임되는 호장(4석 3두 8승 5합)과 부호장(2석 9두 2승 3합)의 급료(7석 3두 8합)를 개별 촌락의 토지생산력 등을 기준 삼아 공동으

로 부담할 것을 약속하였다. 이처럼 호장·부호장의 급료라는 추가
행정비용을 부담하면서까지 이전의 쇼야·도시요리 체제를 유지하고
자 했던 것은 혹시나 (새로이 선임된) "호장·부호장이 제멋대로 혹은
자기 촌락에 유리하게 일을 처리하지나" 않을까 하는 의구심 때문이었
다. 결국 개별 촌락 간의 충분한 상의와 합의를 거치지 않고 일방적으
로 추진된 호장·부호장제는 지방행정의 시행착오를 가져오는 것은
물론 추가적인 행정비용을 촌민에게 부담지우는 결과를 초래하였다.

같은 해 10월 다카하마 촌을 비롯한 세 촌락은 서로 간의 합의
하에 의식주는 물론 출생, 혼사, 장례 등의 축의행사에 관한 검약규약
을 제정하였다.[22] 규약의 조항을 살펴보면 출생, 장례 시의 축의행사
에 한해서는 개별 촌락의 사정을 고려해 검약 내용을 조금씩 달리했지
만 그 외의 경우는 예외 없이 간소하게 행사를 치르도록 정하였다.
그리고 이를 어긴 자에 한해서는 금전 2량을 고닌쿠미의 오장伍長에게
상납하도록 지시하였다. 이처럼 세 촌락의 합의 하에 검약규약이 제정
된 것은 앞서 살펴본 대로 새로운 행정제도의 실시와 결코 무관하지
않았다.

다카하마 촌의 경우에서 알 수 있듯이 대구소구제와 호장제는 지연
에 토대를 둔 촌락공동체의 촌락 운영방식에 적지 않은 혼란을 초래하
는 것은 물론 새로운 행정비용을 발생시켜 촌민의 경제적 부담을 증가
시켰다. 결국 메이지 초기 신정부가 추진한 학제와 지방행정제도 등은
충분한 재정이 확보되지 않은 상태에서 추진한 결과, 실제 행정비용은
촌민의 부담이 되었으며 이 같은 촌민의 경제적 부담이야말로 메이지
초기 검약규약의 주된 작성 동기였다고 할 수 있다.

메이지 초기 학제 및 지방행정제도 등의 실시로 인해 촌민이 부담해야하는 경제적 비용이 어느 정도였는지는 오늘날 오사카 부 한난 시阪南市에 위치한 시젠다 촌自然田村의 경우를 통해 구체적으로 확인할 수 있다. 지조개정 직전인 1873년 시젠다 촌에서 작성한 이른바 '민비民費'의 사용내역서 내용을 검토해 보면, 세출 총액 366엔円 42전錢 8리厘 6모毛 3홀忽 가운데 학교 설립과 운영에 관한 학교비가 94엔 45전 7모 3사絲로 전체 총액의 약 1/4을 차지하며, 그 다음으로 호장과 부호장의 급료로 67엔 31전 9리 5모 4사, 사무소 운용비로 33엔 58전 6모 3사를 지출한 사실을 확인할 수 있다.23) 요컨대 시젠다 촌의 경우, 촌민들이 부담하는 '민비', 즉 촌락운영비 가운데 학교 설립과 운영에 관한 학교비와 호장·부호장의 급료, 사무소 운영비가 차지하는 비율이 전체 50% 이상을 점했던 것이다. 뒤집어 말하면 학제 및 지방행정제도의 실시로 말미암아 촌민이 부담해야 하는 촌락 운영비가 종전에 비해 50% 이상 증가했음을 의미한다. 결과적으로 학제 및 대구소구제와 같은 새로운 행정제도의 실시에 따른 행정비용의 증가야말로 메이지 초기 농촌사회에서 광범위하게 검약규약을 제정하게 만든 주된 요인이 되었던 것이다.

'근검저축'의 장려와 검약규약의 변화

1881년 새로이 대장경의 지위에 오른 마쓰가타 마사요시松方正義는 군사비를 제외한 일체의 정부재정을 긴축하고, 주세, 연초세 등의 간접세와 지방세를 인상하는 한편 세입의 잉여분만큼 지폐통화량을 감소시키는 디플레이션 정책을 실시하였다. 이로 인해 1881년 지폐에 비해 1.7배를 초과하던 은화의 교환비율은 1885년에 이르러 균형을 이루었으며, 1석당 10엔을 넘던 쌀값 역시 절반 수준으로 떨어졌다. 이 같은 인위적인 디플레이션 정책으로 은본위제의 태환화폐는 제도화되었지만 쌀값 하락과 조세 증징으로 심각한 불경기가 찾아왔다. 더욱이 1883년 한발로 인해 농산물 수확마저 감소하자 상당수의 농민은 조세를 납부하지 못하거나 혹은 누적된 부채로 말미암아 토지소유권을 잃고 소작농으로 전락하는 경우마저 생겨났다. 1883년 9월 노제 군能勢郡 일대의 촌락들이 작성한 촌락규약 중에는 당시 농촌사회의 경제적 어려움을 다음과 같이 기술하였다.[24]

> 근래 들어 물가가 아연할 만큼 하락해 금융은 경색되고 그 영향이 농가에까지 미치고 있다. 이 때문에 일반 생활에 환란이 발생하고 이에 더하여 예전에 없던 가뭄 피해까지 겹치면서 촌민 전업의 경작이 갖는 어려움은 한층 더해졌다. 앞으로 시간이 경과해 귀중한 재산을 잃거나 혹은 기아에 빠질지도 모른다는 두려움이 눈앞에까지 미치고 있다. 이에 대한 예방의 방법을 만들어 군중郡中이 맹약했으니 그 내용은 이상과 같다. (하략)

위에서 알 수 있듯이 당시 노제 군 일대의 촌락들은 디플레이션으로 인한 금융 경색에다 가뭄 피해까지 겹치자 경제적인 어려움을 넘어서 기아의 위기에 직면하였다. 위 규약은 "군중郡中이 맹약"한 사실을 밝히고 있을 뿐만 아니라 문서 말미에 "노제 군중能勢郡中"이란 이름 하에 작성자를 명기하였다. 또한 군내에 위치한 세 촌락, 즉 가타야마 촌片山村, 스기하라 촌杉原村, 야마베 촌山邊村에서 동문의 자료를 남아 있는 점을 고려한다면, 당시 군내 모든 촌락의 동의를 얻어 작성된 것으로 보인다. 이처럼 노제 군내 모든 촌락이 검약규약을 작성하는 데 동의한 것은 당시 디플레이션과 자연재해로 인한 경제적 궁핍이 개별 촌락의 역량을 넘어서 광역적인 지역 내의 상호협력이 필요할 만큼 심각한 상황이었기 때문으로 보인다.

규약은 일체의 흥행행사를 금지하는 것(제1조)은 물론 제례, 법회, 절구와 같은 축의행사의 검소화에 관한 조항들로 구성되었다. 또한 마지막 제10조에서는 "개별 조항을 위반한 자에 한해 금전 3엔을 위약료로 징수하되 그 돈을 학교비에 충당하도록" 규정하였다. 이는 검약규약의 위반자에게 위약료를 지불하게 하고 이를 촌민 모두의 공동이익에 부합하는 곳에 사용하던 근세 검약규약의 전통을 따른 것이라 할 수 있다. 소비생활에 대한 간섭과 통제를 수반하는 검약규약을 촌락 구성원 모두가 수용할 수 있었던 것은 이처럼 생활의 절검이나 사치금지를 통해 얻어진 검약의 이익을 촌민 모두의 공동이익에 부합하도록 사용했기 때문이다.

사실상 이 같은 내용은 전시기에 작성된 검약규약과 비교해 그다지 커다란 차이점을 찾아볼 수 없다. 다만 한 가지 축의행사 시에 "절검양법節儉良法을 정해 호장의 지휘를 받아" 실시하도록 규정했다는 점에 주의할 필요가 있다. 예를 들어 제3조에서는 "혼인과 불사의 축의행사는 평소 1/5에 상당하는 비용으로 집행하되 당주當主는 호장의 지휘를 받아 행사를 시행"하도록 규정하였다. 뿐만 아니라 상량식(제4조)과 신불에 관한 제사(제7조) 역시 검소하게 치르되 반드시 "호장의 지시" 하에 집행하도록 하였다. 근세 중·후기에 작성된 검약규약이 촌락운

영을 담당하는 상층농민의 이익과 특권을 대변하는, 예컨대 봉공인과
일용의 임금과 처우를 제한하는 내용 등을 담았다는 것은 주지의 사실
이다. 하지만 근세 촌락규약 가운데 축의행사 시에 쇼야나 도시요리
같은 촌락행정인이 직접 행사를 감독하고 지휘하도록 명기한 사례는
아직까지 발견된 적이 없다. 검약규약이 자연재해나 기근 같은 경제위
기 시에 '사치금지와 질소검약'을 명목 삼아 이루어진 공동체적 규제
인 것은 분명한 사실이나 그렇다고 "절검양법을 정해 호장의 지휘를
받"는 근대의 방식과 '촌민 모두[村中]'의 합의로 검약을 실시한 근세의
경우를 동일하게 파악할 수 있을지는 의문이다. 호장제 실시 이후
호장의 지위가 더 이상 촌민자치가 아닌, 상급기관의 선임에 따라
선출되는 상황에서 검약규약에 규정된 "호장의 지시"는 다름 아닌
국가권력의 말단 지방하위직에 대한 감시와 통제로 받아들여졌을 가
능성이 높기 때문이다.25) 이러한 점에서 의식주를 비롯한 축의행사
시 검약에 관한 호장의 지시는 촌민으로부터 적지 않은 반발을 초래했
을 가능성이 있다.26)

  오늘날 오사카 부 야오 시八尾市에 위치하는 유게 촌弓削村은 마쓰가
타 디플레이션으로 경기불황이 한창이던 1884년 3월 "근래 들어 비용
지출이 다단多端한 관계로 촌민들의 곤란함이란 이루 말할 수 없을
정도"의 위기 상황에 직면하였다. 이에 "전 촌민이 협의한 끝에 메이지
17년(1884) 4월부터 향후 5년간 질소검약의 방법을 다음과 같이
정하"고, 출산(제1조), 결혼(제2조), 장의(제3조)로부터 신사불각의
보시(제9조)에 이르기까지 구체적인 검약 방안을 정하였다.27) 그런
데 유게 촌에서도 앞서 살펴본 노제 군과 마찬가지로 축의행사 시

호장의 지시를 받도록 규정한 조항을 볼 수 있다. 예컨대 장의행사에 관한 제3조에서는 "사망자가 있을 시에 신속히 호장에게 연락하고 호장은 지역 내 의원 2명을 주선자로 임명해 장의행사에 관한 만사를 처리"하도록 정하였다. 그리고 제10조에서는 출산, 결혼·장례 시의 축의행사를 그만두는 대신, "형편에 따라 각 호의 등급"을 1등급에서 14등급까지 나누고 '검약료'라는 명목을 달아 이를 호장에게 상납하도록 규정하였다. 예를 들어 결혼·장례 시 제1등급과 2등급, 3등급은 각기 금전 2엔, 1엔 80전, 1엔 60전을 호장에게 상납하도록 정했다. 아울러 제11조에서는 제10조에서 정한 축의행사의 검약료를 호장의 관리 하에 저축한 다음 매년 6월과 12월 두 차례에 걸쳐 의원들의 입회 하에 정산하고, 촌락행정비라 할 수 있는 '협의비'로 사용하도록 정하였다.

그런데 위 규약에서 흥미로운 사실은 문서 말미에 "앞에 명기한 10조, 11조는 실제로 실시하기 어려운 까닭에 서로 협의 하에 삭제하도록 한다."는 첨언을 부기해 놓은 점이다. 내용상 이 같은 문구는 문서가 작성된 차후에 부기되었을 것이다. 그렇다고 한다면 결국 유게촌에서는 출산, 결혼, 장례의 축의행사 시 호장의 책임 하에 검약료를 징수하여 '협의비'로 사용하도록 규정한 제10조와 제11조를 시행하지 못했을 것으로 판단된다. 이처럼 제10조와 제11조가 시행되지 못한 것은 촌민들이 호장의 주도 하에 검약료란 이름으로 징수된 수납금을 '협의비'로 사용하는 것에 대해 반발했기 때문으로 판단된다. 아마도 검약료 징수에 대한 촌민들의 반발은 개별 가구의 축의행사에까지 호장이 관여하는 검약 방식에 대한 반감에서 비롯된 것은 아닌지 모르겠다.

앞에서 살펴본 바와 같이 마쓰가타 디플레이션 당시 농촌사회에서는 경제적 위기 상황을 극복하기 위해 축의행사 등을 한시적으로 금지하는 내용의 검약규약을 광범위하게 제정하였다. 하지만 지방행정제도의 개편 이후 사실상 지방 말단관리라 할 수 있는 호장의 주도하에 축의행사에 관한 절검과 검약료 징수 및 관리가 이루어짐에 따라 검약규약의 시행을 둘러싸고 촌민의 반발이 적지 않게 일어난 것으로 보인다. 위에서 살펴본 바와 같이 유게 촌의 경우처럼 검약으로 인한 비용절감분을 촌민 모두의 공동이익에 부합하는 곳이 아닌, 촌락행정의 편의에 맞추어 사용하도록 규정한 검약규약은 촌민들의 거센 반발로 사실상 유명무실화되고 말았다.

「제급취의서濟急趣意書」(1885)와 근검저축조합의 설립

앞서 언급한 바와 같이 마쓰가타 디플레이션 정책은 금융경색과 함께 극심한 경제불황을 초래하였다. 경제불황의 여파는 특히나 농촌지역에 커다란 피해를 가져왔다. 농가부채로 인해 자영농민이 몰락하고 소작농민이 늘어나는 가운데 부채연기와 이자경감을 요구하는 소요사태가 발생함으로써 농촌의 불안은 점점 심각한 지경에 이르렀다. 산업화가 미숙한 상태에서 사실상 메이지 국가의 재정 기반을 이루는 농촌사회의 경제적 불안은 신정부의 위기인 동시에 시급히 해결해야 할 현안이었다. 더욱이 기후불순으로 흉작의 가능성까지 높아지자 농상무성에서는 이 같은 상황을 타파하기 위해 1885년 5월 「제급취

264

의서濟急趣意書」를 발령하였다. 「제급취의서」는 "다년에 걸친 적폐로 인해 국민의 곤란함은 현재 그 극에 달하였으나 (중략) 노동을 고양시키고 저축의 방법을 꾀하는 것 두 가지뿐"임을 역설한 것에서 알 수 있듯이 곤궁한 농촌의 경제 상황을 타파하기 위해 노동, 즉 농업생산력의 강화와 함께 저축을 주된 해법으로 제시하였다. 내용 중에는 "오늘날 사민이 모두 피폐해 저축할 여유가 없으나, 정신을 하나로 하면 넘어지더라도 이루지 못할 일이 없으니 곤란함과 고통스러움을 참"자고 하여, 봉건 이데올로기인 인종과 질소를 강조하는 대목이 눈에 띈다. 하지만 주된 취지는 "제 비용을 줄여 저축의 방책을 모색"하고자 한 데서 알 수 있듯이 '근검저축의 장려'에 있었다고 할 수 있다.28)

농상무성에서는 「제급취의서」를 발령한 다음 이를 구체적으로 실행하기위해 그해 6월 전국 각지에 서기관을 파견하고 이들에게 「팔대농구 출장관 지침서八大農區出張官心得書」와 함께 근검저축에 관한 구체적인 방책을 하달하였다. 그 내용은 다음과 같다.29)

> 첫째, 작은 것이 쌓여 큰 것을 이룬다는 취지를 인식시키도록 노력할 것.
> 둘째, 저축은 반드시 금전뿐 아니라 각자의 노력을 통해 얻은 물품 또는 곡식과 콩류를 가지고 하는 등 현지의 편의에 맞추어 실시할 것.
> 셋째, 저축방식은 호장, 권업위원 또는 현지에서 자산을 가진 명망가에게 담당하도록 할 것.
> 넷째, 저축금의 이식방법은 역체국驛遞局(체신국의 전신)의 저금소貯金所에 맡기도록 할 것.
> 다섯째, 저축의 방법은 현지의 편의에 따라 규약을 만들어 일반에

행해질 수 있도록 계획을 세워야 할 것.

농상무성의 지시에 따라 8대 농구農區로 나뉘어 전국 각지에 파견된 서기관들은 이러한 방침을 지역사회에 전달하고 지역민의 호응을 끌어내기 위해 많은 노력을 기울였다. 그 중에서도 도카이東海, 호쿠리쿠 北陸 2대 농구에 파견된 마에다 마사나前田正名는 지주호농층, 지방자치 조직과 연계하여 근검·저축의 장려정책을 구체적으로 실현하기 전국 각지에서 연설활동을 벌이는 등, 가장 정력적인 활동을 보인 인물이라 할 수 있다. 운노 후쿠주海野福壽에 따르면 시즈오카 현靜岡縣에서는 「제급취의서」가 발령된 이후 마에다의 방문을 즈음하여 현 내 각지의 호장·구장·지역 유지 등이 수차례 간담회를 갖고 근검·저축을 장려하기 위한 구체적인 방안을 논의하는 가운데 마에다의 강연을 계기로 근검저축조합이 결성되기에 이르렀다고 한다.[30]

한편 「제급취의서」에 기초한 근검저축 장려책은 "자산을 가진 명망가"로 활동하면서 마쓰가타 디플레이션 이후 황폐화된 농촌사회를 갱생하기 위한 해법을 모색하고 있던 호농층의 지지를 얻을 수 있었다. 이들은 국가재정의 안정을 위한 근검저축의 지배 이데올로기를 전통적인 보덕報德정신에 접목시켜 현지에 소개함으로써 피폐해진 농촌의 갱생과 촌락의 자립을 꾀하였다.[31] 하지만 근검저축 장려책이 성공하기 위해서는 무엇보다 "현지의 편의에 따라 규약을 만들어 일반에 행해질 수 있도록 계획"을 세운 다음 지역 사정에 따라 이를 실행하기 위한 조합과 규약을 작성하는 것은 물론 이를 감독하고 통제하는 일 등이 뒤따라야 했다. 그러나 고닌쿠미五人組, 이세코伊勢講 등과 같은 전통적인 인보隣保상호조직이 사실상 붕괴된 상태에서 정부의 지원 아래 "자산을 가진 명망가" 즉 호농층의 주도 아래 진행된 근검저축조합 설립운동은 일반 촌민 사이에 적지 않은 충돌 가능성을 내포하였다.

「제급취의서」 발령 이후 오사카 부에서는 부유府諭 제14호에 따라 관할 농촌에서 근검저축과 풍속개량 등을 실행할 조합의 설립을 지시하였다. 당시 야마토 국大和國 히로세 군廣瀨郡 데라고 촌寺戶村을 비롯한 여러 촌락에서는 근검저축과 풍속개량, 조합설립에 관한 내용을 구체적으로 명기한 촌락규약을 제정하였다.32) 오사카 부 히네 군日根郡 노다 촌野田村 역시 "풍속개량 및 복리증진을 꾀하기 위해 촌내 구성원의 숙담을 거"친 후에 그해 11월 11일 30개 항으로 구성된 촌락규약을 제정하였다.33) 그런데 노다 촌에는 상급기관인 오사카 부에 제출한 규약의 원안과 수정안, 그리고 최종적으로 작성된 촌락규약이 함께 보존되어 있어 당시 「제급취의서」 발령 이후 농촌사회의 반응을 간접적으로나마 살펴볼 수 있다. 노다 촌에서 작성된 원안이 상급기관인 오사카 부 혹은 히네 군의 검토 이후 수정지시를 받아 수정안이 작성되고, 재검토 이후 최종안이 제정되는 과정을 거치면서 그 원안과 수정안, 최종안이 함께 보존된 것으로 보인다.

그런데 원안과 수정안, 최종안을 비교해 보면 "촌내 풍속을 개량하고 복리를 증진시키기" 위해 촌내 가구를 각 조로 묶는 방식과 조장의 선임 방식에서 내용상 차이가 발견된다. 예를 들어, 최종안에서는 촌내 가구 6호씩을 하나로 묶어 '6인조'라 칭하고 상호부조와 감시의 단위로 삼았다. 그런데 당초 원안을 확인해 보면 6호가 아닌 8호에서 9호를 1개 조로 묶도록 규정했으나 수정안에서 7호로 변경되었다가 최종안에서 6호로 결정되었음을 확인할 수 있다. 이처럼 1개 조로

묶는 호수가 줄어든 것은 조장에 선임되는 촌민의 숫자를 증가시키려
했기 때문이었다. 그렇다면 왜 조장의 숫자를 늘리려고 했을까?

이는 조장의 역할과 깊이 관련되어 있었던 것으로 보인다. 수정안을
살펴보면 각 조에는 구성원의 투표로 조장[組頭]을 선임하고, 조장들의
투표로 그 중에서 2명을 조장 대표[組頭長]에 선임하도록 규정하였다.
조장과 조장대표는 노동력 강화와 저축 증진을 위해 노력하는 것은
물론 지주·소작인 문제를 비롯한 각종 사안을 처리하고 위반자에게
교설로 설득하는 책임을 졌다. 더욱이 조장은 호장 업무와 촌비 사용
등을 감시하는 촌회의 구성원, 즉 촌의원을 겸직하도록 규정되었다.
당초 원안에서 촌의원은 조장과 조장 대표 그리고 촌민이 선거를 통해
선발하는 약간 명으로 구성되었는데 대다수는 조장으로 구성되었다.
원안에서 촌의원의 대다수를 차지하는 조장과 조장 대표의 선출은
조별 구성원의 투표를 통하도록 하는 것을 원칙으로 하되, "시의時宜에
따라 호장이 천거"할 수 있었다. 다시 말해 호장을 감시하는 임무와
역할을 가진 촌의원을 겸직하는 조장과 조장 대표는 기본적으로 촌민
선거를 통해 선출되도록 규정하였다. 이에 비해 최종안에서는 "조장과
조장 대표가 조별 구성원 및 각 조 조장의 투표로 선임되더라도 시의에
따라 호장이 천거할 수 있다."고 그 내용이 수정되었다. 이를 통해
결과적으로 조장은 촌민의 투표보다 호장의 천거로 선임될 가능성이
높아졌다.

이상의 내용을 종합하면 다음의 사실을 추측할 수 있다. 당초 원안
에서는 촌민들의 선거를 통해 조장과 조장 대표, 즉 촌회 의원을 뽑도
록 규정하였던 것으로 보인다. 하지만 이 같은 조항은 호장의 행정력

축소를 우려한 지사 또는 군장이 받아들일 리 만무했다. 이처럼 촌민들의 의사를 직접적으로 반영해줄 수 있는 원안을 거부당하자 노다 촌에서는 차선책으로 조를 구성하는 호구수를 줄여 촌민 선거를 통해 선출되는 조장의 수를 늘리고자 한 것으로 보인다.

노다 촌의 사례는 「제급취의서濟急趣意書」의 발령 이후 풍속개량과 근검저축 등을 농촌사회에 효과적으로 시행하기 위해 조합 결성의 움직임이 가시화되는 가운데 촌민 차원에서 이전의 촌락자치를 유지하려는 시도로 평가해 볼 수 있다. 하지만 촌락자치를 회복하려는 움직임은 정부의 지원 아래 근검저축 장려책을 위임받은 "호장, 권업위원 또는 현지에서 자산을 가진 명망가"들에 의해 조합 결성이 주도됨에 따라 한계를 노정할 수밖에 없었다.

1) 「明治第二ノ改革ヲ希望スルノ論」, 『海南新誌』 第5號, 1877년(明治 10) 9월 22일.

2) 張翔·園田英弘 共編, 『[封建]·[郡縣]再考 : 東アジア社會体制論の深層』, 思文閣, 2006.

3) 前田正治, 『日本近世村法の研究』, 有斐閣, 1950.

4) 神谷力, 『家と村の法史研究』, 御茶の水書房, 1976, 415쪽.

5) 메이지 유신 직후인 1869년부터 1870년까지 빈번히 발생한 농민반란은 흉작으로 인한 경제적 곤궁, 미가급등, 조세경감 등이 주된 이유였다고 한다. 土屋喬雄·小野道雄 編, 『明治初年農民騷擾錄』, 勁草書房, 1953, 74쪽.

6) 歷史學硏究會·日本史硏究會 編, 『講座日本歷史(第7卷) 近代(1)』, 東京大學出版會, 102쪽.

7) 메이지 초기 신정부가 발령한 각종 법령은 일본 국립국회도서관 사이트(http://dajokan.ndl.go.jp/SearchSys)에서 제공하는 「일본법령색인(明治前期編)」을 이용해 찾아볼 수 있다. 이하 별도의 출전을 밝히지 않은 신정부의 법령은 위의 색인에서 참조한 것임을 미리 밝혀둔다.

8) 메이지 초기 '비황저축법'의 성립 과정에 관해서는 笛木俊一, 「明治初期救貧立法の構造 備荒儲蓄法研究 その一·二」, 『早稻だ法學會誌』 第23·24卷, 1972·73 참조.

9) 동 규칙은 1875년 7월 한 차례 개정된 다음 정치적 혼란기에 재정부족까지 겹치게 되면서 결국 그해 8월 10일 폐지되고 만다. 岡田和喜, 「明治期貯蓄奬勵政策の展開と貯蓄組合」, 『地方金融史研究』 24, 1993, 3쪽.

10) 『高槻市史(第5卷) 資料編(4)』, 1980, 587쪽.

11) 『城陽市史(第4卷)』, 431쪽.

12) 『美原町史 資料編』, 1999, 756쪽.

13) 文部省 編, 『學制百年史學制百年史 記述編, 資料編』, 帝國地方行政學會, 1972.

14) 『美原町史(第1卷) 本文編』, 1999, 910쪽.

15) 『美原町史(第1卷) 本文編』, 1999, 910쪽.

16) 『枚方市史(第10卷)』, 1976, 214~216쪽.

17) 『枚方市史(第10卷)』, 1976, 216·217쪽.

18) 소학교 건축자금을 대기 위해 축의행사를 간소화하거나 아니면 제례 간소화를 통해 얻어진 이익금을 출자금 형태로 모아 건축비에 충당하도록 규정하는 내용의 검약규약은 기나이 지역 내에서 여러 사례를 찾아볼 수 있다. 예를 들어, 오늘날 히가시오사카 시(東大阪市) 시조 지구(四條地區)에 위치한 시조 촌(四條村)에서는 1873년 소학교 건립에 관한 비용을 모으기 위해 검약규약을 제정하였다. 여기서는 혼례, 출산, 장례 시 축의행사를 그만두는 대신 촌민의 경제적 상황에 따라 "上々, 上, 中, 下, 下々"의 5등급으로 나누어 비용을 내도록 규정하였다. 稲生泰子, 「明治期の地方支配体制と村落-大阪近郊農村の村規約を中心にして-」, 『寧樂史苑』第23号, 1978, 23·24쪽.

19) 『枚方市史(第10卷)』, 1976, 216쪽.

20) 대구소구제는 폐번치현 이후 신정부가 실시한 지방행정제도다. 정부는 호적법 시행에 따라 전국을 일률적인 편제단위로 나누기 위해 부현 밑에 대구(大區)를 두고, 다시 대구 밑에 소구(小區)를 두어 행정구역을 구분하였다. 삼신법은 1878년 신정부가 이전의 대구소구제를 대신해 새로이 제정한 3개의 지방제도 관련법을 말한다. 구체적으로 「군구정촌편제법(郡區町村編制法)」, 「부현회규칙(府縣會規則)」, 「지방세규칙(地方稅規則)」의 세 가지 법령을 가리킨다. 이를 통해 전국적인 지방자치제도가 본격적으로 확립될 수 있었다. 정촌제는 지방행정제도의 말단조직인 정(町)·촌(村)의 조직, 권한, 운용 등에 관한 내용을 정한 일련의 법령을 통해 성립하였다. 이후 패전 이전까지 지방자치에 관한 기본법으로 기능하였다. 이에 관해서는 龜掛川浩, 『明治地方制度成立史』, 柏書房, 1967 ; 柴田雅敏, 「町村制と地方改良運動」, 日本村落史講座編集委員會, 『日本村落史講座 政治Ⅱ 近世·近現代』, 雄山閣, 1990 등을 참고하기 바람.

21) 『島本町史 史料編』, 1975, 242·243쪽.

22) 『島本町史 史料編』, 1975, 247·248쪽.

23) 『阪南町史(上)』, 1983, 614~616쪽.

24) 『能勢町史(第3卷)』, 1975, 741·742쪽.

25) 1884년 5월 7일 태정관포고 14호에 의해 호장의 선임방법과 관할구역에 대한 대폭적인 개정이 이루어졌다. 그 결과 호장이 정촌회 의장을 겸하는

것은 물론 의안발안권 및 정촌회의 정지와 해산을 명할 수 있으며 경비지출, 징수에 관해 막강한 권한을 행사할 수 있게 되었다. 이로써 현령-군장-호장으로 이어지는 지방행정관료체계가 정비되는 것은 물론, 지방 말단에까지 정부의 행정력이 강화되었다.

26) 한편 위 검약규약 문미에는 "촌락에 따라 이것 이상으로 절검양법을 증감해도 무방하다."고 하여 개별 촌락의 사정에 따라 검약을 더욱 세분화하여 적용할 것을 장려하였다. 이에 따라 당시 노제 군(能勢郡)에 속한 가타야마 촌(片山村)에서는 촌락의 경제적 상황을 고려한 촌락규약을 별도로 제정하여 실시하였다. 가타야마 촌에서는 개별 가구의 경제 상황을 고려해 상·중·하 세 등급으로 나누고, 예를 들어 혼인과 거택·창고 상량식의 경우 상등은 50전, 중등은 40전, 하등은 20전을 호장에게 상납하도록 정하였다. 대신 호장은 이를 적립해 두었다가 비상재해에 대비하게 하는 한편, 당분간 도로보수나 탕치여행의 기념품을 금하는 등, 당장에 불요불급한 사항을 중지하고 지붕 잇는 직인, 목수, 일반 직인, 일용 등의 임금을 정해 절검을 방해하는 임금상승 요인을 사전에 억제하고자 했다. 『能勢町史(第2卷)』, 96쪽.

27) 『八尾市史 近代 史料編』, 93쪽.

28) 岡田和喜, 「明治期貯蓄奬勵政策の展開と貯蓄組合」, 『地方金融史硏究』 24, 1993, 4쪽.

29) 「八農區出張官心得書 明治18年6月」, 『前田正名關係文書』, 國立國會図書館 소장.

30) 海野福壽, 「前田正名の靜岡縣下巡回」, 『靜岡縣硏究』 5, 1989.

31) 大浜徹也, 「松方財政下の村と豪農-愛知縣北設樂郡における[濟急趣意書] 受容過程-」, 福地重孝先生還曆記念論文集刊行委員會 編, 『近代日本形成 過程の硏究』, 1978.

32) 『廣陵町史 史料編(下)』, 2001, 886~890쪽.

33) 『熊取町史 史料編(第2卷)』, 1995, 509~524쪽.

맺음말

서민 지배정책으로 비틀어 보기

에도 시대 막번 권력에 의한 서민 지배는 "농민과 기름은 짜면 짤수록 나온다"는 말처럼 강압적인 수탈과 착취로 이야기되고 있다. 하지만 양자의 관계를 자세히 들여다보면 단순히 지배와 수탈만으로 설명할 수 없는 복잡한 양상이 이면에 숨겨져 있다. 예컨대 에도 막부는 도박, 절도 등의 범죄행위는 물론 연공상납, 검약에 이르기까지 서민 지배에 관한 세세한 사항을 법령 형태로 촌락에 하달하였다. 그리고 이를 어긴 자는 가혹한 형벌로 다스릴 것을 지시하였다. 1742년에 제정된 에도 막부의 공식법전인 『구지카타오사다메가키公事方御定書』에서는 절도를 죄질에 따라 묵형墨刑, 태형笞刑, 옥문獄門, 참수 등에 처하도록 정했다. 그런데 위반자가 발생하면 촌락에서는 가혹한 형벌을 규정한 영주법 대신 촌락 내부의 관습이나 관례에 따라 이를 처벌하였다. 미즈모토 구니히코는 위반자의 처벌에 대해 촌락이 이처럼 자율성을 행사할 수 있었던 이유에 대해 "공의公儀의 법은 공의의 위광威光을 유지하는 것이 최대 관심사였기 때문에 공공연한 사건으로 발전하지 않는 한, 촌락 내부의 처벌을 암암리에 묵인"해 주었기 때문이며, 근세 촌락규약은 바로 이 같은 "공의 측의 묵인 하에 공의의 법과 형벌을 주체적·부분적으로 활용함으로써 기능·유지"될 수 있었다고 언급하였다. 요컨대, 지배 권력과 촌락의 관계를 상호 대립적으로 바라보던 종래의 시각에서 벗어나 상호 의존적인 것으로 파악할 것을 주장한 것이다.

이 책은 이처럼 막번 권력과 민중 사이를 단지 일원적인 지배와 수탈이 아닌 타협과 보완의 관계로 고찰함으로써 서민 지배에 대한 이해를 새롭게 할 생각으로 기술되었다. 이를 위해 지금까지 주로 '상품경제의 진전을 억누르기 위한 지배 이데올로기'로 간주되어 온 검약령을 '서민생활의 안정을 꾀하기 위한 지배정책'이라는 관점에서 재검토하였다. 그렇기 때문에 비록 검약령을 소재로 삼았다 하더라도 정작 사치금지나 검약의 구체적인 내용과 조항을 분석하기보다는 이러한 법령이 어떠한 동기와 목적에서 제정되었으며, 농촌과 도시에서 어떻게 시행되었는지를 살펴보는 데 보다 많은 관심을 기울였다.

그런데 서민 지배정책으로서 검약령의 특징과 의의를 규명하려면 무엇보다 사치금지에는 그다지 실효성을 발휘하지 못했음에도 불구하고 에도 막부가 굳이 이러한 법령을 계속해서 제정·발령한 이유가 무엇인지를 밝혀야만 했다. 이에 따라 이 책은 검약령을 제정한 동기와 목적을 찾는 것에서부터 그 내용을 시작하였다.

앞서 살펴본 바와 같이 검약령은 자연재해나 기상이변으로 인한 기근 발생 시에 주로 제정되었다. 막부는 의식주의 강제적인 절검으로 기근을 극복할 요량으로 검약령을 발령한 것이다. 하지만 연공미 감면이나 구휼미 방출과 같이 빈민 구제에 실질적인 방안을 담고 있지 못했기 때문에 기근 대책으로서의 실효성은 그다지 높지 않았다. 그럼에도 불구하고 막부의 검약령은 전국법의 형태로 다이묘 영지에까지 전달됨으로써 일본 전역을 대상으로 농민 생활의 안정과 재생산에 관심을 기울이는, 명실 공히 '공의'로서 막부의 의지를 보여준 것이라는 점에 유의할 필요가 있다.

막부 검약령은 민중생활의 소비와 사치를 억제하려 한다는 점에서 영주계급 공동의 이해관계에 기초하였지만 다이묘의 입장에서는 자신의 영민領民 지배에 대한 막부의 간섭을 의미하는 것이기도 했다. 따라서 간에이 기근 당시까지만 해도 막부 검약령이 다이묘 영지에서 시행된 예는 찾아볼 수 없다. 그런데 17세기 중반 이후가 되면서 사정이 일변하였다. 1668년 다이묘의 상당수는 에도에서 발생한 대화재 이후 목재를 비롯한 여타 상품가격의 폭등을 막기 위해 막부가 지시한 검약령에 기민하게 반응하였다. 이들은 막부 검약령을 원문 그대로 영지에 발령하거나 심지어 사치금지를 더욱 강화한 형태로 법령을 제정하는 경우 또한 적지 않았다. 이처럼 막부 검약령에 다이묘 측이 기민하게 반응한 것은 17세기 중반 이후 새롭게 전개된 사회·경제적 변화 때문이었다. 예컨대 오카야마 번에서는 연이은 재해와 흉작으로 연공과 부역을 감당하지 못한 소농민이 도시로 흘러 들어와 도시인구가 증가하면서 집값을 비롯한 여타 물가가 상승하고 이 과정에서 부를 독점한 상층 조닌을 중심으로 사치가 발생하는 현상이 나타나기 시작하였다. 이러한 현상은 비단 오카야마뿐 아니라 삼도를 중심으로 전국에 걸쳐 진행되었다. 결과적으로 17세기 중반 이후 히가시東·니시마와리西廻り 항로와 오가도五街道의 정비에 따른 전국적인 상품유통망의 형성, 기근에 따른 농촌인구의 도시유입, 인구증가에 따른 물가상승 등으로 서민생활의 사치는 이제 막부뿐 아니라 다이묘를 포함한 전

영주계층의 공통관심사가 되었다.

18세기 이후 막정幕政의 변화와 쇄신을 꾀하는 이들에게 '검약'은 최고의 가치이자 주된 정책목표가 되었다. 도쿠가와 요시무네德川吉宗는 장군의 지위에 오르자마자 교호 개혁을 실시하였다. 그는 '미가 하락과 여타 물가의 상승'이라는 새로운 경제변화에 대응하기 위해 소비심리를 유발하는 신제품의 개발을 중지시키는 것은 물론 도시의 '번성'마저 허용하지 않는 강력한 검약정책을 실시하였다. 그러나 강경일변도의 검약정책은 사치품과 놀이, 유흥, 건축공사 등에 관한 민간의 수요를 감소시켜 에도의 도시경제를 침체시키는 주된 요인의 하나가 되고 말았다. 결국 강경일변도의 검약정책은 1733년 1월 기근에 의한 쌀값 폭등에 항의하는 도시 하층민들의 소요 사태를 계기로 이들의 생계 유지를 위해 일정 정도 도시의 '번성'을 허용하는 방향으로 도시 지배정책이 전환되면서 조금씩 완화되었다.

하지만 18세기 후반에 접어들면 막부는 도시사회의 안정뿐만 아니라 피폐한 농촌사회의 부흥을 위해 전국을 시야에 넣고 검약정책을 전개하기에 이른다. 간세이 개혁을 진두 지휘한 마쓰다이라 사다노부松平定信는 덴메이 기근(1783~1786)으로 피폐해진 농민 생활을 안정시키기 위해 촌락 운용경비를 절검하고 숙역宿驛의 인마人馬 징발을 개선하는 등, 실질적으로 농민부담을 경감시켜줄 수 있는 조치를 시행하였다. 또한 농촌의 일선 행정을 담당하는 다이칸에 유능한 인재를 발탁하여 이들을 장기간 재지에 체류시켜 농업 경영의 안정을 꾀하기 위한 검약정책을 지방 말단에까지 실시함으로써 '농민 생활의 안정과 보호'라는 소기의 개혁 목표를 달성할 수 있었다.

에도 막부의 검약령은 법령을 제정한 이의 의지와 당시의 정치경제 상황에 따라 서민 지배의 안정이라는 소기의 목적을 달성하는 경우도 있었고 그렇지 못한 경우도 있었다. 다만 한 가지 확실한 사실은 막부가 17세기 중반 이후 상품경제의 진전을 바탕으로 도시와 농촌에 생겨난 사회경제적 변화, 즉 상층 조닌을 중심으로 서민생활에 나타난 사치의 저변에 농촌인구의 도시유입, 인구증가에 따른 물가상승, 미가 하락과 여타 상품가격의 상승 등과 같은 복합적인 요인이 내재되어 있음을 분명하게 인식하고 있었다는 점이다. 그렇기 때문에 서민생활의 안정과 질서를 유지해야 하는 막부의 입장에서 사치는 반드시 해결해야 할 중요한 과제로 인식되었다. 이러한 이유에서 검약령은 에도 시대 동안 계속해서 발령되었던 것이다.

검약의 사회적 제도화

이 책에서는 검약이 언제부터, 어떠한 과정을 거쳐 일본사회의 주된 가치관으로 자리잡게 되었는지에 대해 살펴보았다. 물론 이 문제에 대해 관심을 가진 이가 비단 필자 혼자만은 아니었다. 앞서 언급한 야스마루는 근세 중기 이후 상품경제의 진전으로 농촌사회에서 계층 분화가 심화되고 경제적인 곤궁이 심각해지자 마음의 안정을 도모하는 서민에게 처세술을 강연하는 이들이 검약과 근면 등의 가치관을 소개, 장려하는 과정에서 이 같은 통속도덕이 일본사회에 자리잡게 되었다고 설명한 바 있다. 이처럼 검약을 일종의 통속도덕으로 보고 사상과 종교에 의한 내면적인 자기혁신을 거쳐 일본사회에 정착하게 된 것으로 설명한 데 비해, 필자는 검약 문제를 어디까지나 '사회적 제도화'의 결과물로 이해하고자 했다. 다시 말해 검약과 같은 가치관이 일반 다수에게까지 보편적인 생활양식으로 자리잡게 되었던 것은 단지 개인의 의식적인 '자기형성 내지 자기수련'뿐 아니라, 국가의 법이나 공동체의 내규를 통해 강제된 사회적 제도화가 더욱 중요한 기제가 아니었을까? 이러한 물음에 답하기 위해 이 책에서는 농촌과 도시의 주민들이 작성한 규약집을 소재로 삼아 검약이 어떻게 사회구성원에게 전파, 강제되었는지를 살펴보았다.

17세기 후반 이후, 가미카타 지역의 농촌에서는 일상 생활은 물론 축의행사와 오락 등에 관한 절검을 주된 내용으로 삼는 검약규약이 광범위한 범위에서 제정되었다. 이처럼 개인생활의 간섭과 통제를 수반하는 검약규약을 촌민들이 자발적으로 제정한 것은 혼례나 장례 같은 축의행사를 간소화해서 얻은 이익을 마을 공동경비로 사용함으로써 절검 효과를 촌락 전체가 공유할 수 있었기 때문이다. 그런데 한 가지 유의해야 할 사실은 봉공인, 일용日傭의 임금과 처우를 제한하고 촌락행정인의 의복을 예외로 인정하는 등, 상층농민의 이해관계를 대변한 조항이 적지 않게 검약규약에 실려 있었다는 점이다. 이는 근세 중기 이후 봉공인이나 와카모노若者와 같은 이들의 발언력이 높아짐에 따라 촌락 내에서 점차 영향력을 상실해 가던 촌락행정인과 상층농민이 스스로의 권익을 지키기 위해 검약규약을 주도적으로 제정하는 과정에서 비롯된 현상이었다. 이처럼 마을 전체의 이익을 도모하는 검약 조항과 상층농민의 이익을 대변하는 봉공인·일용의 임금 조항이 동시에 검약규약에 담긴 것은 상품경제의 진전에 따른 촌락 내부의 갈등과 모순, 즉 봉공인과 일용 등의 하층농민과 지주·부농 등의 상층농민 간의 대립관계를 반영한다는 점에서 좀더 주의 깊게 살펴보아야 할 대목이다.

한편 도시에서는 17세기 후반 이후 화폐경제의 진전과 조 공동체의 공공업무 증가로 말미암아 조 운용경비가 지속적으로 증가하는 현상 이 나타났다. 조 운용경비의 증가가 조닌의 경제적 부담으로 이어질 것을 염려한 막부 측에서는 여러 차례에 걸쳐 '조 운용경비 절감령'을 발령해 그 절감을 지시하였다. 그러나 막부 측에서 지시한 조 운용경비 절감령은 별다른 효과 없이 무위로 끝나는 경우가 적지 않았다. 하지만 간세이 개혁 당시에는 실질적인 절감안을 담고 있어 교토에서는 조닌 들이 적극적으로 조 운용경비를 절감하기 위한 노력에 착수해 조 규약 을 새로 작성하거나 개정하는 경우가 적지 않았다. 그런데 주목할 것은 당시 조닌들이 작성하거나 개정한 조 규약 중에는 단지 조 운용경 비의 절감에 관한 사항뿐만 아니라 이들이 고용하고 있던 점원이나 봉공인에게까지 검약을 요구하고 이를 어긴 자에 대해 교화권敎化權을 규정하는 내용을 담았다는 점이다. 가업 경영자로서 영속적인 가업 경영을 위해 다른 무엇보다 검약을 중시해 온 조닌들은 고용관계를 맺고 있던 봉공인의 일상 생활까지 검약을 빌미로 개입하고자 했던 것이다.

에도 시대 중기 이후 검약은 야스마루의 지적대로 영속적으로 가업 을 유지하려는 상층 조닌과 유력 농민의 입장에선 자발적인 '자기 형성 내지 자기 수련'을 통해 내면화해야 할 생활 윤리였을지 모른다. 하지만 특별한 재산이나 재생산 수단을 갖지 못한 봉공인이나 하층민에겐 단지 그들의 임금과 처우를 제한하고 일상 생활을 간섭하기 위한 명분에 지나지 않았을 것이다. 결과적으로 검약이 일본사회 전역으로 확대, 전파될 수 있었던 것은 사상이나 종교에 의한 개인들의 의식적인 노력에 앞서 번 권력의 검약령이나 지연공동체에서 작성한 검약규약에 의해 사회적인 강제가 제도적으로 진행되었기 때문은 아닐지 모르겠다.

'검약'의 강제에서 '근검저축'의 장려로

메이지 유신 이후에도 촌민들이 작성한 촌락규약 가운데 상당수는 검약에 관한 것이었다. 메이지 초기 검약규약이 농촌사회에서 작성된 것은 계속된 기근과 마쓰가타 디플레이션으로 인한 농촌의 황폐화 때문이라고 언급되지만, 실제 당시의 농촌 환경을 살펴보면 학제령(1872), 대구소구제(1871~1872)와 같은 새로운 행정제도의 실시에 따른 행정비용이야말로 촌민의 경제적 부담을 증가시킨 주된 요인임을 알 수 있다. 결과적으로 새로운 행정제도의 실시에 따른 이러한 행정비용의 증가야말로 메이지 전기 농촌사회가 광범위하게 검약규약을 제정하게 만든 주된 요인이 되었던 것이다.

한편 마쓰가타 디플레이션으로 인한 농촌의 황폐화를 극복하기 위해 1885년 농상무성에서는 「제급취의서濟急趣意書」를 통해 농촌사회의 곤궁을 타파하기 위해 '농업 생산력의 강화'와 '저축 장려'를 주된 해법으로 제시하였다. 이 같은 정부정책은 황폐화된 촌락 갱생과 지역자치의 돌파구를 모색하던 호농층의 지지를 받았다. 그리고 이들의

주도 하에 근검저축조합 설립운동이 활발하게 일어났다. 정부의 지원
과 "호장, 권업위원 또는 현지에서 자산을 가진 명망가"의 주도 하에
근검저축조합이 결성됨에 따라 촌락규약의 내용에도 많은 변화가 생
겨났다. 예컨대, 촌락구성원의 축의행사는 "절검양법節儉良法을 정해
호장의 지휘를 받아" 거행하는 등 검약에 대한 호장의 감독과 지휘가
강화되었다. 또한 사치금지, 근검과 함께 저축이 더욱 장려되었다.
하지만 당시 저축의 장려는 "각자 저축에 열심히 노력해 구휼의 예비
로 삼을 것"1)이라는 문구에서 알 수 있듯이 경제생활의 잉여분을
모아 부를 증대시키기 위해서라기보다 구황대비라는 측면이 더욱 강
했던 것으로 보인다.

한편 메이지 정부의 저축장려정책은 청일전쟁 이후 더욱 강화되었
다. 1898년 6월 당시 대장성 장관인 이노우에 가오루井上馨 등은 미숙
한 은행제도를 보완하고 금본위제를 확립할 목적으로 사치 일소와
함께 우편저축제도 등을 통해 관민이 일체가 되어 소득증가분을 저축
하도록 강제하였다. 정부의 강력한 지도 아래 '저축'은 이제 명실 공히
'검약'을 대신해 국가의 자주 독립과 촌락의 자력 갱생을 가져오는
생활 윤리이자 민중의 경제생활을 통제하는 유력한 이데올로기로 자
리잡게 되었던 것이다.

282

1)『能勢町史(第3卷)』, 1975, 747쪽.

참고문헌

1. 자료

(1) 사료집

『經濟要錄』(岩波文庫, 白 217・218・219) (佐藤信淵 著, 瀧本誠一 校訂, 岩波書店, 1928).

『御觸書寬保集成』(高柳眞三・石井良助 編, 岩波書店, 1934).

『御觸書寶曆集成』(高柳眞三・石井良助 編, 岩波書店, 1935).

『御觸書天明集成』(高柳眞三・石井良助 編, 岩波書店, 1936).

「御ゝ家令條」(石井良助 編, 『近世法制史料叢書』, 弘文堂書房, 1939).

『御触書天保集成』上・下(高柳眞三・石井良助 編, 岩波書店, 1941).

『宇下人言・修行錄』(松平定信 著, 松平定光 校訂, 岩波文庫, 岩波書店, 1942).

『近世藩法資料集成』(京都帝國大學法學部日本法制史硏究室 編, 京都帝國大學法學部, 1942~1944).

『藩法集』第1卷~第9卷』(藩法硏究會 編, 創文社, 1959~1973)

『池田光政日記』(池田光政 著, 藤井駿 外 編, 山陽図書出版, 1967).

『東京市史稿 産業篇 第11』(東京都 編纂, 1967).

『牧民金鑑 下卷』(荒井顯道 編, 瀧川政次郎 校訂, 刀江書院, 1969).

『細川家史料 第7卷』(東京大學史料編纂所 編, 『大日本近世史料』, 東京大學出版會, 1969).

『竹垣・岸本代官民政資料』(村上直 編, 近藤出版社, 1971).

『早川代官』(永山卯三郎, 巖南堂書店, 1971).

『寺西代官民政資料』(金澤春友 編, 柏書房, 1972).

『學制百年史學制百年史 記述編, 資料編』(文部省 編, 帝國地方行政學會, 1972).

『市政提要』上・下(岡山大學池田家文庫等刊行會 編, 福武書店, 1973).

『寬文朱印留』上・下(國立史料館 編, 東京大學出版會, 1980).

『京都町触集成』第1卷~別卷2(京都町触研究會 編, 岩波書店, 1983~1989).

『御納戶大帳(備作之史料 1)』(備作史料研究會, 1984).

『近江國鏡村玉尾家永代帳 史料館叢書10』(國立史料館 編, 東京大學出版會, 1988).

『京都冷泉町文書』 第1卷~別卷』(京都冷泉町文書研究會 編, 思文閣出版, 1991~2000).

『幕末御触書集成』第1卷~別卷』(石井良助・服藤弘司 編, 岩波書店, 1992~1997).

『江戶町触集成』第1卷~第20卷』(近世史料研究會 編, 塙書房, 1994~2006).

『叢書京都の史料3 京都町式目集成』(京都市歷史資料館 編, 京都市歷史資料館, 1999).

『江戶幕府日記: 姬路酒井家本』(藤井讓治 監修, ゆまに書房, 2003・4).

(2) 시정촌사(市町村史) 자료집

『岡山市史』(岡山市役所 編纂, 岡山市役所, 1920).

『加賀藩史料 第2編』(前田家編輯部 編, 石黑文吉, 1929).

『能勢町史 第3卷』(能勢町史編纂委員會 編, 能勢町, 1975).

『島本町史 史料編』(島本町史編さん委員會 編, 島本町, 1975).

『神奈川縣史 資料編7 近世(4)』(神奈川縣企畫調查部縣史編集室 編, 神奈川縣, 1975).

『尼崎市史 第6卷』(岡本靜心 編集代表, 尼崎市役所, 1976).

『枚方市史 第10卷』(枚方市史編纂委員會 編, 枚方市, 1976).

『千早赤阪村誌 資料編』(千早赤阪村史編さん委員會 編, 千早赤阪村, 1976).

『河內長野市史 第6卷 史料編3』(河內長野市史編集委員會 編, 河內長野市役所, 1977).

『長野縣史 近世史料編 第2卷(1) 東信地方』(長野縣史刊行會 編, 長野縣, 1978).

『八尾市史 近代史料編』 1~3(八尾市史編集委員會 編 八尾市役所, 1974~
        1978).
『斑鳩町史 續史料編』(斑鳩町史編集委員會 編, 斑鳩町, 1979).
『高槻市史 第5卷 資料編4』(高槻市史編纂委員會 編, 高槻市, 1980).
『羽曳野市史　第5卷』(羽曳野市史編纂委員會 編, 羽曳野市, 1983).
『阪南町史 上』(阪南町史編纂委員會 編, 阪南町役場, 1983).
『藤井寺市史 第6卷　史料編4上』(藤井寺市史編さん委員會 編, 藤井寺市, 1983).
『高石市史 史料編 第3卷』(高石市史編纂會 編, 高石市, 1984).
『新編埼玉縣史 資料編17 近世8』(埼玉縣 編, 埼玉縣, 1985).
『福島縣史 第9卷』(福島縣 編, 臨川書店, 1985).
『芦屋市史 第2卷 資料編』(芦屋市 編, 芦屋市, 1986).
『小浜市史　藩政史料編2』(小浜市史編纂委員會 編, 小浜市, 1990).
『山城町史 史料編』(山城町 編, 山城町, 1990).
『久御山町史 史料編』(久御山町史編さん委員會 編, 久御山町, 1992).
『熊取町史 史料編 第2卷』(熊取町編さん委員會 編, 熊取町, 1995).
『城陽市史 第4卷』(城陽市史編さん委員會 編, 城陽市, 1996).
『新訂大宇陀町史 史料編 第2卷』(大宇陀町史編集委員會 編, 大宇陀町, 1996).
『加茂町史 第5卷 資料編2』(加茂町史編さん委員會 編, 1999).
『美原町史 第1卷 本文編』(美原町史編纂委員會 編, 美原町, 1999).
『米原町史 資料編』(米原町史編さん委員會 編, 米原町役場, 1999).
『寝屋川市史 第4卷』(寝屋川市史編纂委員會 編, 2000).
『廣陵町史 史料編 下』(廣陵町史編集委員會 編, 廣陵町, 2001).

(3) 개별 문서

『衣棚町文書』(京都大學文學部 古文書室 소장 사진첩).
「塩屋町文書」(京都府立總合資料館, 『資料館紀要』 13, 1985).
「大寄合之覺書」(『岡山大學附屬圖書館 所藏 池田家文庫 藩政史料 マイクロ版
        集成』 문서번호 E3-23*TEC-00300).

2. 저서

톨스타인 베블렌 지음, 정수용 옮김, 『유한계급론』(동녘신서 8), 동녘, 1985.
게오르그 짐멜 지음, 안준섭 옮김, 『돈의 철학』(오늘의 사상신서 53), 한길사, 1990.
베르너 좀바르트 지음, 이필우 옮김, 『사랑과 사치와 자본주의』, 까치, 1997.
마리아 아쑨타 체파리 리돌피·파트리치아 투리니 공저, 김정하 옮김, 『중세 허영의 역사』, 혜안, 1999.
피에르 부르디외 지음, 최종철 옮김, 『구별짓기 하』, 새물결, 2005.
한국고문서학회 지음, 『조선시대 생활사3-의식주, 살아있는 조선의 풍경』, 역사 비평사, 2006.
막스 베버 지음, 김현욱 옮김, 『프로테스탄티즘 윤리와 자본주의 정신』, 동서문화 동판주식회사, 2009.

中村孝也, 『元祿及び享保時代における経濟思想の研究』, 國民文化研究會, 1927.
前田正治, 『日本近世村法の研究』, 有斐閣, 1950.
土屋喬雄·小野道雄 編, 『明治初年農民騷擾錄』, 勁草書房, 1953.
京都市 編, 『京都の歷史　第6卷 傳統の定着』, 學藝書林, 1973.
大石愼三郎, 『大岡越前守忠相』(岩波新書891), 岩波書店, 1974.
安丸良夫, 『日本の近代化と民衆思想』, 青木書店, 1974 (동명의 제목으로 '平凡社ライブラリー' 시리즈로 平凡社에서 1999년 재간).
秋山國三·仲村研, 『京都[町]の研究』, 法政大學出版局, 1975.
山中永之佑, 『日本近代國家の形成と村規約』, 木鐸社, 1975.
秋山國三, 『近世京都町組發達史』, 法政大學出版局, 1980.
服藤弘司, 『幕府法と藩法』, 創文社, 1980.
辻達也, 『享保改革の研究』, 創文社, 1981.
大竹秀男, 『近世雇傭關係史論』, 有斐閣, 1983.
山崎隆三, 『近世物價史研究』, 塙書房, 1983.
北島正元, 『近世の民衆と都市-幕藩制國家の構造-』, 名著出版, 1984.
柏村哲博, 『寬政改革と代官行政』, 國書刊行會, 1985.

歷史學硏究會・日本史硏究會 編, 『講座日本歷史 第7卷 近代1』, 東京大學出
　　版會, 1985.

深谷克己, 『大系日本の歷史　第9卷-士農工商の世-』, 小學館, 1988.

藤田覺, 『天保の改革』, 吉川弘文館, 1989.

村上直 編, 『日本近世史硏究事典』, 東京堂出版, 1989.

大石嘉一郎, 『近代日本の地方自治』, 東京大學出版會, 1990.

田中喜男, 『近世在鄕町の硏究』, 名著出版, 1990.

大石愼三郎, 『田沼意次の時代』, 岩波書店, 1991.

賀川隆行, 『日本の歷史 14: 崩れゆく鎖國』, 集英社, 1992.

藪田貫, 『國訴と百姓一揆の硏究』, 校倉書房, 1992.

吉田伸之 編, 『日本の近世9 都市の時代』, 中央公論社, 1992.

靑木美智男・保坂智 編, 『新視点日本の歷史 第5卷 近世編』, 新人物往來社,
　　1993.

朝尾直弘 外 編, 『岩波講座 日本通史』第11~15卷 近世1~5, 岩波書店, 1993~
　　1995.

藤井讓治, 『德川家光』, 吉川弘文館, 1997.

仁木宏, 『空間・公・共同体』, 靑木書店, 1997.

黑瀬十二郎, 『弘前藩政の諸問題』, 北方新社, 1997.

塚本學, 『德川綱吉』, 吉川弘文館, 1998.

山本英二, 『慶安御觸書成立試論』, 日本エディタースクール出版部, 1999.

竹內誠, 『元祿人間模樣-變動の時代を生きる-』, 角川書店, 2000.

藤田覺 編, 『幕藩制改革の展開』, 山川出版社, 2001.

奈良縣立奈良図書館 鄕土資料室, 『奈良縣の縣史郡史市町村史類刊行狀況一
　　覽』, 奈良縣立奈良図書館, 2001.

高埜利彦 編, 『日本の時代史15: 元祿の社會と文化』, 吉川弘文館, 2003.

大石學 編, 『日本の時代史16: 享保改革と社會變容』, 吉川弘文館, 2003.

藤田覺 編, 『日本の時代史17: 近代の胎動』, 吉川弘文館, 2003.

大阪府立図書館, 『大阪府立図書館所藏 大阪府內市町村史誌目錄』, 大阪府立
　　図書館, 2003.

靑木美智男, 『近世非領國地域の民衆運動と郡中議定』, ゆまに書房, 2004.

288

永原慶二, 『苧麻・絹・木綿の社會史』, 吉川弘文館, 2004.
張翔・園田英弘 共編, 『[封建]・[郡縣]再考: 東アジア社會体制論の深層』, 思
　　文閣, 2006.

3. 논문

박진한, 「享保・寛政改革期 江戸幕府의 儉約政策」, 『東方學志』 131, 2005.
박진한, 「에도시대 상층농민의 여가와 여행」, 『역사학보』 189, 2006.
박진한, 「에도시대 촌락규약의 제정과 촌락운영-'기나이(畿內)'지역을 중심으
　　로-」, 『日本歷史研究』 25, 2007.
박진훈, 「사치, 허영 그리고 검약」, 하일식 편, 『고려시대 사람들의 삶과 생각』,
　　혜안, 2007.
박진한, 「메이지전기(明治前期) 검약규약의 제정과 내용 변화에 대한 고찰」,
　　『東洋史學研究』 110, 2010.

肥後和男, 「近世の儉約令とその思想」, 1926(후에 肥後和男, 『近世思想史研究
　　肥後和男著作集 第二期』, 敎育出版センター, 冬至書房, 1993 재록).
藏並省自, 「町人儉約令,性格の一考察」, 『日本大學三島敎養部研究年報』 3,
　　1955(후에 藏並省自, 『江戸時代の支配と生活』, 三和書房, 1971 재록).
山崎隆三, 「攝津における農業雇傭勞動形態の發展」, 市川孝正・渡辺信夫・古
　　島敏雄 他 著, 『封建社會解體期の雇傭勞動』, 靑木書店, 1961.
辻達也, 「享保改革における江戸商人仲間設定について」, 『日本歷史』 159, 1961.
林玲子, 「元祿-享保における江戸問屋仲間の動態-三拾軒組諸色問屋を中心
　　として-」, 『社會經濟史學』 25-3, 1963(후에 林玲子, 『近世の市場構
　　造と流 通』, 吉川弘文館, 2000 재록).
松本四郎, 「幕末・維新期における都市と階級鬪爭」, 『歷史における國家權力
　　と人民鬪爭』, 靑木書店, 1970.
笛木俊一, 「明治初期救貧立法の構造 備荒儲蓄法研究 その一・二」, 『早稻田法
　　學會誌』 第23・24卷, 1972・73.

神谷力, 『家と村の法史研究』, 御茶の水書房, 1976.

菅原憲二, 「村入用帳の成立-近世村入用の研究·序說-」, 京都大學近世史研究會 編, 『論集近世史研究』, 1976.

竹內誠, 「旧里歸農奬勵令と都市の雇傭勞働」, 『德川林政史研究所研究紀要』, 昭和51年度(1977).

大浜徹也, 「松方財政下の村と豪農-愛知縣北設樂郡における[濟急趣意書]受容過程-」, 福地重孝先生還曆記念論文集刊行委員會 編, 『近代日本形成過程の研究』, 1978.

西村綏子, 「江戸時代幕府法における衣服規制の変遷」, 『岡大敎育研究收錄』 48, 1978.

稻生泰子, 「明治期の地方支配体制と村落-大阪近郊農村の村規約を中心にして」, 『寧樂史苑』 23, 1978.

辻達也, 「下馬將軍政治の性格」, 『橫浜市立大學論叢』 30卷 2·3合併号, 1979.

藪田貫, 「元祿·享保期畿內の地域經濟-商業的農業と地域經濟-」, 松本四郎·山田忠雄 編, 『講座日本近世史 元祿·享保期の政治と社會』, 有斐閣, 1980.

吉田伸之, 「近世都市と諸鬪爭」, 靑木美智男 外 編, 『一揆3: 一揆の構造』, 東京大學出版會, 1981.

煎本增夫, 「近世初期の衣服統制」, 『日本歷史』 421, 1983.

宇佐美英機, 「近世都市の權力と公事訴訟」, 『日本史研究』 283, 1986.

橫田冬彦, 「近世村落における法と掟」, 『文化學年報(神戶大學大學院文化學研究科)』 3, 1986.

水本邦彦, 「公儀の裁判と集團の掟」, 朝尾直弘 外 編, 『日本の社會史 第5卷』, 岩波書店, 1986.

藪田貫, 「國訴と郡中議定— 近代成立期の民衆運動と地域社會·序說—」, 『日本史研究』 289, 1986.

海野福壽, 「前田正名の靜岡縣下巡回」, 『靜岡縣研究』 5, 1989.

神崎直美, 「相模國の村法」, 『大和市史』 16, 1990.

原田信男, 「衣·食·住」, 日本村落史講座編集委員會 編, 『日本村落史講座7 生活II 近世』, 雄山閣, 1990.

神崎直美, 「上野國の村法」, 『群馬文化』 225, 1991.

神崎直美, 「武藏國の村法」, 『多摩のあゆみ』 65, 1991.

塚本明, 「日本近世都市史研究のあらたな展開のために」, 『歴史評論』 500, 1991.

土肥鑑高, 「奢侈禁止と儉約令」, 『日本歴史』 526, 1992.

岩田浩太郎, 「都市經濟の轉換」, 吉田伸之 編, 『日本の近世9 都市の時代』, 中央公論社, 1992.

田中淳一朗, 「江戸時代乙訓郡相給村落の一考察」, 中山修一先生喜壽記念事業會 編, 『長岡京古文化論叢Ⅱ』, 三星出版, 1992.

岡田和喜, 「明治期貯蓄獎勵政策の展開と貯蓄組合」, 『地方金融史研究』 24, 1993.

渡辺浩一, 「在方町の都市構造を探る」, 『新視点日本の歴史 第5巻 近世編』, 新人物往來社, 1993.

菅原憲一, 「近世初期町入用に關する一考察-京都冷泉町を中心に-」, 『千葉大學人文研究 : 人文學部紀要』 24, 1995.

伊藤陽啓, 「相給村落における村議定と村運營」, 『鉾田町史研究』 7, 1997.

富善一敏, 「近世中後期の村落と村定-信州高島領乙事村の事例から-」, 『史料館研究紀要』 27, 1996(후에 『近世中後期の地域社會と村政』, 東京大學日本史學研究叢書4, 1996 재록).

京都市歴史資料館, 『資料館紀要』 29, 京都府立綜合資料館, 2002.

朴晋熿, 「近世前期における儉約令の全國的展開とその特質」, 『史林』 86-3, 2003.

朴晋熿, 「近世京都における町入用節減令と町」, 『史林』 87-3, 2004.

찾아보기

294

지은이 박진한(朴晉璜)

1971년 출생. 일본 근세사 전공. 연세대학교 사학과 및 동양사 석사과정을 졸업하고 2004년 일본
교토(京都) 대학에서 『일본 근세 검약령의 연구-에도 막부 검약정책의 전개와 민중의 대응-』이라
는 연구로 박사학위를 받았다.
「近世中後期 上方지역의 倹約村掟에 관한 연구」, 「에도시대 촌락규약의 제정과 촌락운영-'기나이
(畿內)' 지역을 중심으로-」, 「무사도의 창안과 현대적 변용-근대 일본의 국민도덕 만들기-」, 「에도
시대 상층농민의 여가와 여행」 등의 논문과 『기억과 전쟁-미화와 추모 사이에서-』(공저), 『공간
속의 시간』(공저)의 저서가 있다.
현재 일본사회의 문화적 전통과 근대성의 기원을 밝히기 위해 에도 시대에 관한 다양한 연구를
수행중이며 인천대학교 일어일문학과 교수로 재직중이다.

일본 근세의 서민지배와 검약의 정치
박 진 한 지음

2010년 11월 16일 초판 1쇄 발행

펴낸이 · 오일주
펴낸곳 · 도서출판 혜안

등록번호 · 제22-471호
등록일자 · 1993년 7월 30일

㉾ 121-836 서울시 마포구 서교동 326-26번지 102호
전화 · 3141-3711~2 / 팩시밀리 · 3141-3710
E-Mail hyeanpub@hanmail.net

ISBN 978-89-8494-406-0 93910

값 24,000 원